城市文化传播研究丛书

Research on

the High-quality Development

of New Forms of Culture and Tourism

文旅新业态
高质量发展研究

江 凌 著

上海交通大学出版社

SHANGHAI JIAO TONG UNIVERSITY PRESS

内容摘要

近几年来，在移动通信技术、数字技术、人工智能技术和新质生产力的加持下，在高质量发展道路指引下，文化与旅游融合越来越紧密，文旅新业态发展如火如荼，文旅新业态消费市场生机盎然，但也出现了一些新情况、新特点、新问题。本书首先从整体上分析新冠疫情之后、2023年以来上海乃至全国文旅新业态的发展态势、市场亮点、存在的问题与化解路径；然后，以密室探险类文旅新业态项目为例，探讨文旅新业态的生成机制、发展逻辑、文旅新业态快速发展中存在的问题与应对措施；运用"多中心"理论，分析政府、企业、行业协会、消费者、媒体监督主体的监管责任并协商共治策略，构建文旅新业态市场监管体系；针对文旅新业态建设中出现的新问题，提出具体的监管措施和建议；最后，分析文旅新业态高质量发展的理论逻辑与实现路径，并就"艺术介入地方创生，促进文旅新业态高质量发展"的理论进路、共生发展和实践路径进行了专题研究，从而为政府文旅部门、市场管理部门提供决策参考，为政府文旅部门、文旅企业、文旅行业协会和游客共建高质量文旅新业态提供参考。

本书适合政府文旅部门、市场管理部门工作人员和高校相关专业师生参考阅读，也适合广大文化和旅游爱好者参考阅读。

图书在版编目（CIP）数据

文旅新业态高质量发展研究 ／江凌著. -- 上海：
上海交通大学出版社，2024.12 -- ISBN 978-7-313-31702
-5

Ⅳ．G124；F592.3

中国国家版本馆 CIP 数据核字第 20241GN993 号

文旅新业态高质量发展研究
WENLÜ XINYETAI GAOZHILIANG FAZHAN YANJIU

著 者：江 凌				
出版发行：上海交通大学出版社		地 址：上海市番禺路 951 号		
邮政编码：200030		电 话：021 - 64071208		
印 制：上海景条印刷有限公司		经 销：全国新华书店		
开 本：710 mm×1000 mm 1/16		印 张：17.25		
字 数：288 千字				
版 次：2024 年 12 月第 1 版		印 次：2024 年 12 月第 1 次印刷		
书 号：ISBN 978 - 7 - 313 - 31702 - 5				
定 价：68.00 元				

前　言

　　2024年5月17日，习近平总书记对全国旅游发展大会作出重要指示强调："坚持守正创新、提质增效、融合发展，统筹政府与市场、供给与需求、保护与开发、国内与国际、发展与安全，着力完善现代旅游业体系，加快建设旅游强国，让旅游业更好地服务美好生活、促进经济发展、构筑精神家园、展示中国形象、增进文明互鉴。"①新时代新征程，文旅产业发展面临新机遇新挑战。近几年来，在数字技术、虚拟现实技术和人工智能技术、新质生产力的加持下，在新发展阶段的高质量发展道路指引下，文旅新业态发展如火如荼，文旅新业态消费市场生机盎然。

　　新冠疫情暴发之前，在上海、北京、深圳、广州、杭州、南京等城市兴起了一种探奇＋智力游戏类文旅新业态——X先生秘境、密室逃脱、惊魂秘境等室内探险娱乐项目。2018年以来，仅上海市黄浦区就如雨后春笋般冒出53家室内探险娱乐企业。此类项目由上海民营企业从欧美、日本等地引进，经过数字化场景设计和剧情故事改编，突出探奇、惊悚、刺激和智力游戏的场景感和体验性，属于文旅娱乐项目中的新业态、新现象。在疫情期间和疫情之后，这类文旅新业态项目广受上海市民尤其是青少年群体的青睐。然而，这类项目普遍存在投入较大、运营成本高、惊悚刺激过度、场景和内容模仿性强、知识产权纠纷、异质文化的适应性差等问题；但政府监管主体缺位，市场监督、公安、文旅等部门相互推诿，开发和运营这类项目的企业像"没娘的孩子"，处于"无人监管"地带，筹资无门、运营无法合法化、遇到矛盾纠纷无法化解、权益被侵犯无处投诉，从业人员急切盼望有政府部门牵头监管。

---

① 习近平.习近平对旅游工作作出重要指示：着力完善现代旅游业体系加快建设旅游强国，推动旅游业高质量发展行稳致远［EB/OL］.［2024－05－17］.https://www.gov.cn/yaowen/liebiao/202405/content_6951885.htm.

2021年7—8月新冠疫情期间，受上海市黄浦区文旅局委托，笔者就"密室探险类文旅新业态市场监管体系"问题，深入10余家密室探险类企业，现场调研此类文旅新业态项目的运营者和受众人群，并具身实践和体验此类新业态项目。基于调研、体验和思考，撰写了调研报告，为黄浦区文旅局、上海市文旅局和其他政府部门出台相关的监管政策和措施提供决策参考。2021年，黄浦区文旅局、上海市文旅局在全国率先出台了剧本杀、密室探奇类文旅新业态的监管政策和措施，走在全国前列。本书以密室逃脱类文旅项目为案例，深入考察近两年上海和全国其他城市兴起的密室逃脱类文旅新业态项目及其发展态势，探讨文旅新业态项目的生成机制、发展逻辑、监管体系、监管具体措施，基于上海市和国内其他城市文旅新业态发展的基本态势、主要亮点、存在的突出问题，分析文旅新业态高质量发展逻辑和实现路径，促进文旅新业态绿色、健康、高质量发展。

近几年来，文化与旅游融合越来越紧密，文旅行业衍生了许多新业态。尤其是在人工智能、数字技术的加持下，上海乃至全国文旅新业态的市场亮点多多，发展势头良好。本书在阐释业态、新业态、文旅新业态相关概念和内涵的基础上，分析2023年以来上海乃至全国文旅（新业态）产业、文旅（新业态）市场的发展态势、市场亮点、未来发展走势、存在的突出问题及其化解对策。2023年文旅新业态市场的总特征是人与城市共生、文旅下沉中小城市和乡村、受众注重个性化体验，数字技术加持的文旅新业态发展走势将会持续强劲。

在当前城市文化和旅游资源开发运营的浪潮中，尽管政策环境日益优化，市场机遇不断涌现，但仍面临着诸多亟待解决的问题。这些问题不仅涉及旅游资源的保护、开发、配置与管理，文旅设施维护与服务，还包括产业融合发展、市场监管以及投资环境等多个方面。上海乃至全国文旅产业需要进一步深化改革，提质升级，优化文旅新业态产品和服务体验，提升文旅产品和服务质量，以文化带动文旅消费活力，促进城市经济繁荣发展。

2023年春节期间和之后电影市场火爆对影视文旅的复苏产生了积极的影响，如《繁花》盛开了一座城。高校研学游市场异军突起，与此同时，高校研学游也衍生出了进校票价高、虚假宣传、研学教学质量差、组织混乱等现象。以杭州亚运会、贵州"村超"等体育赛事为突破口，在体育强国建设的羽翼下，体育文旅新业态强势崛起；2023年以来，在开阔地带举办明星演唱会、露天音乐节已经成为城市文旅新业态消费新引擎；2024年元旦以来，哈尔滨"冰雪文旅"火出圈，给上海文旅产业和经济社会发展带来有益的启示。

2024年元旦假期以来,在哈尔滨作为文旅消费的网红城市火爆后,山河四省(山东、山西、河南、河北)、长江流域等全国各地文旅营销分别通过联动当地明星与网红、制作土味短视频等方式营销,展开激烈的竞争,不少文旅局长也现场表演,以吸引和招徕游客。各地文旅部门的官微平台与社交媒体营销案例,展现了文旅部门的营销创新意识和传播能力,激发了网友对文旅的兴趣和消费欲望。同时,需要注意过度营销可能造成的负面影响。2023年中秋、国庆假期,文旅消费回暖态势明显。充分利用元旦、春节、"五一"、中秋节、国庆节等"假日游",可以更好地激发文旅市场消费活力。2024年"五一"小长假期间,主要文旅市场热度攀升,县域旅游等小众选择开辟了文化和旅游新赛道。在强劲的复苏势头下,"五一"期间我国文化和旅游市场出现了热门景点趋于饱和、租车自驾成为新潮、文化和旅游消费"00后"化等不少新情况、新特点,一系列新旧问题杂糅相伴,给文旅新业态消费带来了更加严峻的考验。

从生成机制上看,持续进步的数字技术、活跃的新质生产力和新发展阶段的高质量发展要求促进了文旅新业态蓬勃发展。政府的制度、政策、措施为文旅新业态的发展创造了良好的政策环境,技术创新与新技术的运用、新消费者的市场需求、行业内部竞争、社会文化发展机制共同驱动了文旅新业态的生成。

从机制之间的逻辑关系看,政府政策支撑机制是政策保障、技术创新驱动机制是技术基础、消费需求驱动机制是发展动力、行业竞争驱动机制是内在支撑、文化发展推动机制是内容创新的根本,五种生成机制形成"五位一体",合力驱动和促成文旅新业态项目的迅猛发展。

从市场发展态势来看,文旅新业态产品与服务整体上市场表现良好,消费潜力巨大。以密室逃脱类文旅新业态项目为例,2021年7—8月(新冠疫情期间),笔者以密室逃脱类项目消费人群为主要调研对象,设计了调查问卷和访谈题项。经调查研究分析,密室逃脱类项目的消费受众和市场需求有其自身特点,由于此类项目发展得到了政府的政策扶持,且自身特色鲜明,场景的沉浸式体验和新奇剧本故事受到消费者喜爱,整体上呈现活跃的发展态势,但同时存在一些较为突出问题,比如:专业人才缺乏、技术创新难度大、项目成本投入高、运营难度大、门店或场地租金、水电费用、员工费用开支、设备维护等经营成本提高等问题;部分消费者对这类项目的态度持有"三分钟热度"倾向,担忧此类项目不稳定性强,存在经营和安全风险。

文旅新业态具有明显的发展逻辑。它包括生态、文化、技术、场景、体验、在地化逻辑等,多种逻辑相辅相成,相得益彰,共同促进文旅新业态绿色、健康、可持续发展。其中,生态逻辑是立足之本;文化逻辑是内核和灵魂;技术逻辑是创新发展的驱动力;场景逻辑关联文旅新业态的外在形象和表征,是生态、文化、技术、消费者体验的中介和载体;体验逻辑生成消费者具身体验价值,是建构游客与地方之间的关系纽带,通过生产和再现游客的地方感知、地方情感、地方想象、地方记忆,拉近游客与地方之间的距离;在地化逻辑贯穿文旅新业态发展的生态、文化、技术、场景、体验各逻辑环节。文旅新业态在场景、空间、数字化技术改造中应以"在地化"为原则,尊重地方特色和个性,注重地方性体验,唤醒文旅新业态、新产品、新服务的"在地化"活力。

鉴于密室逃脱类文旅新业态项目起步较晚,发展不够成熟,所以存在着较多的"成长中的烦恼"。较为显著的有知识产权问题、项目安全问题、受众范围较小的问题、运营成本高的问题和外来异质文化的本土适应性问题等。针对这些问题,可以通过改进项目内容、切实维护知识产权、扩大受众消费范围、构建企业联盟、扩展文化适应性空间、加大国产 IP 内容资源开发等举措加以疏解。

从监管体系上来看,文旅新业态监管主体从传统的政府单一主体趋向多元化,主要的监管主体除了政府主体外,还包括行业协会、企业、游客(消费者)和媒体。政府监管主体通过政策法规对文旅新业态项目进行政策制度、法律规范和技术层面的监管;文旅企业主体出于道德和经济利益等因素进行自律性的监管;文旅行业协会主体对文化旅游环境以及文旅企业进行监管;游客(消费者)主体对文旅企业的服务和环境进行监管,并自觉地进行自律性监管;媒体主体(各类媒体平台)是文旅新业态项目建设、产品和服务运营全过程的监督者。政府、文旅企业、文旅行业协会、消费者、媒体等治理主体形成一种"多中心"的结构—功能治理体系,在以政府治理主体为"元治理"主体前提下,企业、行业协会、媒体、消费者等治理主体之间协商、合作、共治,克服文旅新业态项目没人管、不好管的现象。

虽然文旅新业态项目能够缓解工作、学习和生活压力,满足人们猎奇探险、寻求刺激、获取精神愉悦等消费需求,但同时存在着内容故事、技术、安全、设备质量、宣传推介等方面的问题和潜在风险,需要政府主体(文化旅游部门、市场监管部门等)进一步加强监督管控。政府主体需要在以下方面出台监管政策法规,提升监管能力:一是制定和完善政策法规,形成文旅新业态发展的长效机制;二是审核剧本故事内容,确保价值导向,保护知识产权;三是鼓励数字技术与文旅产业深度融合,把控技术安全风险;四是构建立体化安全保障体系,做好场所安全防护措施;五是加强场景设备、设施质量监管,保障场景技术设备安全;六是监管项目场景和故事内容的恐怖指数,确保恐怖刺激的适度性;七是多方主体参与,加强项目宣传推介内容的审核监督。

文化、科技和旅游的融合是文旅业态转型升级、实现高质量发展的内在要求,也是满足人民美好文化与旅游消费需求的路径选择。现阶段,文旅新业态通过文化赋能、创新驱动、生态护航、企业助推、品牌赋魅,推动文化、科技和旅游融合走深走实,由"以文促旅、以旅彰文"转向健康可持续的高质量发展,实现文旅产业整体提质增效。进一步,我们需要转换思维,释放要素潜能,在保护当地生态环境的基础上,以数字化技术加持,构建数字化场景空间,赋值文化内涵和文化灵韵,增强消费体验性、互动性和消费黏性,促进文旅新业态高质量发展。

实现文旅新业态高质量发展的主要路径有:一是深入挖掘地方文化内涵,打造特色文旅品牌,包括重视地方文化特色和"灵韵"、借鉴优秀实践案例经验、在地化孵化 IP 等。二是多元创新,延长文旅新业态生命周期,包括融文旅新要素于人们的日常生活方式中、拓展文旅新业态产品或服务的供应链价值链、推进不同文旅业态之间的融合创新,以数字科技赋能,激活文旅新业态市场。三是以人为本,筑牢文旅新业态各主体社会责任,包括坚持社会和生态效益优先,实现文旅新业态可持续发展,以及树立整体观,注重经济、社会和生态效益间的平衡等。四是建立健全企业联盟,抵御文旅新业态市场竞争风险。五是考量异质文化的适应性,提升其在地化转化质量,包括鼓励扶持国产原创 IP 开发,坚持正确的内容价值观导向,将主流价值观融入异质文化。六是建立健全文旅新业态产品和服务质量标准化体系,强化文旅新业态人才队伍、内容创意、产品和服务质量监管体系建设,树立文旅新业态产品和服务的品牌意识,提高品牌建设力度,促进文旅新业态高质量发展。

从 20 世纪 40 年代以来西方文学领域的"艺术介入"说,到艺术介入的在地性;从段义孚的恋地情结、乡土依恋与都市逃避论断,到西方学者的"地方感"学说;再到泰勒的"空间—地方紧张"论说,并衍生出地方创生理念,这是艺术介入地方创生的理论进路。在艺术介入乡村现代化建设实践中,存在着多主体利益争端,诸如:村民话语权旁落,村民前期缺少主动性、后期缺乏能动性,艺术审美同质化,地方创生后劲不足,艺术介入地方创生的产业化转化不够,经济效益变现能力不足,地方村民艺术修养不够,产品与服务的消费人气不足等问题。为此,需要树立地方意识、重振乡村特色文化,挖掘在地性文化、构建地方艺术场景,艺术融合乡村文旅产业,提升艺术创新活力;赋权地方居民主体,实现村民自治理;优化乡村治理结构,推进各方协同共建;培育与引进乡村艺术人才,提升村民艺术素养。

在国家"乡村振兴"战略和"美丽乡村""特色小镇"建设带动下,艺术介入地方创生问题的关注热度持续升温。基于文化共生理论,探讨艺术介入与地方创生的共生单元、共生关系、共生模式、共生发展及其实践路径,具有明显的理论价值和现实意义。艺术介入与地方创生所构成的共生系统以艺术家、地方政府、企业、地方居民、游客等主体作为共生单元,根据"在地化"实践可划分为点共生或间歇共生、连续共生、一体化共生三种共生模式,其发展逻辑包含生态、场景、文化、产业、体验五个维度,五位一体共同维系艺术介入与地方创生之间的共生系统。在具体实践过程中,艺术介入与地方创生的共生发展需要进一步强化各共生单元间的关系,创造更多的共生界面,提供良好的共生发展环境和发展路径,以实现更高质量的共生发展,激活地方文旅产业发展活力。

目　录

绪　论

一、研究背景与意义

当前，随着 4G/5G/6G 通信、人工智能、虚拟现实、数字技术等新技术的迅猛发展，在新质生产力发展的带动下，多数产业以创新驱动发展，走上了高质量发展之路。文化旅游产业在政府政策支持和人工智能、数字技术加持下涌现出诸多新业态，诸如高校研学游、影视旅游、City Walk、"特种兵式旅游"、反向旅游、邮轮旅游、低空旅游等。尤其是，近两年兴起的密室逃脱类文旅项目，在数字技术的加持下，集体验、刺激、娱乐、减压、聚会于一体，颇受青少年消费者青睐。作为一种新兴的文旅新业态和探奇、娱乐游戏，密室逃脱类文旅项目正蓬勃发展。

本书将围绕"文化和旅游""新技术""新业态"等关键词，界定业态、新业态和文旅新业态的相关概念、内涵与分类；分析 2023 年以来上海和全国各城市文旅新业态的发展态势、市场亮点和未来走势；以上海的密室逃脱类文旅项目为主要考察对象，如 X 先生秘境、密室逃脱、惊魂秘境等项目，分析近两年来文旅新业态的生成机制、发展态势、发展逻辑、监管体系，以及高质量发展逻辑和实现路径；同时，以"艺术介入地方创生、促进地方文旅产业发展、激发地方文旅消费活力"为专题，探讨地方文旅产业及其文旅新业态高质量发展之路，以便更加清晰地了解和认识文旅新业态的市场前景与发展方向，为其高质量发展提供新思路、新方案。

二、研究内容框架

本书内容除了绪论外，还包括十一章。

绪论，阐述本书的研究背景和意义、研究内容框架、相关文献综述和本研究的创新之处。

第一章,界定业态、新业态、旅游新业态、文旅新业态的概念和内涵。首先,对"业态"的概念进行归纳和分析,对"旅游新业态"的概念和内涵进行界定;然后,界定"文旅新业态"的概念、内涵,并对其进行综合分类,并以上海市密室逃脱类文旅项目为案例进行具体分析。

第二章,分析新冠疫情之后、2023 年以来上海乃至全国文旅新业态的发展态势、市场亮点、存在的问题与化解路径,以及未来发展走势。一是,从面上总括分析 2023 年文旅新业态市场的总体特征——人与城市共生、文旅下沉中小城市和城镇、乡村;二是,分析具体特征和数字技术加持下的文旅新业态发展走势;三是,针对当前城市旅游资源开发运营中的问题,提出盘活城市文旅资源、提升文旅新业态产品服务质量,优化文旅新业态消费体验的具体措施;四是分析 2023 年春节期间电影市场火爆对影视文旅产业的影响,围绕高校研学游市场异军突起中的乱象,提出一些治理措施;五是以杭州亚运会、贵州"村超"等体育赛事为突破口,分析体育文旅中存在的突出问题,提出化解策略。2023 年,一些城市在开阔地带举办明星演唱会、音乐节已经成为城市文旅新业态消费的新引擎,分析明星演唱会、音乐节经济促进城市文旅新业态发展中存在的问题和解决路径;2024 年元旦以来,哈尔滨"冰雪文旅"火出圈,分析其主要经验和给上海文旅、经济社会发展带来的启示;2024 年春节前后,各地文旅部门制作各种短视频,在各种媒体平台强势推进文旅营销,分析各地花样不断的文旅营销的主要做法和社会影响,有利于把握文旅新业态消费走势。疫情之后,春节、元旦、"五一"、中秋、国庆等"假日游"市场火爆,出现了一些新情况、新特点、新问题。其中,新旧问题杂糅相伴,给文旅新业态消费市场带来了严峻的考验。为此,需要完善旅游标准化体系建设、提高文旅新业态产品和服务质量、为游客提供更佳的消费体验。

第三章,从内部和外部机制论述文旅新业态的生成机制。一是政策支撑机制,分类梳理分析国家文旅部门和上海市相关文旅政策;二是技术创新机制,引入技术域的概念,阐述技术域与经济的碰撞融合,以及技术域对密室逃脱类项目的驱动作用;三是消费驱动机制,通过分析新一代消费者的消费特征,阐述这些新的消费特征如何促进密室逃脱类项目消费,促进此类项目的发展繁荣;四是行业市场竞争机制,基于同质化竞争机制和产品的生命周期理论,阐述密室逃脱类项目的市场竞争机制;五是文化发展推动机制,主要从内容供给与服务方面分析文旅新业态的场景、科技和内容创新的载体,以及演艺工作者实现演艺文化理想的新空间,Z 世代新消费人群实现群体性情感交流的新场所。

第四章,在调查研究的基础上,分析上海以及全国文旅新业态发展的基本态势。为深入了解文旅新业态的发展态势、存在的问题,2021 年 7—8 月,笔者针对"上海市文旅新业态项目——密室逃脱类项目的消费人群"设计了受众调查问卷和访谈题项,重点描述密室逃脱类项目调查样本人口特征,分析密室逃脱类项目消费人群的消费特征、密室逃脱类项目消费人群的消费欲望影响因素,以及密室逃脱类项目的主要优势、存在的问题与改进措施,并探讨了该类项目的受众满意度及其市场前景、发展方向。

第五章,以密室逃脱类文旅新业态项目为例,分析当前文旅新业态发展逻辑,主要包括生态逻辑、文化逻辑、技术逻辑、场景逻辑、体验逻辑与在地化逻辑,并分析 6 种逻辑之间的内在关系,基于生态、文化、技术、场景与体验逻辑,阐释文旅新业态的在地化实践系统。

第六章,以密室逃脱类文旅新业态项目为例,分析文旅新业态快速发展中存在的问题与应对措施。一方面阐述新兴的 X 先生秘境、密室逃脱、惊魂秘境等密室逃脱类文旅新业态项目在发展过程中遇到的问题,如知识产权问题、项目安全性问题、市场受众面相对较小问题、运营成本高的问题;另一方面,基于这些发展中存在的问题,阐述文旅新业态项目融入文旅市场、实现高质量发展的可行办法。

第七章,论述文旅新业态的监管体系。运用"多中心"理论,围绕五类监管主体,即政府主体、企业主体、行业协会、消费者主体、媒体监督主体各自的主体监管责任。目前,新兴的密室逃脱类项目越来越多,市场发展前景良好,但这些企业以往不属于政府文旅部门管辖,也不属于公安、市场管理等其他政府部门管辖,成了"没娘的孩子"。笔者将这类文旅新业态项目和企业经营管理活动纳入文旅部门的市场监督管理系统,重点分析政府文旅部门的监管举措,如密室逃脱类项目以恐怖、惊悚为主要特色,其场景主题和故事内容需要审核,项目体验的安全性和保护措施需要监管,针对公开发布的网拍视频和其他作品但缺乏内容审核的现象,需要加强监管,等等。

第八章,以密室逃脱类项目为例,针对文旅新业态建设中出现的问题,提出具体的监管措施建议,为政府部门的市场监管提供参考。具体监管措施包括:制定和完善政策法规,形成文旅新业态发展长效机制;鼓励数字技术与文旅产业深度融合,把控技术安全风险;构建立体化安全保障体系,做好场所安全防护措施;加强场景设备、设施质量监管,保障场景技术设备安全;监管项目场景和故事内容的恐怖指数,确保恐怖的适度性;多主体参与,加强项目宣传推介内容的审核监督;等等。

第九章,论述文旅新业态高质量发展的理论逻辑与实现路径。其中,理论逻辑包含文化内涵赋能高质量发展、产业创新驱动高质量发展、绿色生态护航高质量发展、组织创新助推高质量发展、创意品牌赋魅高质量发展。实现路径主要包括六个方面:一是深入挖掘地方文化内涵,打造特色文旅品牌;二是多元化创新,延长文旅新业态生命周期;三是以人为本,筑牢文旅新业态各主体社会责任;四是建立健全企业联盟,抵御文旅新业态市场风险;五是考量异质文化的适应性,提升在地化转化质量;六是建立健全文旅新业态产品和服务质量标准化体系,强化文旅新业态人才、内容创意、产品和服务质量监管体系建设,树立文旅新业态产品和服务的质量和品牌意识,加快文旅新业态品牌建设,促进文旅新业态高质量发展。

第十章,分析艺术介入地方创生、促进地方文旅产业高质量发展的理论进路和实践路径,以及艺术介入与地方创生共生发展的共生关系、共生逻辑及其实现地方文旅产业繁荣发展的主要路径。从 20 世纪 40 年代以来西方文学领域的"艺术介入"说,到艺术介入的在地性;从段义孚的恋地情结、乡土依恋与都市逃避论断,到西方学者的"地方感"学说;再到泰勒的"空间/地方紧张"论说,衍生出地方创生理念,是艺术介入地方创生的理论进路。艺术介入地方创生、促进地方文旅产业高质量发展的实现路径包括:树立地方意识、重振乡村特色文化,挖掘地方性文化、构建地方艺术场景,艺术融合乡村文旅产业,提升艺术创新活力;赋权地方居民主体,实现村民自治理;优化乡村治理结构,推进各方协同共建;培育与引进乡村艺术人才,提升村民艺术素养。

艺术介入与地方创生所构成的共生系统以艺术家、地方政府、企业、地方居民、游客等主体作为共生单元,根据"在地化"实践可划分为点共生或间歇共生、连续共生、一体化共生三种共生模式,其发展逻辑包含生态、场景、文化、产业、体验五个维度,"五位一体"共同维系艺术介入与地方创生之间的共生系统。艺术介入与地方创生共生发展、促进地方文旅产业发展的主要路径主要体现在:引导多方主体参与,提升共生单元的黏合度;完善精细化服务平台,构建人—地"强关系";深耕地方特色文化,创造多样化共生界面;扩大社会化传播途径,营造正向共生环境；数字化赋能互惠共生模式，促进共生发展；注重艺术介入的在地化，保护地方文化的特性。

第十一章，结论与展望。概括总结上海和全国各地新兴的 X 先生秘境、密室逃脱、惊魂秘境等文旅新业态项目的生成机制、发展态势、发展逻辑、市场前景和监管体系、高质量发展路径，提出一些新观点、新思路、新想法，并展望下一步的研究趋势。

三、研究文献综述

本书文献综述围绕以下方面展开。

（一）关于文旅新业态概念、内涵的文献综述

文化是旅游的灵魂和根脉，旅游是文化的表征、体现和价值变现方式之一。近年来，文化和旅游融合态势明显，步伐加快。在文化和旅游融合的背景下，文化旅游的概念应运而生。2015 年，国外学者 Du Croshe 和 McKercher 认为，文化旅游是"依赖当地的文化遗产资源并将其转化为可供游客消费的产品的旅游形式"。[①] 匈牙利学者梅勒妮·K.史密斯将"文化旅游"定义为："与社区的遗产、艺术和文化进行被动、主动和互动的接触，使游客获得教育、感受到创意或娱乐性的新体验。"[②]国内学者骆高远在《中国文化旅游概论》一书中指出，文化旅游是"通过旅游来达到感知、了解、体察人类文化具体内容之目的的行为过程""泛指以鉴赏异国异地传统文化、追寻文化名人踪迹或参加当地举办的各种文化活动为目的的旅游。"[③]如今，探寻文化资源、遗产、符号、审美、艺术及其活动的价值和意义，注重文化的认知、参与、认同、涵化与享受，已成为当前旅游消费的新风尚。

在文化旅游新业态概念界定的研究文献中，学者们通常是针对整体的旅游新业态进行分析，并且将文化旅游作为旅游新业态的一个具体表现形态进行阐述。比如，汪燕、李东和在《旅游新业态的类型及其形成机制研究》一文探究了"业态"一词的来源，并对"业态"的概念进行了梳理归纳；随后又对"旅游业态"的概念和内涵进行界定，最后提出了"旅游新业态"的概念。[④] 赵珊在《新六大要素

① ［匈］梅勒妮·K.史密斯.文化旅游（第 3 版）［M］.徐瑾，等译. 大连：东北财经大学出版社，2021：2.
② ［匈］梅勒妮·K.史密斯.文化旅游（第 3 版）［M］.徐瑾，等译. 大连：东北财经大学出版社，2021：2.
③ 骆高远. 中国文化旅游概论［M］. 杭州：浙江大学出版社，2017：3.
④ 汪燕，李东和. 旅游新业态的类型及其形成机制研究［J］. 科技和产业，2011（06）：11－14.

构成旅游新业态》一文中提出了旅游新业态的六大新要素,除了传统的吃、住、行、游、购之外,还增添了商、养、学、闲、情、奇六大新要素。[①] 文化和旅游部倡导的《树立文旅新思路,发展文旅新业态》一文中,提出了十一种文化旅游新业态:文化体验游、乡村民宿游、休闲度假游、生态和谐游、城市购物游、工业遗产游、研学知识游、红色教育游、康养体育游、邮轮游艇游、自驾车房车游等。[②] 周巍、祁惠、尹影的《基于大数据时代湖南文化产业新业态的分类、创新模式及实现路径》一文把新业态分为全新业态、改造业态、融合业态。一方面,旅游业提供了丰富的文化产品内容,扩展了服务边界和品牌效应;另一方面,旅游业在与文化的交叉融合中,被赋予了灵魂和持久的生命力,旅游业与文化产业在融合业态中互利双赢。[③] 笔者将综合前人研究成果,在传承创新的基础上,对业态、新业态和文旅新业态的相关概念进行界定,为后文的研究奠定基础。

（二）关于文旅新业态生成机制的文献综述

文化旅游业的产生和发展有其内外部驱动机制,保继刚在《城市旅游——原理·案例》一书中以大连、珠海为案例,分析了城市旅游发展的动力机制,认为驱动城市旅游发展的因素包括外部推动力和内部推动力两方面,外部推动力主要是影响需求的总量增长和结构变化,内部推动力包括资源因素、区域因素、经济因素和其他因素。[④] 在关于文化旅游新业态的生成机制研究文献中,学者们多聚焦于旅游新业态或是文化产业新业态方面的分析论述,对于文化旅游新业态的研究较少,而对于文旅新业态生成机制的研究文献则付之阙如。相关的文旅新业态形成因素的研究文献,《旅游新业态驱动力和产生模式研究》一文将旅游新业态的形成模式归纳为三个方面:旅游行业内部要素的融合,与第三产业内其他行业的融合,与第一、二产业的融合,并详细阐述了旅游业新业态的形成模式。[⑤]《旅游新业态的类型及其形成机制研究》一文归纳了旅游新业态的类型,即全新型旅游新业态、改进型旅游新业态、换代型旅游新业态和仿制型新业态,

① 赵珊. 新六大要素构成旅游新业态[EB/OL]. [2015 - 02 - 05]. http://history.people.com.cn/n/2015/0205/c393599 - 26514599.html.
② 文化和旅游部. 树立文旅新思路,发展文旅新业态[EB/OL]. [2019 - 06 - 15]. https://www.sohu.com/a/320714417_778107.
③ 周巍,祁惠,尹影. 基于大数据时代湖南文化产业新业态的分类、创新模式及实现路径研究[J]. 经济研究导刊,2017(021):28 - 29.
④ 梁学成. 旅游管理学前沿著作选读[M]. 北京:中国经济出版社,2013:112 - 113.
⑤ 高丽敏,程伟,史彦军. 旅游新业态驱动力和产生模式研究[Z]. 问题导向与理论建构——2012 中国旅游科学年会论文集. 北京,2012 - 04 - 22.

详细阐述了这四种新业态形成的动力机制,包括:市场需求变化对新业态形成的拉力,市场竞争对新业态形成的推力,科技进步是新业态形成的有力保障,产业链延伸和相关产业渗透是新业态形成的辅助动力,产业转型升级加速了新业态的形成。① 《浅析非遗旅游新业态的发展动因与基本类型》一文将非遗旅游新业态归纳为"衍生重组型、交叉融合型和跨界渗透型"三种类型,认为其发展动因在于三方面:非物质文化遗产保护理念的修正,旅游业转型升级新需求和国家非遗政策扶持。② 《新时代体育消费新业态的生成机制与培育路径》一文认为,新时代体育消费新业态的生成机制主要包括体育消费需求不断升级、体育产业转型发展、"互联网+"的具体运用及体育消费市场活力增强等四方面。③ 尽管学者们对于旅游新业态的生成机制有了一定的研究,但是具体到文旅新业态层面的研究则有所欠缺。本研究将基于文化旅游新业态角度,具体分析近两年全国各地兴起的 X 先生密室逃脱、惊魂秘境等密室逃脱类项目的生成机制。

(三)关于文旅新业态发展路径的文献综述

关于文旅新业态的发展态势、市场前景、存在的问题与路径、对策方面的研究,学者多基于文旅新业态发展态势、策略与举措,如何更快更好地培育和发展文旅新业态市场进行了探索研究。《树立文旅新思路,发展文旅新业态》一文归纳了当前文旅新业态项目的困境,包括项目盈利靠卖房、资金和规划要求过高、限购影响现金流、同质化严重等方面,并针对这些问题提出了文旅新业态发展的六大新思路:理念融合、职能融合、产业融合、市场融合、服务融合、对外和对港澳台交流融合。④ 《如何培育全域旅游新业态》一文提出了培育新业态的四大措施:转变传统观念、加强规划、深化产业融合、培育旅游创客。这些措施对于培育文化旅游新业态有较好的借鉴意义。⑤ 《文化旅游新业态创新发展策略》一文对文游新业态的形成机理进行了分析,并针对酒嘉地区的文旅新业态发展中存在的问题提出了改进建议,如政府引导、产品融合、联动互通、培养人才、一体化发展等。⑥ 尽管学者们对于旅游新业态的培育与发展策略进行了较多的研究,

① 汪燕,李东和. 旅游新业态的类型及其形成机制研究[J]. 科技和产业,2011(06):11-14.
② 赵艳喜. 浅析非遗旅游新业态的发展动因与基本类型[J]. 戏剧丛刊,2018(016):53-55.
③ 桂良发. 新时代体育消费新业态的生成机制与培育路径[J]. 广州体育学院学报,2019(01):36-39.
④ 文化和旅游部. 树立文旅新思路,发展文旅新业态[EB/OL]. [2019-06-15]. https://www.sohu.com/a/320714417_778107.
⑤ 康巴什旅游资讯. 如何培育全域旅游新业态[EB/OL]. [2018-01-12]. https://www.sohu.com/a/216294582_160029.
⑥ 张英华. 酒嘉地区文化旅游新业态的创新发展策略研究[J]. 科技展望,2016(01):205-206.

但聚焦文化旅游新业态的研究文献依然不足,聚焦于文旅新业态具体领域的研究文献更为稀缺。本书将聚焦于近两年上海和全国其他城市兴起的 X 先生密室逃脱、惊魂秘境等密室逃脱类文旅项目,分析文旅新业态的发展态势、市场发展前景、存在的问题、监管体系和监管措施,以及其高质量发展路径。

(四)关于文旅新业态监管体系的文献综述

在文旅新业态监管体系的相关研究文献中,学者们多将文化旅游视为一个整体,对于整个文旅行业的面上监管体系进行分析,鲜有将文旅产业作为一个单元概念,单独进行深入研究,更缺少对于文旅新业态监管体系的研究文献。相关的旁系研究文献《基于博弈模型的旅游市场监管机制研究》一文阐述了我国旅游市场监管的现状,分析了四种旅游监管模式:政府监管模式、联合监管模式、行业协会监管模式和旅游消费者监管模式,并借助博弈论模型,为我国旅游市场监管提出了改进建议。[①]《"互联网+旅游"背景下旅游业新型监管模式研究》一文阐述了旅游监管过程中存在的问题、新型旅游监管模式的实现要素,以及新型监管体系的构建。在构建新型监管体系的论述中,作者提出了"四位一体"的监管模式,认为旅游监管涉及的四个主体分别是"旅游网络经营平台、行业协会和社会监督协同、旅游主管部门",四方面主体之间彼此制约、彼此促进,形成一个完整的监管体系。[②]在文旅新业态监管体系的相关研究文献中,虽然学者们对监管模式和监管主体进行了划分,但基本为整体性的面上分析。本书将针对新兴的 X 先生密室逃脱、惊魂秘境等密室逃脱类文旅新业态项目,借助"多中心"公共治理理论,从政府、企业、行业协会和游客四个治理主体及其监管职能与责任方面进行深入分析。

四、研究创新之处

以往相关的研究文献多从文化与旅游产业融合或旅游业发展的角度出发,进行文旅新业态的分析研究,且聚焦于文旅新业态的概念、内涵、类型、发展动因、发展路径和案例分析。关于文旅新业态的生成机制、发展逻辑、监管体系与高质量发展理论逻辑和实现路径方面的研究成果较少,更鲜有对文旅新业态细分市场领域进行深入研究。本书将研究对象集中于文旅新业态细分市场领域,

---

① 周常春,贺云. 基于博弈模型的旅游市场监管机制研究[J]. 技术经济与管理研究,2013(03):17-20.
② 薛丽."互联网+旅游"背景下旅游业新型监管模式研究[J]. 中国行政管理,2018(05):59-62.

以密室逃脱类项目为重点考察对象,分析文旅新业态的生成机制、发展态势、发展逻辑、发展中存在的问题、政府监管体系与具体监管措施,以及文旅新业态高质量发展的理论逻辑和实现路径,将文旅新业态细分市场的培育与发展研究向深处推进,为文旅新业态的高质量发展提供新思路、新方案。突出的创新点体现在以下五方面:一是2023年以来文旅新业态的发展态势、市场亮点、突出问题、化解路径与发展走势分析;二是上海乃至全国文旅新业态的生成机制分析;三是上海乃至全国文旅新业态的发展逻辑分析;四是文旅新业态的"多中心"治理模式与政府监管体系、监管措施分析;五是文旅新业态高质量发展的理论逻辑和实现路径分析;六是分析艺术介入地方创生的理论进路、实践偏差与实现路径,探索艺术介入与地方创生共生发展的共生关系、共生模式、共生环境、共生发展逻辑和具体路径,以推动地方文旅产业高质量发展。

第一章
文旅新业态的相关概念界定

第一节 业态与旅游业态的概念界定

一、业态的概念界定

业态的说法起源于 20 世纪 60 年代的日本,其主要应用领域是零售业,其概念特指零售业经营者面向特定的消费群体,根据他们的消费需求,以某些具体的方式经营。比如,有规律地选择最优经营结构、商铺位置和规模、交易策略、销售策略等,售卖特定的商品和服务的形式。换言之,业态即"流通企业经营形态的简称"[1],是对目标顾客群、产品和服务、售卖方式的具体经营形态的概括。

二、旅游业态的概念界定

随着人民物质生活水平的不断提高,旅游的市场消费需求不断扩大,旅游业的日益发展繁荣。学者将业态概念引入旅游行业中,形成了旅游业态概念,即以旅游消费为导向,以旅游业发展状态和旅游企业经营、管理与服务,以及旅游市场为表征的旅游产业发展状况和市场发展前景。

第二节 旅游新业态的概念界定与主要形态

一、旅游新业态概念界定

随着人们物质生活水平的不断提高、科技水平的不断进步和消费需求的不

---

① 郭峦. 旅游新业态的演进规律[J]. 沿海企业与科技,2011(07):60-63.

断升级,旅游业形成了新的发展态势和创新性突破。旅游业不再局限于传统意义上的观光游览,而是根据时代发展、技术创新、文化进步和消费者需求特点,增添了很多文化、技术、传播、营销等方面的新元素。于是,相较于传统的旅游业态,旅游新业态概念应运而生,即旅游行业中的经营主体,为了适应市场需求的变化以及旅游目标客户群的不断细分,对旅游业的经营模式、发展策略、产品与服务类型、形态进行了更新,从而形成了与传统旅游业态不同的经营和发展形态。

二、旅游新业态的主要形态

旅游新业态的"新"可以归纳为三个主要方面:新型旅游组织、新型旅游产品与服务、新型经营模式。

(一)新型旅游组织

随着消费者的需求不断转型升级,旅游企业为了迎合消费者需求而顺势创新。尤其是科技的进步,互联网、物联网、虚拟场景技术、新媒体、大数据时代的到来,为旅游业态创新提供了充分的技术支持。因此,当前旅游市场中出现了很多新型的旅游组织,这些组织将不同的业务融合重组,形成新的旅游业态。主要包括:一是"互联网+旅游"融合,如飞猪旅行、携程、马蜂窝等线上旅游服务平台;二是"其他产业+旅游"融合发展,如将旅游融入景观房产企业,将会展与旅游业相结合,培育和发展会展旅游业;三是全新的旅游企业,比如能够深入体验地方文化特色和风土人情的民宿企业;四是旅游企业内部的联合发展,如中国民俗酒店联盟、中国电视旅游联盟、旅游联盟,等等。

(二)新型旅游产品

随着旅游交通工具的多元化发展,旅游资源的多元化开发,旅游市场的不断细分,以及旅游目的的不断丰富,旅游业诞生了很多新型的旅游产品。一是多元化交通带来的旅游新产品与新服务,如游轮旅行、自驾游、自行车旅行等。消费者可以根据自己的经济实力和旅游交通偏好,选择相应的旅行产品和服务。二是打破传统旅游业的边界,为旅游业加入新元素的旅游产品,如工业遗址旅游、农家乐旅游、影视旅游等。新元素的加入丰富了旅游业的内容,使得不同产业之间的联系更加紧密。三是从消费者需求出发,针对不同的细分市场形成的新型旅游产品与服务,如针对老年群体的夕阳红旅行、针对青少年群体的夏令营旅行等。四是针对不同的旅行目的而形成的新型旅游产品与服务,如以研讨和学习为目的的研学旅行、以婚庆为目的的情感旅行、以商务为目的的商务旅行等。多样的旅游新产品与服务新形态,极大丰富了旅游业的内涵,也拓展了旅游业的市场空间。

(三) 新型经营模式

随着旅游消费者的消费观念和消费需求的变化,以及旅游行业竞争的不断加剧,新型的旅游经营模式应运而生。一是新型旅游营销方式的出现,如随着网络新媒体、社交媒体、大数据、人工智能的兴起,旅游企业的运营方式发生了革命性变化,如流量大 V 营销、直播带货、用户攻略、体验营销、线上互动营销等。二是旅游企业之间的强强联合,如旅游景点与旅行社的联合、酒店与航空集团的联合等。这些新型的旅游企业经营模式在提升用户体验的同时,也不断优化了旅游产品内容,提升了旅游服务质量,促进了旅游业的创新发展。

第三节　文化旅游新业态的概念界定与主要种类

近年来,政府高度重视文化旅游业高质量发展,相关政策密集出台,文化与旅游融合的速度加快,文化旅游业异军突起,文化旅游是旅游新业态的重头戏。随着文化旅游业自身的蓬勃发展,产生了不少新模式、新特征、新产品、新服务,形成新的发展业态。其中,文化、科技、场景、营销模式成为新业态的核心构成要件。这种文化与旅游(简称文旅)的融合、数字技术组合、新的文旅发展业态、新的文旅营销模式就是文旅新业态。传统的旅游业关注"吃、住、行、游、购、娱"六大要素,而如今文旅行业关注"商、养、学、闲、情、奇"。因此,文旅行业与"商、养、学、闲、情、奇"六大要素的融合成为文化旅游新业态的具体表征。本研究以新质生产力和新兴的数字技术(如 5G/AR/VR/AI 等)背景下的文化商务旅游、文化养生旅游、文化研学旅游、文化休闲旅游、文化情感旅游、文化探奇旅游为主要分析对象,探求这些文旅新业态的概念、内涵和具体特征。

一、文化商务旅游

关于商务旅游的概念,学术界有所争议。世界旅游组织认为,所谓商务旅游,即以商务为主要目的的旅游者到外地或外国停留的旅游活动。百度百科对于商务旅游的界定则更加宽泛,认为商务旅游者所进行的一切活动都可以被认为是商务旅游,包括通信、住宿、餐饮、游览等。商务旅游具体包括"商务旅游、会议会展、奖励旅游"。[①] 这些概念的共性在于,商务旅游者的主要目的都在于商务活动,旅游者离开常驻地,前往外地或外国进行的文化旅游活动。学界对此概念的主要争议在于商务旅游的活动范围。随着文化商务旅游的不断发展,文化元素深深渗透进了商务旅游活动中,形成了文化商务旅游的新发展态势。

二、文化休闲旅游

休闲旅游是旅游业不断繁荣后的细分市场,也是当代消费者的文化娱乐需求不断转型升级后的产物。不同于普通的观光旅游,文化休闲旅游需要具备以下特点:首先,修养身性,旅游者可以暂时远离平时学习、工作和生活的快节奏,暂时性调整生活方式,在文化尤其是异质或异域文化的熏陶中,纾解疲惫,涵养身心健康;其次,重游率较高,即旅游者会对休闲旅游目的地产生忠诚度,愿意多次重游。比较典型的文化休闲旅游是休闲农业旅游,如农家乐、渔家乐、林家乐等。同时,随着休闲旅游的不断发展和消费需求的不断扩大,文化休闲旅游的地域范围也在不断扩大,不少城市郊区、特色小镇已经开始朝着休闲旅游目的地转型发展。

三、文化养生旅游

随着人们日常工作和学习、生活节奏的不断加快,竞争压力倍增,处于亚健康状态的人们越来越多。消费者对于健康养生的需求不断升级。健康养生旅游迎合了这一发展趋势,以"养生、养老、养心、体育健康"[②]为主要内容,以促进身体健康为主要目的的旅游形态,如温泉旅游、中医药健康旅游、特色体育活动养生旅游等旅游形态蓬勃发展。文化养生旅游是文化与旅游融合趋势下的产物,文化的介入与滋养使得健康养生旅游更具有发展潜力,也更加具有生命力。中国的中医药文化、体育健身文化、温泉养生文化等文化形态源远流长,消费者在体验文化养生旅游的过程中,不仅仅可以促进身心健康,更能受到相关文化的熏

---

① 赵珊. 新六大要素构成旅游新业态[EB/OL]. [2015 - 02 - 05]. http://history.people.com.cn/n/2015/0205/c393599-26514599.html.

② 赵珊. 新六大要素构成旅游新业态[EB/OL]. [2015 - 02 - 05]. http://history.people.com.cn/n/2015/0205/c393599-26514599.html.

陶,体验以文化养生的魅力。

四、文化情感旅游

文化情感旅游是一个比较新兴的文旅概念,是指特定的消费对象以表达、纪念、回忆、提升某种情感或精神为主要目的而进行的文化旅游活动。这里的特定对象包括亲人、恋人、同学、故友、老乡以及特定的社会组织等;情感包括亲情、爱情、友情、宗教、爱国、思乡情感等。当前较为普遍的情感旅游有蜜月旅行、亲子旅行、祭祖旅行、朝圣旅行,等等。情感与文化本就有着千丝万缕的联系,文化与情感旅游的融合有巨大的市场空间。乡土亲情旅行可以让消费者更深入地体验当地的宗教信仰、民俗、风土人情,了解当地的文化,为旅行者带来更深刻的情感体验。文化朝圣旅行则可以更加深入了解宗教文化,更加纯粹地接受心灵的洗礼。

五、文化研学旅游

对于研学旅游的界定,学界有不同说法,总体上研学旅游可以大致分为"泛游、行游、研游"[1]三类。所谓泛游是指消费者以"开阔视野、增长知识、丰富阅历"[2]为主要目的的文旅消费行为;行游则比泛游更深层次,其旅游方式不再是单纯的观光浏览,而是增添了体验学习、现场参与的活动内容;研游则比行游更进一步,其学习和研究的特质明显,娱乐性进一步减弱,更多是以提高国民科学文化素质为目的的文化旅游活动。研学旅游的内核在于学习和探究,而文化则是学习、探究内容中的重要构成。因此,文化与研学旅游的融合是一种高端的文旅新业态活动,让研学旅游中的学习内容更加丰富多彩,更加具有文化内涵和底蕴,是文化研学旅游的发展方向。

六、文化探奇旅游

所谓探奇(或探险)旅游是指旅游者不满足于传统的旅游形式,而追求一种探索奇特新事物的体验过程。探奇旅游按照目的地划分,可以分为两种:一种是以少有人涉足的自然景观为目的地,在大自然中寻求探险体验的乐趣;另一种

---

① 陈素平,梅雨晴.近20年我国研学旅游研究综述[J].湖南工程学院学报(社会科学版),2017(03):16-21.
② 陈建南.开发修学旅游浅议——以厦门集美区为例[J].福建论坛(经济社会版),1998(09):45-46.

是利用数字科技手段打造出奇特的虚拟仿真世界,在亦真亦幻的场景和故事线索指引下开启的探险体验旅程。第一种探奇项目有海底探奇、西北探奇、西藏探奇、森林探奇等;第二种则有密室逃脱、探险体验、智力闯关游戏等探奇体验类文化旅游项目。探奇体验旅游除了让旅游者感受大自然的鬼斧神工和虚幻世界的奇妙外,还可以在其中加入更多的文化元素,更可以在人工密室＋剧本故事＋新技术构建的拟态场景中进行,从而让探奇体验旅游更加引人入胜。

第二章
2023年以来文旅新业态发展态势与未来走势分析

2023年以来，文旅消费市场强劲复苏。从文旅到文娱、从教育到体育，热点事件贯穿2023年始终，一些城市也随着文旅热点事件出圈。比如，山东淄博烧烤、贵州"村超"、西安"不夜城"和哈尔滨"冰雪旅游"等城市文旅消费在人工智能和数字技术赋能、传统业态和新业态交织，以及新冠疫情后的反弹式消费刺激下，声名鹊起，城市形象和文化特色吸引眼球，成为城市的一道靓丽风景线。与此同时，人与城市共生，从大城市到中小城市、从中小城市到乡村的"反向旅游"渐成趋势，乡村旅游异军突起，且与数字技术的融合度不断加深，在原有的自然本真的旅游风貌基础上，乡村文旅也出现了一些新业态景象。比如，携带飞行装备的低空旅游、数字技术加持的乡村民俗体验游，等等。

第一节　文旅新业态消费新趋势：人与城市共生，下沉中小城市[①]

2023年以来，文旅市场火爆反弹，文化与旅游、数字技术深度融合，城市成为文旅新业态消费最重要空间，文旅新业态消费与城市之间的关系愈发紧密。文旅新业态消费能够提升城市形象，促进城市经济、文化繁荣，也逐渐成为城市发展共识。

一、2023年文旅消费市场亮点事件回顾

（一）文化娱乐

（1）1月初，国产动漫《中国奇谭》破圈，上海美术电影制片厂再现辉煌。

---

① 此节内容发表于彭拜新闻，根据采访稿整理而成，研究生樊玲、张小丫亦有贡献。

（2）1 月中旬,《狂飙》成为开年最强爆款影视,带火剧中取景地侨乡广东江门的文旅产业。

（3）2 月,薛之谦衢州演唱会开唱,浙江衢州成为演唱会下沉的典型案例。

（4）7 月,河北石家庄提出全面打造"中国摇滚之城",盘活沉睡的城市文化资源。

（5）8 月,河北涿州多个图书库房被淹,书商通过直播平台"回血自救"。

（6）4 月和 9 月,北京图书市集春季场和秋季场举办,图书市集成为潮流。

（7）10 月,河南南阳迷笛音乐节发生哄抢事件,音乐节变"音乐劫"。

（二）旅游观光

（1）2 月,寺庙文化游在年轻人群体中火爆。

（2）4 月,"特种兵式旅游"兴起,年轻人将旅游变成"拉练"。

（3）5 月,山东淄博烧烤掀起"赶烤"热潮,烧烤成为淄博文旅名片。

（4）6 月,乡村文旅掀起热潮,文旅深度融合助力乡村振兴,浙江城市如安吉等为代表。

（5）7 月,City Walk 成为年轻人"新宠",在上海等一线城市流行。

（6）7—8 月,暑期研学游火热,孔子故里山东曲阜研学产品受青少年和家长青睐。

（7）9 月,天津大爷跳水走红,网友戏称狮子林桥为"8A 级"景区。

（8）10 月,江西景德镇"无语菩萨"出圈,被制作成表情包流行网络。

（9）11 月,"双 11"囤旅游成消费新趋势,董宇辉为江苏无锡直播,带动"旅游带货"。

（10）12 月,黑龙江哈尔滨冰雪游人气爆棚,洗浴中心被南方游客"包场"。

（三）文体赛事

（1）5—7 月,贵州榕江县"村超"借短视频出圈,"村超"成为现象级体育文化事件。

（2）8 月,四川成都举办的第 31 届世界大学生夏季运动会,成为一场青春盛宴。

（3）9 月,浙江杭州举办第 19 届亚洲运动会,"跟着赛事去旅行"成新时尚。

二、2023 年文旅市场:人与城市共生,文旅下沉小城

（一）游客的主体性凸显,人与城市关系更紧密

2023 兴起的 City Walk,是人们探索与发现城市的一种方法,实际上也正在

成为都市人的一种生活方式。在 City Walk 中,文化消费的对象是城市,人直接与城市产生关联,从而发现更多的城市文化资源。与"特种兵式旅游"一样,City Walk 需要游客在出发前做足功课,规划好路线,相比传统文旅产品,游客的主体性更为凸显。

(二) 文化消费中的户外场景、跨城消费事件增多

线下文化消费增长突出,更多人愿意走出家门。"为一场演唱会奔赴一座城""跟着赛事去旅行""拖着行李箱去看戏"成为年轻人的文旅消费潮流。"跨城观演"也成为大型演出活动的重要消费趋势。

(三) 文旅下沉中小城市,小城借助热点事件出圈

山东淄博烧烤异军突起,成为 2023 年的文旅黑马。广东江门作为热剧《狂飙》的取景地,其文旅名片"侨乡"也为更多人所熟知。衢州举办的多场演唱会,让这座存在感不高的浙江城市成为年轻人的追星"圣地"。

(四) 城市文旅升温,凸显政府治理能力的重要性

衢州之所以能借演唱会出圈,与当地政府的运维能力息息相关。与之形成对比的是,南阳政府举全城之力操办音乐节,却忽略了推广普及工作、鼓励民众参与,从而"翻车"。

(五) 平台短视频成为文化消费出圈的主要推手

以短视频为主的社交媒体平台越来越成为城市破圈的主要途径。天津大爷跳水本是当地人的生活常态,但配合大爷的人生哲理金句走火短视频平台,催生了民间戏称的"8A 级"景点。贵州榕江县"村超"的现象级传播,离不开体现居民日常生活的短视频,让网络力量化为现实行动。涿州图书业水洪后走出泥潭,也是书商通过直播平台进行的"回血自救"。

三、数字技术赋能文旅新业态,文旅进入个性化时代

新冠疫情过后,中国文旅消费市场迅速回温。文旅消费需求高涨,周边游、国内游、出境游和旅行团体游等相继恢复,国内旅游市场强势复苏。2023 年的文旅消费事件,如淄博烧烤、贵州"村超"、南阳迷笛音乐节、天津大爷跳水、"无语菩萨"表情符号等,令人印象深刻。

文旅消费影响人们对一座城市文化的体验和评价。人们总会援引文化刻板印象解读事件。一座城市该如何面对外界对其固有的评价,打造正面的城市形象? 2023 年,淄博烧烤和南阳迷笛音乐节现象级火爆,一改传统以景区为主的

文化旅游模式,形成全城旅游、全域旅游新模式。前者以"吃"为抓手,主打热情、厚道、好客的城市软实力,配套升级产业链,促成各地游客的"倾城之恋";后者以迷笛音乐节为独立旅游要素,举全城之力,试图以音乐节带动全城旅游和经济社会发展。前者树立了良好的城市形象,后者因为当地居民哄抢事件而影响了城市形象。

如何打造正面的城市形象?这需要文旅环境、文旅形象和文旅活动或事件的加持,尤其是全城性、全域性文旅宣传主题、口号、形象和文旅事件、文旅消费活动的支撑。一是立足本市、传承文脉、突出特色;二是尊重城市文脉、美化环境、优化城市基础设施;三是注重城市名人文化、名人事件的引领效应和群众性文化活动的培育与拓展;四是强化城市行为形象的塑造,包括政府行为、市民行为、企业行为和社会行为形象的塑造和正面带动效应。比如,针对南阳迷笛音乐节哄抢事件,需要在政府行为和市民行为方面狠下功夫,打造正面的城市形象。

文博展览越来越成为人们奔赴一座城市的理由。博物馆热还会不断持续,城市的博物馆需要借势出圈。一些玩梗受众,尤其是青少年受众群体,博物馆要有由头、契机,能够让他们获得新鲜刺激感和群体认同感,发挥文化消费带动作用。笔者认为,博物馆文化消费热会持续下去,在花样翻新的玩梗带动下,形成受众的注意力、支持力和影响力效应。博物馆借势出圈的主要路径包括:一是优化和美化场景空间,尤其是数字化场景空间;二是适当衍生受众适应的文物藏品展演及其符号(包括场景符号、藏品附加符号、表情符号),如与时俱进、融入时尚元素、增强审美趣味,以此契合受众的体验和审美消费;三是打造更舒适的博物馆空间;四是举办有特色的文化展演、文化活动、文化事件;五是提供场景化、智能化、便捷化、人性化服务。

如今,体育赛事成为带动城市文旅的新引擎。体育赛事带动城市文旅的火爆,成为 2023 年文旅市场的一道风景。2023 年,成都大运会和杭州亚运会两大重大赛事,将赛事流量变经济增量;贵州"村超"的出圈令人惊叹。杭州亚运会、成都大运会、贵州"村超"等体育赛事的成功举办和破圈,不仅彰显中国离 2035 年建成体育强国目标又近一步,也带火了文旅产业。背后的主要原因在于:一是新冠疫情过后大型体育赛事和特色体育运动(如贵州"村超"、杭州亚运会)被暂停三年之久后,集中进行的身心活力和青春活力的释放;二是群众性参与度高,将特定的体育赛事转化为全民参与的体育运动,促进体育强市、体育强国建设;三是地方政府人力、物力、财力的倾力支持与人性化的赛事服务,把握体育赛事契机，以体育彰文旅，以体育兴经济，用全城体育、全民体育拉动城市文旅行业和其他行业的复苏回暖。比如，杭州亚运会和文旅消费的融合，"因体育赛事奔赴一座城"成为今年的亚运风格。

近几年来，抖音、小红书等社交媒体平台成为城市形象传播的重要媒介。天津大爷跳水与贵州"村超"的火爆，离不开短视频的传播效果，短视频能够将具有地域性、范围小的中小城市和一些乡村特色文化，大范围传播开来。借助各类平台短视频的传播力量出圈，成为近几年文旅市场亮点事件的重要媒介手段。抖音、小红书等社交媒体平台内容几乎无所不包，因其时长短、内容集中、表现力强，契合受众碎片化的观看习惯，日益渗透人们的日常生活中，满足受众个性化、可视化、便捷化的表达意愿和分享需求。

短视频日益成为城市形象传播的重要形式，具有聚集流量的功能。天津大爷跳水、贵州"村超"、董宇辉直播带货的火爆，都离不开短视频平台从小众流量到大众几何级流量叠加的传播带动效应。短视频让一些城市的文化事件、文化活动出圈的背后逻辑有：一是内容品质吸附用户流量，受众黏性增强。比如，董宇辉带货直播因其海量的阅读、渊博的学识、浓郁的文化味道和优美的语言表达、清纯憨厚的形象备受"丈母娘"们的喜爱。二是平台和行业深受资本市场青睐。以快手、抖音为代表的平台公司，以二更、一条等为代表的视频自媒体，以喵大仙、沧眸文化为代表的网红内容创作者，以青橙为代表的 MCN（Multi-Channel Network 缩写，指多频道网络，一般指网红打造的机构）等，都获得资本加持，呈现产业链全环节遍地开花的融资态势。三是传播和分享模式深受受众偏爱。短视频平台的内容来源主要是普通网民和明星网红，PGC（Professionally-generated Content，指专业生产内容）和 UGC（User-generated Content，指用户生产内容）模式不断融入各行业、各领域，开启了"短视频＋"的时代。四是短视频平台的智能化运营。其一，内容推送智能化。用户选择短视频的方式，从自己选择短视频内容，到大数据后台跟踪推送，从主动选择到被动接受；其二，创作和传播智能化。虚拟现实技术、智能算法等数字技术发挥积极作用。

2023 年，City Walk 和特种兵式旅游广受年轻人追捧，看似一个随意闲逛，一个密集打卡，但背后都能看出年轻人的自主性增强了，他们不再轻易接受旅行社单方面提供的旅游产品。City Walk 发源于英国伦敦，指几个人组成的旅游小团队在导游或其他讲解员的引导下，按一定路线漫游在城市的大街小巷，深入城市景观、历史、建筑、人文故事等,具有现场体验感、沉浸式、慢节奏等特点。2023 年来,City Walk 突然火爆我国文旅市场;与此同时,一种快节奏打卡、集中性出行的"特种兵"式旅游爆火,在青少年群体中逐渐成为一种时尚。这两种旅游方式都具有主体能动性、自由性、现场可体验性的特点。

新冠疫情过后,青少年群体的主体性和个体权利、文化权利意识进一步觉醒,更偏爱自由洒脱、不受约束的旅游形态。City Walk 不同于走马观花式的"快节奏"旅游,其更强调旅游的品质与深度,而非景点的数量与广度。放慢节奏,强调有深度、有品质的旅游,形成自己对于城市景观、文化的个性化思考,是 City Walk 的核心意义所在。"特种兵"旅游者"一方面渴望获得群体和情感归属,另一方面想得到更深层次的意义满足。旅途过程当中,与同伴或相同群体的交流沟通,是一种共享现实的意义过程"。① City Walk 和集中性出行的"特种兵"式旅游的社交属性也是其火爆的重要因素。他们常常结伴而行,集中式打卡,一起感受市井生活。再者,青少年群体热衷网络传播和分享,以获得自我表达和互动交流的快感和满足感,他们拍照、打卡、拍视频,分享到朋友圈和社交媒体平台,自我呈现,互动交流,彰显自己的生活态度和情趣。

2023 年文旅市场的一个趋势是小城出圈,文旅下沉,这同时也给当地政府带来了挑战,中小城市如何应对大批客流,如何接住这波热度进一步发展。其中,政府主体应如何作为? 山东淄博的经验值得借鉴:一是一手抓小城基础建设与文旅服务,一手抓文旅主导要素突破。美化城市环境,提升文旅服务质量,以主导性的文化旅游要素为抓手,带动全城、全域文旅高质量发展。二是市场主体扩容,推动大中小文化旅游企业共同支撑当地旅游市场发展繁荣。一手抓大中企业培育,一手抓小微企业的发展与服务。三是注重文旅产品与服务的文化内涵和人性化,以人为本、以文彰旅,从高大上产品到接地气产品,增强场景感和现场体验感。四是扩容提质,注重文旅安全与周到服务。针对主要景点、景区和场所,拓展区域、场所和游客容量,加强安保措施,保障游客财产、住宿和生命安全,提升文旅安全感。五是凝练文化旅游主题、口号,充分利用各类媒体尤其是社交媒体平台,调动各类平台主播和舆论领袖的力量,强化城市文旅形象和整体形象的设计与传播,提升城市形象和文旅热度的可持续性。

---

① 舒添.媒介化下的互动仪式与展演狂欢:"特种兵"式旅游的心理与行为解读[J].中国传媒科技,2023(9):32－36.

四、2024 年文旅新业态市场走势分析

从全球范围来看,数字文旅消费是大趋势。在网络游戏方面,美欧、东南亚和东亚除中国以外的国家以主机游戏为主,中国则是电脑游戏和手机游戏兼具,尤其是手机游戏扩张较快;在网络短视频和影视剧方面,全球新冠疫情之后的2023 年,境内外短视频、微短剧较为流行,趣味科普类视频在全球数字科技热潮中顺势飞扬,直播视频火爆全球网络空间,助力各类文化产品与服务营销;在网络文学消费方面,中国网络文学产品热度持续,贸易输出走在全球前列,不仅深受中国青少年群体的喜爱,而且在日本、韩国和东南亚国家和地区也比较流行,甚至被输出到非洲、南美洲国家和地区。

在线下文旅消费方面,全球各国走出新冠疫情的阴霾,演唱会经济火爆,从美国的泰勒·斯威夫特(Taylor Swift)演唱会到中国的周杰伦、五月天、张信哲等明星演唱会,从各地政府、企业和社会组织举办的音乐节到群众性草坪音乐节、街头音乐演唱,演绎着疫情之后人们的心情舒展和音乐狂欢。线下文旅消费持续升温,发端于英国、法国的自由体验式 City Walk,在中国境内形成潮流。此外,长线游回归,"特种兵"式旅游、寺庙游暴增。随着人们消费观念的升级,注重舒适度和体验感的品质游日渐流行,下沉到小城、小镇、乡村,"不计划、不赶趟、不打卡"的反向游升温,文旅消费整体上趋向自由、理性、精致和深度体验。

当今全球文旅消费整体上呈现出现代主义消费与后现代主义消费交织、传统业态与数字化新业态并存、线上线下融合的态势,且数字化、体验式和高质量、有品质的文旅消费是大趋势。我国文旅消费与全球同步。中国人口基数大,文旅消费市场活跃,在短视频、手游、网络文学、演唱会、跨国文旅消费方面走在全球前列。与其他国家和地区相比,作为第三产业的文旅市场发展态势良好,并日渐趋向高质量发展,这也反映了当前我国经济社会发展的主要特点。

互联网技术与数字技术催生了新的文化业态,文化消费朝着虚拟式、碎片化、沉浸式方向发展。具体来看,算法、大数据等数字科技对文化消费者数据的把握和深入挖掘,开启了一个定制化、共创式的文化消费时代。为此,需要充分利用数字智能技术对消费者的文化消费需求和偏好进行长期监测,根据新型文化消费人群的特征,精准进行用户画像,提供个性化、定制化、体验式的文化产品和服务,实现优质文化内容的有效供给。

数字智能时代,促进文旅新业态场景创新已成为近些年文、商、旅、景等多方

面的发展手段。比如,在西安大唐不夜城、南京夫子庙等国家级示范步行街的场景营造下,"汉服热"不断高涨。抓住场景体验式消费的风口是提振文化消费市场繁荣的良好机遇,应充分利用现有公共文化设施、旅游景点、商业街区等资源,将文化符号、文化元素融入各类消费空间中,完善多元化、体验式消费新场景。

五、以文化带动城市文旅消费活力,促进城市经济社会发展

当今世界,"文化已经横扫社会领域,极速扩张着自己的地盘。可以说,我们社会生活中的一切,从经济价值和国家权力,到各种实践再到自我的心理结构,都已经在某种意义上被纳入'文化'的范畴。"法国学者让·鲍德里亚曾说:"人类社会与经济的发展已经步入到一个全新的阶段,经济生产领域已经与意识形态或文化领域融为一体;文化的产品、影像、表征,乃至感觉与心理结构都变成了经济世界的组成部分。"党的十八大以来,党和政府高度重视中国特色社会主义文化建设,各地城市也把文化软实力建设作为提升综合竞争力的战略目标,文化对城市经济发展活力的带动作用越来越明显。新冠疫情过后,人们的文旅消费激情和活力迸发。比如,2023年4月以来的淄博烧烤带动了一个善良、温暖、充满人间烟火味的活力城市,云南西双版纳泼水节、西安城墙与大唐不夜城、山东潍坊风筝文化,上海外滩文化(外滩历史建筑、海风、灯光秀)等,书写着城市文化的温度与活力,带动城市经济社会发展。如何发挥文旅消费的引领带动作用,撬动城市经济社会发展活力,是一个值得探讨的问题。

(一)文化带动城市文旅消费活力的主要因素

将文旅消费作为城市经济社会发展活力的助推剂,就要发展特色城市文化,让社会民众参与进来。新冠疫情过后,大众文旅消费需求急速增长,如何发挥文旅产业刺激经济发展、激发城市社会消费活力?淄博、潍坊、云南、西安等地利用地域特色文化为当地文旅产业注入活力,提振和带动城市经济社会发展,为我们提供了答案。深入剖析这些成功案例,可以看出,以文旅消费带动城市经济社会发展活力,必须让城市有安全感、人情味、便利度、创新性、传播力。

1. 安全感

安全有序是一座城市经济社会发展的基础性保障,只有安全稳定,才能让社会民众愿意走进这座城市,在文化旅游消费中吃得安心、用得放心、买得舒心、玩得开心。为让外地游客凌晨也能在街头安心撸串,淄博市在各大烧烤场所安排民警日夜巡逻,"醉酒闹事男子一抬手就被民警抬走"被赞为"最快出警",赢得全

网好评,彰显了淄博留在大众心中的安全感。西安大唐不夜城步行街中设有数百根集成杆,可一键连接安保指挥中心;上海外滩连续多年上演"拉链式人墙"以引导人流,防止踩踏事故发生。这些安全举措对外有利于塑造一个安全、可靠、有序的城市形象,有利于提升大众对这座城市的好感度,是以文促城的必要前提;对内有利于提升城市治安水平,是城市长治久安的必要条件。

2. 人情味

"人间烟火气,最抚凡人心"。有温度的人情味是拉近城市文旅消费与大众心理距离最为有效的手段之一。从烧烤专列到文旅礼品,从食品质量保障到住宿政策优惠,从全民自愿到主动让行,山东省淄博市人民群众上下一心,将"好客山东"名片变为实际行动,用善良、真诚、暖心换来了广大游客与网友的赞赏与肯定。小饼、蘸料、小马扎,甚至积压已久的小商品都被抢购而空,淄博人民与广大游客和网友实现了双向奔赴。这意味着,在有温度的服务、有尺度的热情下,人们对某一地域、某一城市文化的好奇、偏爱会上升为对该城市的好感与认同,进而将游客甚或广大网友转化为促进城市经济社会发展的新活力。

3. 便利度

硬件设施不掉队,配套设施齐全,是城市招徕游客、提供舒适消费体验的重要方面。淄博市在感受到来自四面八方的民众"进淄赶烤"的热情后,迅速增设烧烤专线、免费停车场、休息区、住宿地等;云南为迎接全国各地游客欢度泼水节,增开数条泼水节公交专线;西安大唐不夜城步行街借助数字科技赋能便利服务,成为全国首个刷脸支付商圈,同时安装触控电子屏,方便游客全方位游览。尤其在当前讲求效率的"特种兵式旅游"背景下,城市主动提供一系列便利式服务,比如旅客运输、宾馆住宿、旅游观光、便捷通道、微笑服务等,抓住游客出游的痛点、难点,展示热情、可靠的城市形象,有效刺激城市文旅产业发展,并带动其他产业延伸发展。

4. 创新性

地域文化短期内的火爆难以成为城市长足发展的活力源泉。从长远来看,需要进行文旅产品与服务形态创新,以点带线、以线带面,全城联动,抓住主产业链,延伸生成其他产业链,塑造城市文化形象,打造城市文化名片。淄博因烧烤而火,抓住"烧烤"这个主链,当地政府和人民没有享一时短利,而是抓住一切机会全方位谋发展,留下一张真诚、好客、热情、实惠的城市文化名片;西安大唐不夜城将商业步行街置于地域文化中,三步一汉服,五步一古城,游客在徜徉唐朝夜城中也成为文旅周边的消费者,形成"商业＋"模式;潍坊风筝节充分利用"非遗＋文创"形式,与热门手游"王者荣耀"联名开发英雄新皮肤,同时将风筝这一户外运动与露营潮流结合,发展"露营＋"商业形态。这些发展模式创新,或将文化内化于城市名片中,或将文化转化为经济消费活力,为城市经济的长足发展铺路架桥。

5. 传播力

互联网时代,得流量者得民众。当下,全国各地文旅局长纷纷上网变装,为自己的地域、城市出镜代言,云南泼水节、孔雀舞等特色文化正是这样以小范围的传统节日扬名大江南北。西安大唐不夜城中的"盛唐密盒"表演爆梗密集,台词"来,拍照"一度在网络上不断传播,为大唐不夜城注入源源不断的游客流量和消费活力。可以看出,各地文旅宣传已逐渐转变思维,顺应时尚潮流,从"庙堂自言"转变为"江湖吆喝",从官方单向度传递转变为全民多向度表达。但要将线上的巨大流量转化为线下的有效"留量",不能忽视线上线下的有效连接,使线上宣传与线下体验良性互动,以线下良好的文旅环境、舒适的出游体验二次、多次助推线上传播。比如,淄博烧烤能在万千烧烤中脱颖而出,离不开线上线下双向奔赴的传播效应。

(二)上海三大文化带动城市文旅消费活力的主要特色

自2018年起,为深化建设社会主义国际文化大都市的目标,进一步提升城市文化软实力,上海聚焦"红色、海派、江南"三大文化,全力推动"上海文化"品牌向纵深发展。在几年来的探索实践中,上海三大文化为城市文旅消费注入了源源不断的活力,展现出多元化、智能化、国际化、时尚化、一体化的独特亮点。

1. 多元化:贯穿百余年文脉的融合

以"海纳百川"为城市精神,在打造"上海文旅"品牌时,上海充分彰显了包容、创新的品格,在各种文化的碰撞中和悠久历史的洗涤下融合创新,形成了独有的海派文化和江南文化韵味。现如今的海派服饰是古典雅致与现代时尚的碰撞,如新式旗袍,既拥有江南文化的温柔细腻,也拥有国际大都市的时尚开放;海派美食文化随着城市的百余年发展演变而来,汇聚了苏、锡、宁等16地的独特风味,形成了以浓油赤酱为特点的沪上风味本帮菜,同时在时代变迁中形成独特的海派西餐,以及充满着异国风情的咖啡文化。正是这种多元、开放、包容的文化特质,使得上海迅速接受新元素、把握新潮流,为带动城市发展提供了更多的可能性和机遇,吸引了更多发展活力。

2. 智能化：实现数字文旅赋能

行走在城市发展、技术革新的前沿阵地，上海在深化文化科技融合方面卓有成效。一方面，"红色、海派、江南"三大文化借助数字科技赋能，寻求新活力、新发展。如在第五届中国国际进口博览会上，海派旗袍文化促进会利用可互动 3D 智能电子魔镜，展示数字化旗袍产品，积极探索传统旗袍文化与数字化潮流的结合。另一方面，文化大数据体系建设不断推进，逐步实现"上海文化"数字化。如上海市历史博物馆利用人工智能、大数据、虚拟现实等技术建成沪上首个数字孪生博物馆，将数字化治理融入场馆管理和游客体验中。在数字技术加持下，上海文化的留存、创新、治理、产业化等呈现出全新的面貌，以文旅数字化带动城市发展活力，促进城市经济数字化发展。

3. 国际化：突破文旅产品壁垒

作为社会主义现代化国际文化大都市，上海历来都是我国对外开放的重要窗口。在城市文化现代化进程中，以文旅产品为主题进行国际化交流、提高文化"走出去"水平是必由之路。"百年海派旗袍展"曾亮相巴黎，带着旗袍的百年变迁和中国服饰文化的时尚演变，向海外观众展示融合海派文化和中西服饰文化而成的海派旗袍，受到了海外观众的广泛青睐。海派美食曾走出国门，在爱尔兰开展"中餐繁荣·品味上海"中餐文化展示活动，在弘扬海派饮食文化的同时，也加深了海外民众对上海"本帮菜"和上海城市的认知与向往。中国国际进口博览会、中国文化中心、世界城市日等都是"上海文化"国际化的重要平台，国际文化交流向世界传递上海声音，延展上海的城市文化宽度，有利于上海国际文化大都市和国际贸易的繁荣发展。

4. 时尚化：引领电竞文旅潮流

电竞文旅产品作为时尚潮流，深受 Z 世代网民的喜爱，它有着巨大的发展潜力。面对电竞文旅新潮流，上海全力支持电竞游戏产品与服务做大做强，致力于打造全球"电竞之都"。当前，上海有着巨大的电竞人群基数和全方位的政策支持，举办了电竞类国际大型体育赛事，积极开展本土电竞赛事，打造了全球首家电竞文化体验中心，营造"电竞＋商业"的新业态，电竞赛事收入超全国 1/2，逐渐形成集科技、竞技、娱乐、社交于一体的体育产业链，散发着巨大的时尚活力。电竞作为年轻一代的主要娱乐方式，也是数字经济的重要板块，上海需要抓住电竞文旅消费浪潮，以好客、真诚、微笑的服务，让"上海电竞"像"淄博烧烤"一样火起来，让它成为年轻一代的"倾城之恋"，并形成带动效应，进一步激发时尚"魔都"的城市文旅发展活力。

5. 一体化：跨界文旅交互融合

在传统文化遇到传承发展与传播的困局时，上海文化以开放、包容的积极心态寻求合作，探索新文创、新文旅背景下的绿色发展之路。比如，以"非遗跨界·海派时尚"为主题的大赛将剪纸与旗袍跨界融合，一体化展示；"庆祝中国共产党成立一百周年传统工艺·美术作品展"将剪纸与红色文化相融合，这些跨界融合既为处于困局中的传统海派剪纸带来更高曝光度和普及率，也为海派旗袍样式设计、红色文化传播形态注入新的活力，有利于"上海文化"品牌的一体化发展。在这种合作共赢态势下，上海文旅产品处于相互融合、共生发展的良性互动中，为城市经济社会发展注入创新活力。

（三）上海以文旅消费带动城市文旅消费活力的主要措施

推进建成具有世界影响力的社会主义现代化国际文化大都市，塑造城市文旅品牌，增强城市文化软实力，是上海城市全面发展的重要战略部署。当下，上海的城市精神品格愈发突出，文旅魅力不断显现，在国内国际享有盛名。但从整体来看，上海在文化惠民、产业环境、文化原创力、文化数字化、文化国际化等方面仍有提升空间，以文旅消费带动城市发展活力，仍有潜力可挖。

1. 贯彻人民城市理念，推进文化惠民项目建设

以文旅消费带动城市发展活力的主观能动性来自人民群众。对标国际文化大都市，当前上海在公共文化设施的数量与规模、文艺表演活动数量等文化指标方面处于领先地位，但文化惠民成效还有较大的提升空间。例如，社会民众的文化参与积极性不高，文旅消费水平有待进一步提升，部分文旅项目票价高、市区与郊区文旅产品供给不平衡，部分社会弱势群体被阻碍在市民文旅活动之外，文化惠民的效能打了折扣，等等。为此，上海贯彻人民城市理念，以人民为中心，以人民群众的文化权益为着眼点，进一步完善公共文化服务体系，促进城乡文旅产业均衡发展，做好"办实事"文旅项目，对老年人、残疾人、来沪务工者、游客等不同人群制定相应的文旅产品与服务供给保障制度，提升文化惠民力度。

2. 调动多元主体参与，激发民营文旅企业活力

民营企业是文旅产业发展最活跃的力量之一，能够激发城市经济社会发展活力。中小型民营企业是上海市文旅产业发展的主要参与者，在数量、就业人口、灵活性、创新性方面有着巨大的优势。但与体制内的国有文旅集团相比，民营企业面临着复杂多变、危机四伏的市场环境，如融资难、竞争压力大、各方限制

多，生存环境较为艰难，整体上呈现出数量多但实力弱、体量小的特点，具有规模性、国际性和品牌效应的民营文旅企业屈指可数，这不利于城市经济社会均衡发展。为此，应进一步优化市场环境，开辟文旅企业审批绿色通道，提高审批效率；制定透明公开公平的金融财税扶持政策，消解市场准入隐性壁垒，激发多元主体积极参与，形成良好的文旅营商环境；同时，要激励民营文旅企业进行良性市场竞争，培育本土有实力、有影响力的民营文旅品牌，为城市经济社会发展注入活力。

3. 营造良好的创新环境，提升文旅产品原创力

原创能力是文化创新力和文化软实力的重要指标，是塑造"上海文旅"品牌必须面临的课题。上海的"红色、海派、江南"三大文化在传承发展中创新，在开放包容中展现独特韵味。然而，"上海出品"的原创文旅精品为数不多，能走向世界、带动城市发展的经典文旅作品少之又少，文旅原创能力有待进一步提高。为此，需要营造良好的创新环境，尊重原创，鼓励原创，不过度追求"短、平、快"、不急功近利、不苛责失败，通过强化知识产权保护、人才引进、政策补贴等措施吸引创新型人才来沪创新创业，建立和完善文旅创新服务平台，形成创新支持和知识产权保护机制，切实保护原创者的权益，激发更大的创新活力。让"上海文旅"品牌拥有属于自己的原创精品，促进城市文化软实力更上一层楼。

4. 抓牢新兴科技发展，推进文旅数字化建设

数字技术是未来城市文旅产业发展的重要动能。推进文旅数字化项目建设势在必行。上海已开始着手文旅产业数字化布局，如数字孪生博物馆、数字藏品、数字艺术等。但这一赛道竞争激烈，目前上海的文旅数字化步伐稍显落后，包括数字化人才与数字技术创新后劲不足，缺乏数字化技术标准、数字化治理与服务的深度与广度有待提升等。上海城市文旅产业发展应注重抢占与布局数字化赛道，加大新兴科技的研发投入与数字文旅人才引进力度，出台对标国际的文旅数字化标准体系。同时，增强系统性观念，将上海文旅品牌及相关的会展、赛事、场馆、项目等相结合，赋能数字化技术或元宇宙场景，探索数字经济发展新模式和文旅消费新模式，激发城市经济社会发展活力。

5. 强化"文旅上海"思维，输出优质文旅品牌

国际化是上海以文旅消费带动城市经济社会发展的亮点，也是建设国际文化大都市的时代要求。中国国际进口博览会、国际电竞赛事、海派文化"走出去"等会展、赛事和项目充分展现了上海在讲好城市故事方面的出色表现。但在世界形势复杂多变、国际文化传播"西强我弱"的态势下，上海文旅产品的国际化传

播也面临挑战。一方面,国际文化传播话语体系尚没形成,文旅产品的国际化传播效果尚未凸显;另一方面,具有国际竞争力、知名度、影响力的城市文旅品牌不多。为此,强化"文旅上海"思维,力推城市特色文化名片和文旅品牌,尝试使用与国际接轨的文化传播话语体系,以"在地化"突破文旅产品壁垒与文化偏见,努力让上海成为讲好城市故事和中国故事的标杆城市;同时,植根本土文化创新,针对海内外多样化的受众,制作多语种、多形态、特色化的本土文旅产品,向世界输出优质文旅品牌。

第二节　盘活城市旅游资源,优化 文旅新业态消费体验①

2024 年 5 月 17 日,习近平总书记在全国旅游发展大会重要指示中强调:"坚持守正创新、提质增效、融合发展,统筹政府与市场、供给与需求、保护与开发、国内与国际、发展与安全,着力完善现代旅游业体系,加快建设旅游强国,让旅游业更好地服务美好生活、促进经济发展、构筑精神家园、展示中国形象、增进文明互鉴。"新时代新征程,旅游发展面临新机遇新挑战。在当前城市旅游资源开发运营的浪潮中,尽管政策环境日益优化,市场机遇不断涌现,但仍面临着诸多亟待解决的问题。这些问题不仅涉及旅游资源的保护、开发、配置与管理,文旅设施维护与服务,还包括产业融合发展、市场监管以及投资环境等多个方面。近年来,上海在发展都市旅游、建设世界旅游城市方面取得了明显成效,文旅产业业体系日益完善,市场规模持续扩大,国际形象大幅提升。党的二十大以来,随着城市居民群众和外地游客对优质文旅产品和服务的需求日益增长,上海文旅产业还需要进一步深化文旅行业体制机制改革,进一步优化文旅新业态产品和服务体验,提升文旅产品品质和服务质量。

一、当前城市旅游资源开发运营中存在的主要问题与盘活措施

一些城市虽然拥有丰富的旅游资源,然而在开发和运营过程中仍然存在一些亟待解决的问题,如资源开发不均衡、创新力度不足、基础设施相对滞后、市场推广有待加强等。为进一步提升旅游资源的利用效率和市场竞争力,还

---

① 该节内容被文化和旅游部《文化和旅游决策参考》2024 年第 9 期采用,研究生樊玲亦有贡献。

需要从旅游产品资金投入、服务设计等方面入手,通过优化资源配置、提升服务质量、创新发展模式等手段,促进文旅新业态高质量发展,促进城市经济社会持续发展。

(一) 当前城市旅游资源开发运营中存在的主要问题

1. 规划运营战略缺乏科学性

规划运营需要首先考虑竞争环境、政策环境与旅游资源定位之间是否存在冲突。比如,位于上海松江区的青春旅游世界的转型计划前期有雄图伟略,但却因缺乏科学的规划和执行策略而失败。曾计划于 2015 年转型的厦门市萤火虫主题公园,园区为了吸引新的客群而进行转型,然而由于审批问题和生态失衡导致整改。这种转型失败凸显了旅游开发商管理层在策略制定上的失误和执行上的疏漏,也反映出管理层对于政策导向的认识不充分;同时,旅游资源的开发没有考虑对于绿色生态资源的合理处理运用,忽视可持续发展,导致项目在计划筹备阶段就被叫停,严重影响后续旅游开发与经营进程。

2. 资源配置与利用效率欠佳

对于运营旅游设施时,某些城市旅游地存在资源配置不合理从而导致资源浪费的问题。过于关注部分运营成本低、运营便捷性高的资源而忽略对于珍贵、稀有资源的开发是许多衰微颓败的旅游地的通病。本来的资源和资金不足更导致园区无法对所有设施进行有效维护和改造。比如,上海宝山区北部有许多优秀的自然与人文风光亟待开发运营。罗店古镇历史久远,曾是民众度假旅游的好去处,如今罗店古镇却愈发清冷,翻修后的罗店古镇只求外表的"新"而不还原"本味",也没有如愿引来纷至沓来的顾客,景区店铺撤退、内部运营者撤离,令本来稀缺的"古镇"资源被严重浪费。对于资源的认知有误,导致难以利用资源吸引顾客的问题需要尽快解决。

3. 文旅地产管理中矛盾凸显

地产归属与所有问题也是旅游资源开发运营失败的缘由。地块所有权性质复杂,且涉及多个所有者或权益人,势必会增加旅游园区管理与升级转型的难度。在涉及复杂的法律和经办程序时,甚至导致整个园区的经营停摆。这种地产问题更会引起资源分散和决策障碍,影响园区整体运营和发展。比如,恒大地产暴雷后,各地的恒大文旅城项目整体上处于搁置状态。由于地产纠纷,缺乏必要的资金再投入和有效的运营管理,项目建设无法按计划进行。比如,青岛恒大文旅城项目因地产纠纷而陷入困境,最终无法继续运营。旅游地的运营也需要各方的综合管理和协调,涉及经营规划、环境保护、旅游服务等多个方面。当规划与实际落地的进程牵涉多个部门时,各部门之间的信息孤岛和利益冲突是势必存在的。实现各方权益的有效统一,有效建立协调机制也需得到重视。

4. 市场竞争与发展定位模糊

有的城市预留大片空地发展旅游产业,原本发展势头强劲,态势良好,却在被整改期间一蹶不振,随着周边商业和娱乐设施的发展,这一旅游产业的地位受到很大挑战。比如,郑州市中原影视城以影视拍摄服务为主,兼具娱乐休闲、旅游观光等功能,由河南电视台斥资 3 000 万元建设,因电视剧《大河儿女》拍摄而知名。虽然初期吸引了不少游客关注,但随着类似项目的增多,中原影视城在激烈的市场竞争中,由于缺乏文化含量、特色项目和门票价格不合理等,导致人气下滑,7 年后被拆除。市场环境在不断变化,包括竞争对手的新进入、消费者行为的变化、技术的发展。应及时监测市场动态并相应调整经营策略,界定清楚服务对象,保住已有市场份额。无法清晰定位旅游资源在市场上的位置,也没有及时调整经营策略以应对市场竞争的变化势必会被新兴的服务设施淘汰。对于某些旅游景区的吸引力下降保持敏锐度,并采取更具吸引力的措施,才能够留住更多游客。

5. 设施维护与服务力度不够

旅游景点与园区的本质是服务顾客,稳定客源,扩大消费市场。负责提供美景与放松、休闲的观赏性体验场地却因内部设施陈旧、服务缺失而无人问津。游客体验下降,进而影响景区口碑和再次访问率。比如,"银基 O 秀"是河南开封市的重点文旅项目,但在 2020 年 7 月试营业期间,在携程平台上出现了"管理缺位""公共服务设施差劲""食品安全问题""店大欺客""体验感差""性价比低"等用户差评。为此,旅游景点急需加强对旅游公共服务设施的维护,改善旅游服务质量,提升游客满意度。

(二)国内外主要国家和城市旅游资源开发运营的主要经验

在城市旅游资源开发与运营过程中,明确战略定位、发展方向和市场竞争策略至关重要。一些发达国家、地区和国内先进城市在这些方面积累了不少成功经验,可资借鉴。

1. 美国:营造权益分配恰切的公共空间

米德尔顿庄园位于美国南部南卡罗来纳州风情小城查尔斯顿。对于具体的私人实体而言,米德尔顿森林生态园区毫无疑问地具有私人财产属性,所有者有随意配置的自由；而对于政府而言，米德尔顿庄园则具备国有资产和生态环境支持的特征，政府致力于保持其国土空间的最佳状态。但米德尔顿庄园发展至今，自然风景优美，历史人文意蕴浓厚，吸引许多游客观光，经济与文化价值相得益彰。它以一种较合理的产权结构规避了资源使用中的公地无人盘活或是私人产权行使时的过度化问题，其优秀的旅游资源能够在相对稳定的权益关系状态下得到合理开发运营。打破公有私有非此即彼，甚至将两权对立的理解局限，扫清本市固有旅游资源项目在开发过程中的认知障碍。

2. 日本：文化旅游资源的包装与重构

日本的"石见银山"位于日本国岛根县大田市大森地区的一座银矿山，自1526 年开始开采，直到 1923 年停止开采，开采历时约 400 年。本是废弃的银矿，面临严重的转型问题，但日本对此地的过去和现在的人文资源进行了深度挖掘。早在 16 世纪，"石见银山"就展开了与欧洲人的贸易往来，探索出一条与欧洲历史交流的人文旅游价值，开发者完整再现了当时银矿山民众从采银到炼银的技术、采矿场景以及采矿冶炼遗址。对此地的旅游资源的深度挖掘，重塑历史文化，形成鲜明特色，满足游客到访的特定需求。

3. 西班牙：多举措激发旅游资源活力

西班牙是全球最受欢迎的旅游目的地之一。巴塞罗那的圣家族大教堂、马德里的普拉多博物馆和格拉纳达的阿尔罕布拉宫等文化地标不仅得到了精心的保护和修缮，还结合现代科技手段如智慧导览与解说、沉浸式体验等，增强游客的体验感。西班牙充分利用其优越的自然条件，发展了多元化的生态旅游项目。比如，加那利群岛和巴利阿里群岛的海滩和水上活动、比利牛斯山的滑雪和徒步项目，都吸引了大量游客。著名的圣地亚哥朝圣之路不仅是宗教文化之旅，还结合了沿途的自然美景，吸引了全球的"背包客"和朝圣者。在创新旅游项目方面，西班牙巧妙地将娱乐、艺术、体育等资源与旅游结合，形成了强大的吸引力。西班牙的足球文化如巴塞罗那和皇家马德里等俱乐部吸引了全球的球迷，体育旅游成为重要的经济增长点。

4. 巴黎：打造"浪漫之都"旅游品牌

巴黎作为一个历史深厚、旅游资源丰富的城市，通过历史文化遗产的保护与现代化建设相结合，创造了兼具传统魅力与现代活力的城市景观，激活了历史建筑新面貌，埃菲尔铁塔、凯旋门、卢浮宫、凡尔赛宫等标志性建筑的现代化、数字化活化利用吸引了络绎不绝的游客。在此基础上，巴黎通过"浪漫之都"的品牌打造,精准定位了城市的国际形象,强化其时尚、现代、艺术和文化中心的吸引力。巴黎还着力发展多样化的旅游体验,不仅依托观光资源,还深挖法式特色,通过美食、购物、艺术活动等全面激活城市的旅游潜力。

5. 上海:构建国内外都市旅游首选城市

上海注重传统文化与现代城市发展的深度融合,成功地将近代历史遗产如外滩、豫园等与现代化建筑如东方明珠、上海中心巧妙结合,形成了兼具历史厚重感与现代都市活力的独特城市景观。在品牌打造方面,上海通过"魔都"这一国际化形象的推广,强化了她作为全球时尚、商业与文化中心的地位,吸引了海内外游客。此外,上海的旅游体验日益多元化,从历史文化游、购物娱乐、美食探秘到国际性展会活动,满足了不同层次和兴趣的游客需求,打造具有国际吸引力的"必游""必看""必购"旅游消费场景和全球魅力的城市旅游景观体系。在运营方面,上海依托高效的公共交通体系、完善的城市基础设施以及智能化的旅游服务,为游客提供便捷、舒适的旅游体验和获得感。

6. 杭州:以"旅游"为抓手塑造人文城市

杭州基于"大旅游"的发展理念,推动城市从"西湖时代"向"钱塘江时代"发展,从"跨江发展"到"拥江发展"升级,以人文精神统摄旅游文化景观,打造城市旅游品牌,塑造人文城市。过去,杭州以诗性、浪漫、安乐为城市文化特色,柔美的江南文化景观倾倒游客;如今,城市人文精神注重注入阳刚之气,像钱塘江潮,作为一种地域性的自然景观,同时隐喻只争朝夕、敢为人先、不畏艰险的"弄潮儿"精神,据此形塑"大气开放""刚柔兼济""激越澎湃"和"开拓进取"的城市精神特质,别有一番风味。

7. 深圳:打造自然与科技兼具的智慧乐园

深圳的大鹏新区背靠森林,三面环海,享受得天独厚的自然地理优势。顺应这一自然禀赋,深圳着力打造生态旅游度假区,规划建成依靠海洋的水域公园,并加入有科技感的数字化智慧乐园。追求创新的同时兼顾购物、娱乐、户外运动的渐进式体验。周围预计进驻与海洋生态相关的高新科技公司和高校,势必带动大鹏新区突出旅游和海洋高质量发展的特点,赋能旅游新通道;同时,不断创新"赛事+""体育+""美食+"等旅游业态,强化营销推广,以全方位、立体式推广激发旅游消费新活力。

8. 乌镇:响亮文化IP与独特的产权模式

乌镇的旅游营销独树一帜且具有模范意义。乌镇发展至今形成了集体统一的产权模式,从开发旅游资源到运营、服务,每一个板块形成了统一的标准和规整的样态,从而促成了乌镇旅游的良性循环。厘清产权问题就是在为旅游开发扫除前路障碍,因此小镇得以实现整体的规划开发与统一运营管理,这也给游客带来了极致的服务体验。乌镇几个响亮的文旅 IP 如"戏剧""名人"都成为享誉中国乃至世界的名片,根本上是寻找一种文化的认同标签,围绕几个 IP 发展文化旅游让到访的游客浸入到这一独特的文化氛围中,在不自觉中形成了对于乌镇文化标签的认同。

(三)盘活城市旅游资源、推动文旅产业可持续发展的措施建议

为有效盘活城市旅游资源,推动城市旅游产业绿色可持续发展,城市政府部门尤其是文化和旅游部门需要借鉴国内外优秀案例的经验,结合自己的旅游资源禀赋和资源开发运营实际,对症下药,探索有效的旅游资源盘活路径,为实现旅游资源的合理化开发运营、产生最大化效益,促进城市旅游产业的长期繁荣提供参考。

1. 合理统筹"五对"关系

盘活城市旅游资源,推动旅游产业高质量发展,需合理统筹政府与市场、供给与需求、保护与开发、国内与国际、发展与安全五对关系。政府应充分发挥宏观调控和政策引导作用,提供公平竞争的市场环境;市场主体则应创新和供给旅游产品、提升服务质量优化资源配置;同时,根据游客需求,发展多元化业态,满足游客的差异化需求,实现供需平衡。在开发旅游资源时要严格保护历史文化遗产与生态环境,借助现代科技手段,推动绿色旅游与可持续发展。国内与国际市场应协同发力,通过国际化活动和品牌推广吸引外国游客,并引入社会资本推动产业升级。在大力发展城市旅游产业过程中,必须确保游客安全,建立完善的风险预警与应急处理机制,利用数字化技术管理游客流量,避免过度开发旅游资源引发的生态、文化和社会安全隐患,促进城市旅游产业绿色、健康、可持续发展。

2. 加大旅游产品投入

积极盘活闲置旅游项目,推动形成存量资产和新增投资的良性循环,提升旅游基础设施运营管理水平。拓宽社会投资渠道,合理扩大有效投资,鼓励金融机构按照市场化原则为盘活闲置旅游项目提供配套融资支持;鼓励社会资本参与城市旅游项目投资、建设、运营。城市政府部门通过设立旅游发展基金、中央支持地方公共文化服务体系建设补助等资金渠道,支持地方改造升级旅游产品,加

强旅游产品宣传推广,强化旅游基础配套设施,注入文化内涵和特色,提升旅游产品品质,丰富旅游产品供给,推动旅游业高质量发展。

3. 强化旅游产品设计

做强优质旅游产品和服务设计,推进文化和旅游深度融合发展,实施美好生活度假休闲工程和旅游精品示范工程,开展城郊旅游提质增效行动,开发生态旅游产品,优化旅游基础设施,盘活闲置旅游项目。推动建立闲置旅游项目工作台账,针对闲置旅游项目主要问题和成因,按"一项一案"策略,科学编制项目盘活工作方案,分类落实各项盘活措施。及时总结各地经验做法和典型案例,定期遴选一批取得盘活成效的旅游项目,引导各级文化和旅游部门和相关市场主体学习借鉴先进经验,遵循旅游项目投资运营规律,丰富旅游项目经营业态。

4. 加强旅游设备修缮维护

加强旅游设备修缮维护,优先更换和维护年久失修的设备,确保可持续利用。一是更新升级游客运载设备。推动重点旅游景区、旅游度假区、公共文化场馆等场所的索道缆车、电梯等运载设备更新升级,淘汰运载容量不能满足需求、维修维保频次高、超长期服役的老旧设备,提升游客接待能力和服务质量。二是改造升级旅游观光设备。推动重点旅游景区设备升级,更新一批高技术、高效率、高安全性、低能耗的先进设备。三是更新升级游乐设施。推动游戏游艺设备更新,促进科技含量高、能效等级高、沉浸式体验感好的设备使用,更好满足消费者的体验消费需求。

5. 做好旅游产品安全管理

安全是旅游的底线,要不断强化旅游安全保障工作,把安全管理贯穿旅游产业发展全过程。一是推进多部门联合监管。旅游作为综合性产业,涉及多种业态,文化和旅游、应急管理、消防等多部门联合开展行业安全检查,督促经营主体落实好安全生产、消防安全、特种设备安全、食品安全责任,堵塞安全管理漏洞,强化事故灾害防范应对措施,进一步提高旅游突发事件应急处置能力。二是抓好重点场所单位、重要时间时段的安全管理。针对汛期、暑期等重要时段和春节、五一、国庆等重要节假日,研判旅游安全形势并部署应急预案,加强旅游产品安全管理。

6. 注重旅游产品推广宣传

近年来,全国各地积极开展旅游产品宣传推广工作、拓宽宣传推广渠道、丰富宣传推广方式。一碗螺蛳粉带火柳州、一把烤串搅动淄博、一部电视剧掠影大理、一入洛阳梦回隋唐……国内旅游市场近期强劲复苏,旅游产品营销更是突破传统模式,以优质文旅 IP 和创新营销模式为核心,以短视频、微短剧为主要形式,众多旅游目的地惊艳"出圈"、大放异彩。各地可以通过热点挖掘、明星达人种草等方式,加大旅游目的地宣传推广,构建媒体传播矩阵、策划推出现象级营销,实现文旅发展"破局"要求,着力打造文旅品牌,努力推动旅游活动出新、出彩。

7. 供给高质量的旅游管理与服务

新形势下,旅游新业态不断涌现,产业转型升级加速推进,消费者需求呈高品质、多样化的新趋势,对旅游管理质量提出了更高的要求。一是完善旅游管理机制。强化政府主导、企业主责、部门联合、社会参与、多元主体协同共治的旅游治理协同机制。二是构建旅游管理质量体系。建立健全旅游管理质量评价体系,推广应用评价结果。建立健全质量监测机制,开展管理质量效果评估,强化结果应用和跟踪改进。三是培育旅游服务质量品牌。实施以提升旅游服务质量为基础的品牌战略,培育一批专业度高、覆盖面广、影响力大、安全性高的旅游精品。

二、进一步优化文旅新业态消费体验,提升文旅产品和服务质量

文化和旅游产业是综合性产业,是拉动经济社会发展的重要动力,是文化交流、思想传播、消费升级的重要产业纽带。当前上海文旅新业态产品和服务供给存在一些问题,比如:红色资源挖掘不足,游客感知度不明显;乡村旅游和古镇旅游资源开发利用不够;文旅产品供给质量难以满足国际新需求;旅游标准化体系建设不足,质量难保证;观光巴士线路设置不合理,市场推广不足;文旅产品与服务的特色文化内涵挖掘不够;等等。为此,应做好以下几方面工作。

为此,一是守正创新,做好文旅新业态产品与服务质量保障。二是持续培育优质文旅新业态产品与服务品牌。三是进一步强化文旅新业态人才队伍建设。四是推进修订文旅新业态产品与服务质量标准。五是强化文旅新业态产品与服务质量监管力度。

(一) 守正创新,做好文旅新业态产品与服务质量保障

文旅企业是文旅新业态产品和服务质量的主体。要引导和激励 A 级旅游景区、星级饭店、旅行社、在线旅游经营者、各等级旅游民宿等市场主体将提升文旅产品和服务质量作为增强市场竞争力的重要手段。旅行社要规范经营内容和行为,防范系统性经营风险,加快理念、技术、产品、服务、模式和业态创新,实现

数字化转型升级。星级饭店和具有一定等级的旅游民宿要全面提升管理水平和服务质量。A 级旅游景区要落实"错峰、预约、限量"要求,依法落实最大承载量核定要求,完善流量控制制度,实现国有旅游景区门票网上预约全覆盖,进一步提高景区线上预约便利度。在线旅游经营者要提高专业服务能力;鼓励旅游购物企业建立完善旅游购物无理由退货制度,切实保障游客旅游购物权益。各类文旅市场主体应关照老年、儿童、残疾等特殊群体,有效提升文旅产品和服务的便利性。

（二）培育优质文旅新业态产品与服务品牌

做强做优做大骨干文旅企业,稳步推进规模化、品牌化、网络化经营,培育一批大型文旅集团和有国际影响力的文旅企业,建设一批富有文化底蕴的世界级文旅景区和度假区,打造一批特色鲜明的国家级文旅休闲城市和文旅街区。在各类高标准旅游目的地创建中,提高文旅新业态产品和服务质量要求,树立一批优质文旅服务品牌,打造上海文旅产品和服务品牌新形象。完善文旅新业态产品和服务品牌培育和评价体系。进一步完善文旅产品和服务质量分等定级方式,加大旅行社、民宿企业等级评定和推广力度。发挥高星级饭店、高 A 级旅游景区、国家级旅游度假区、文明旅游示范单位的示范带动作用,引导文旅新业态企业树牢品牌意识,健全品牌运营管理体系,让优质的文旅新业态企业脱颖而出。支持地方政府、行业协会和第三方机构开展文旅产品与服务品牌培育和评价工作,建立优质文旅新业态产品和服务商名录,树立行业标杆和服务典范。

（三）进一步强化文旅新业态人才队伍建设

文旅人才是提升文旅产品、内容和服务质量的重要支撑。要贯彻尊重知识、尊重人才、尊重创造、尊重技术、尊重服务的思想,提高文旅人才的内容创意质量和服务能力,激发文旅人才的创新创造活力。将文旅新业态产品和服务质量培训纳入高级经营管理人才培养、高质量产业人才培养扶持、专业人才培养及乡村文旅能人支持等各级各类培养项目中,加强对艰苦边远地区和基层一线文旅人才的内容创意和服务质量培训,提升中小城市、乡村文旅人才的文旅新业态产品创新能力、服务意识和专业化水平。建立鼓励文旅景区和景点聘请专业技术人员担任义务讲解员制度。实施更加开放的文旅人才引进政策,鼓励各地制定有利于推进文旅新业态产品和服务质量人才引进的政策措施。

（四）推进修订文旅新业态产品与服务质量标准

完善旅游标准化体系,强化文旅新业态产品和服务标准化体系建设,推动各层级的旅游标准协调发展。提升文旅产品质量和服务标准修订水平,增强文旅服务标准的科学性、有效性和适用性,对接国际规则体系,不断提升文旅标准的国际化水平。重点加强文旅新产品、新业态、在线旅游服务、旅游服务质量评价等领域的标准制定工作。在具备一定发展基础、形成一定规模和可复制、可推广经验的基础上,有序制定涉及文旅新业态、新模式等方面的标准。在《旅行社等级的划分与评定》《导游服务规范》《旅游饭店星级的划分与评定》《旅游景区质量等级的划分与评定》《旅游度假区等级划分》等国家标准及相关行业标准、地方标准的修订中,进一步突出文旅新业态产品和服务质量方面的标准化要求。支持和引导市场主体和各类社会机构积极参与文旅新业态产品和服务标准制定,鼓励行业协会、社会团体等完善标准,激发文旅企业制定和发布标准的积极性。

（五）强化文旅新业态产品与服务质量监管力度

构建高效协同的文旅新业态产品和服务质量监管体系。加强文旅新业态产品和服务质量基础理论研究,推动文旅新业态产品和服务质量监管立法研究,加快制定文旅服务质量监管目录、流程和标准,依法实施文旅新业态产品和服务质量监管,强化文旅产品和服务质量源头管控。开展不合理低价游的综合治理行动。此外,还要加强综合执法工作,围绕侵害游客合法权益、影响游客体验和满意度的突出问题,进一步加大文旅新业态市场执法监管力度。常态化开展"体检式"暗访评估工作,加强对各类在线旅游经营者、互联网平台等进行日常监测,及时处置监测发现的各类问题。落实"双随机、一公开"制度,开展跨部门联合执法,严厉打击"不合理低价游"、未经许可经营旅行社业务等违法违规行为,为促进上海文旅新业态高质量发展提供有力保障。

第三节　电影市场消费对影视文旅产业发展的主要影响和启示[①]

春节档历来是我国电影市场的"兵家必争之地"。受新冠疫情影响,2020—2022年我国电影市场历经波折,陷入低谷。但在2023年疫情防控措施优化后的首个春节档电影市场却实现了票房与口碑的双丰收,有力刺激了影视旅游产业发展。

---

① 此节第一、二部分内容,被国务院办公厅采纳,研究生黄文可、王雨眺亦有贡献。

2023 年春节期间电影市场的火爆,是民众文娱消费需求的集中爆发,是我国文化产业繁荣兴盛的展现,同时为新冠疫情后我国影视产业提质升级,开拓国际影视市场,促进文旅融合发展,拉动文化消费不断增长提供了启示。

一、2023 年春节期间电影市场火爆及其原因分析

根据灯塔专业数据,截至 2023 年 1 月 27 日 21 时 30 分,2023 年春节档观影总人次 1.29 亿,总场次 265.37 万,票房 67.34 亿元,《满江红》《流浪地球 2》《熊出没·伴我"熊芯"》分列票房榜前三名。《满江红》《流浪地球 2》等大片口碑与票房齐飞,受到了观众的热捧,票房持续快速上涨,在上映 6 天后都超过了 20 亿元,票房占比之和超过 60%。

影院人头攒动、座无虚席是 2023 年春节电影市场火爆的直观体现。据新华社报道,连日来,在北京、上海、广州、成都、武汉多地,位于市中心、商业中心的电影院出现许久未见的观影热潮,不少观众反映,想要买到黄金时段的场次或巨幕等特别场次,需要提前一天购票。①

网络平台上关于"春节档"影片的讨论格外热烈。春节期间,新浪微博平台上的春节档电影相关话题频繁登上热搜榜,多个话题的当日阅读量破亿。在豆瓣平台上,超过 160 万用户对七部春节档影片进行网络评分,并通过发表影评、参与豆瓣小组的影片讨论等方式与电影文本进一步互动。讨论话题广泛,包含剧情内容、影片票房、演员角色、影视特效等,网友们深度挖掘影片内外的细节,并对国产电影的未来做了积极展望。

观众由观影行为带动的消费热情高涨,周边衍生市场火热。《流浪地球 2》于上映当天官方宣布推出正版周边模型,通过众筹的方式进行销售,立即超过 10 万元的众筹目标,电影上映 7 天时众筹金额超过 5 000 万元,被称为"饱和式众筹"。

春节档电影市场火爆的主要原因在于:影片自身的类型丰富、质量过硬,品牌营销的助推和文化消费需求的呼唤。

2023 年春节档影片类型丰富,题材多元,涵盖科幻、悬疑、喜剧、历史、体育、动画等多种元素。电影《满江红》将喜剧与悬疑融入家喻户晓的历史故事,表达了家国情怀;电影《流浪地球 2》改编自科幻作家刘慈欣的同名小说,展现了太阳

---

① 喻珮. 破 40 亿元! 中国电影春节档整装再出发[EB/OL]. [2023 - 01 - 26]. https://culture.gmw.cn/2023-01/26/content_36322075.htm.

危机初期,人类携手迎难而上、攻坚克难的经历;谍战片《无名》聚焦 20 世纪 20 年代波谲云诡的隐蔽战线;电影《中国乒乓之绝地反击》讲述了 20 世纪 90 年代初国乒男队从低谷崛起的故事;电影《交换人生》以"家"为核心、以交换身体的奇幻外壳讲述亲情的温馨;动画电影《深海》《熊出没·伴我"熊芯"》目标群体分化,前者面向成年人,后者则是面向儿童的合家欢电影。全类型影片在春节档齐上映,为偏好各异的观众提供了多样的选择。

春节档影片不但类型丰富,而且多数电影的质量过硬,形成了较好的口碑,7 部影片中有 5 部电影在豆瓣平台的评分超过 7.0 分,2023 年的"春节档"被评价为"近几年影片整体平均水准最高的一个档期"。[①] 优质电影各有亮点,数不胜数,譬如《流浪地球 2》视效强大,体现出中国电影工业化的高水平;《满江红》剧情频频反转,高潮迭起;《深海》首创"粒子水墨"技术,开创性地实现中国水墨画与主流三维技术的结合。最重要的是电影所表达的情怀深深引发观众的共鸣,《流浪地球 2》的中国人文精神、《满江红》的浪漫英雄主义、《熊出没·伴我"熊芯"》的温馨亲情、《中国乒乓之绝地反击》的体育精神等,每一位观众都能从观影体验中观照自身,获得情感满足。

品牌营销助推了春节档影片的票房大卖。《流浪地球 2》《熊出没·伴我"熊芯"》两部影片分别有着同名小说和动画片的 IP,并且是系列电影的续作,已经拥有一定的受众基础。其他电影则在品牌营销上更多地宣传拥有知名代表作的主创团队,《满江红》是编剧陈宇与导演张艺谋合作的第三部作品,《无名》是由程耳执导且编剧、极具个人风格的作者电影,《深海》由导演田晓鹏继《西游记之大圣归来》后带领将近 1 500 人的主创团队耗时 7 年打造,《中国乒乓之绝地反击》是邓超、俞白眉第四次合作的影片。2023 年春节档电影的 IP 和主创团队大多已经形成品牌效应,具有一定的票房号召力。

强烈的文化消费需求呼唤着电影市场的回暖。影院放映极易受到外部环境影响,自 2020 年春节档取消,线下观影机会不确定性高,人们的观影需求被积压。2023 年春节前疫情防控政策优化以及疫情逐步稳定,人口流动恢复,线下文化活动场所有序开放,为 2023 年的春节档电影市场提供了良好保障,进一步刺激了文化消费需求。此外,春节期间,已经在工作城市形成观影习惯的返乡人

---

① 袁云儿,王金跃. 2023 春节档票房 67.34 亿元,两部京产影片分获票房冠亚军[EB/OL].[2023 - 01 - 28]. https://new.qq.com/rain/a/20230128A00UC500.html.

员还带动了三四线城市的影院票房。电影的口碑成为观众选择的决定性因素，高涨的文化消费需求与高质量的春节档影片相见恨晚，共同促成了春节档电影市场的火爆。

二、影视文旅产业复苏的主要启示

（一）国内电影产业复苏态势显著，线下观影体验有望进一步提升

2022 年 12 月以来，随着各地落实一系列疫情防控优化措施，加之受到元旦与春节假期的接连提振，我国电影市场呈现加速恢复的态势。据央视新闻报道，截至 2023 年 1 月 27 日 8 时，我国 2023 年春节档电影票房已突破 60 亿元。展望全年，中国银河证券认为，在中性与乐观的假设下，预计我国 2023 年票房有望恢复至 65%—80% 水平，达到 417 亿—531 亿元（含服务费）。

虽然春节档电影的火爆反映了我国电影产业复苏的良好态势，但电影行业受困于低谷几年，并不能一蹴而就恢复至巅峰。我国电影产业应乘着春节档高质量影片带动观影的浪潮，用此前积压的国内外优质电影内容储备丰富国内电影市场内容供给。大众开始重新回归公众场合，恢复以往的社交与消费需求。我国各地影城更需要完善硬件设备，追求更高的放映效果，提升消费者的观影体验，给予消费者线上无法替代的优质观影现场体验。

（二）国际电影产业面临洗牌重组，积极推动春节档电影"出海"

新冠疫情以来，全球电影产业已经历了长达两年多的黯淡期，国际电影产业加快洗牌重组速度，盈利模式单一、经营管理不善的影院或者院线都被整合，院线集中度进一步提升。并且，流媒体的异军突起让新的电影制作、发行、放映与盈利模式涌现，互联网科技资本与企业不断冲击着传统影视产业格局。在此影响下，甚至连全球第二大连锁影院 Cineworld 于 2022 年 9 月也以观影人数复苏缓慢、公司资金极度紧张为由，向美国得克萨斯州法院提交了破产保护申请。

如今的全球电影市场，并非美国一家独大，中国、日本、韩国、法国、德国、西班牙、俄罗斯、巴西等电影制作较为发达的国家的本土电影都在疫情期间获得了更大的市场份额。2021 年，国家电影局发布的《"十四五"中国电影发展规划》明确提出，到 2035 年，我国将建成电影强国，实现中国电影高质量发展的目标，而电影"出海"对于中国电影产业的全球化发展至关重要。我国应向全球电影院线积极推广春节档电影，让更多的海外华人与外国观众观看到中国的电影精品，提

升中国影视文化的海外传播效果。我国电影产业还可通过积极参加电影节展、创新中外合拍模式、参与海外网络发行等方式助推中国电影"出海"。值得关注的是,中国电影在海外盗版、盗播的现象屡禁不绝,因此,我国更应该在海外建立健全完善的电影知识产权保护渠道和机制。

(三) 创新运用数字媒体技术,实现影视产业内容提质升级

在科技日新月异的时代,数字媒体技术具有十分广阔的发展前景,它极大程度上促进了影视制作的创新,为影视文化的传播创造了更多可能。如今,优秀的电影在好题材的基础之上,还需要运用先进新颖的数字媒体技术,才能实现"内容称王"。2023 年春节档影片也在数字技术探索的道路上不断突破,《深海》首创"粒子水墨"技术并应用于全片,第一次实现中国水墨与主流三维技术的绝佳结合;《流浪地球 2》将 3D 打印技术与国内外"跨屏联动"创作方式运用于影片拍摄,改变了国产硬科幻大片长期缺席的状况。

在新冠疫情过后,我国仍会以国家政策大力支持影视文化产业发展,此次春节档超高的票房收益也会吸引更多资本投入影视行业,共同推动我国影视行业量质齐升。而我国影视行业应始终坚守"内容为王",在影片制作过程中创新运用前沿的数字媒体技术,并以大数据、虚拟现实等技术提升线下与线上观影体验,加速我国影视行业的全面数字化进程。

(四) 春节档电影票房口碑双丰收,彰显国内文化消费巨大潜力

财联社数据显示,截至 2023 年 1 月 27 日 21 时,2023 年我国春节档期总票房为 67.24 亿元,总人次 1.28 亿,总场次 264.6 万,位列中国影史春节档票房榜第二位。中国电影市场票房取得新佳绩,彰显了我国巨大的文化消费潜力正在不断释放。

2023 年春节档电影不仅票房获得佳绩,而且电影题材丰富,整体质量有所提升。《流浪地球 2》《满江红》《无名》《交换人生》《中国乒乓之绝地反击》《熊出没·伴我"熊芯"》和《深海》7 部影片,题材覆盖喜剧、科幻、悬疑、体育、动画等,相比往年更加丰富多元,满足了不同群体的观影偏好,为观众奉献了精美文化大餐,实现了电影票房与口碑的双赢。

春节期间,不仅电影票房再创佳绩,文旅消费也热力十足。2023 年上海共推出超过 500 项新春文旅活动,将新年风俗与海派文化相融合,新春假期 7 天线下消费达 323 亿元,展现了城市文化消费市场的巨大潜力,也充分表现出中国人民不断增强的文化自信。春节旺盛的文化消费开启了兔年中国经济新的篇章,我国文化产业更应抓住机遇,创造更优秀的文化产品,提供更优质的文化服务,为新冠疫情后中国经济行稳致远贡献力量。

（五）鼓励电影实景项目助力文旅产业开发,促进文旅融合发展

文旅融合发展是一个激发创新活力、优化产业结构的过程,能够让经济、文化与民生实现协同发展,共同受益。如今,文旅融合发展已是大势所趋,地方政府都积极挖掘本土文化资源,期望塑造并传播好优秀正向的地域文旅形象。而在各种文化形式中,影视的创作空间大、传播范围广,对于促进文旅融合发展大有作为。如何发挥好影视媒介的新闻宣传、文化教育与休闲娱乐等功能,成为地方文旅融合发展的关键。

2023年初,北京市政协委员、中影集团董事长傅若清撰写了鼓励电影实景的文旅开发的提案。傅若清建议,市规划部门应将电影拍摄列为临时用地的使用类别之一,制定专项政策或实施指引,明确适用于影视行业的用地建设条件、行政审批程序以及申报所需文件,相关部门应对电影实景转为文旅用途加大支持和指导,促进影视产品的价值转化和文旅产业的融合发展。而随着春节档电影的热映,取景地也受到了大众的热切关注,更反映出电影实景项目助力文旅融合的内在潜力。例如,张艺谋执导的电影《满江红》曾在太原古县城取景,剧中人物行走的深宅窄巷古色古香,给观众留下了深刻印象;在《满江红》上映之后,影片在太原古县城的取景地也同步对外开放,迅速成为一大网红景点。可见,在新冠疫情后,更需要完善影视行业用地政策,充分激活影视行业新动能,以发挥影视传播优势,推动文旅融合纵深发展。

三、2024年暑期档电影市场相对疲软的现状、原因与提振策略

2024年暑期来临,在全国和本市经济社会持续增长的形势下,暑期档爆款电影却迟迟没来。截至2024年7月16日,2024年暑期档票房达44.8亿元,与2023年7月同期的85亿元相比,仍有较大差距,2024年暑期档票房欲超越2023年同期的高光表现,面临着不小压力。2024年暑期档电影市场之所以反应平平,票房表现相对疲软,头部影片带动效应不明显,黑马佳作影片尚未出现,电影题材、类型、内容有限,其主要原因包括:优质电影作品供给不足;频繁的电影撤档行为影响观众预期;观众的审美和观影期待日益提高;电影投融资市场陷入低潮;受过度的知识产权保护意识影响导致电影产品的网络媒体播放渠道受限。为此,需要在以下方面发力,激活暑期档电影市场消费:一是

增加高质量电影内容供给;二是改进电影市场预测及评估策略;三是提供广阔的电影资源整合平台;四是强化电影产业的集群与合作效应;五是改善产业投资融资环境,拓宽投融资渠道;六是增强电影与观众和观众之间的互动体验。

(一) 2024 年暑期档上海电影市场表现相对疲软的现状与问题

1. 电影市场反应平平

猫眼娱乐数据指出,截至 2024 年 7 月 16 日 14 时,2024 年暑期档票房已超过了 44.8 亿元,也助力全年大盘超过了 261 亿元。其中,暑期档票房前三名影片均为国产片,分别是《默杀》《抓娃娃》《云边有个小卖部》。暑期档电影虽然把 40 亿元的票房门槛跨过了,但市场反应并未如原有预期热烈,尤其是位居前三名票房的电影远没有达到往年的爆款级别。电影股市指数则水波不兴。据万得数据统计,截至 2024 年 7 月 17 日收盘时,影视指数跌 0.77%,其中仅 3 家公司股价上涨,而多达 20 家公司股价下滑。在上涨的个股中,涨幅也相对温和,如上海电影(601 595.SH)上涨 0.90%,至 19.12 元/股;中国电影(600 977.SH)微涨 0.48%,至 10.51 元/股;幸福蓝海(300 528.SZ)则上涨 0.43%,至 7.05 元/股。

2. 票房表现相对疲软

统计数据显示,2023 年 7 月,国内电影市场票房达到了 85 亿元,2024 年欲复刻乃至超越 2023 年同期的高光表现,确实面临着不小的压力。在元旦档贡献出 2024 年第一部 10 亿元票房电影后,春节档则以超 80 亿元的爆款票房创造了历史纪录。然而,从后续的电影市场表现来看,春节档之后的电影票房都没有延续过去的辉煌。2024 年暑期档开端——6 月的电影市场以 22.30 亿的票房成绩收尾,且没有出现一部"10 亿+"票房的爆款电影,多部被寄予高票房厚望的影片,却没有获得观众们的认可,票房表现一般。

3. 缺乏头部影片带动

与春节档相比,暑期档期持续时间长,且并非全民假期,固定观影需求成分占比较小。因而,头部影片对于暑假档电影起到至关重要的带动作用。头部电影强则暑期档电影强,头部影片多则暑期档电影票房可观,如 2018 年的《我不是药神》、2019 年的《扫毒 2》、2022 年的《独行月球》等暑期档影片的带动效应明显。2024 年暑期档虽然有《抓娃娃》《解密》《白蛇:浮生》等备受业内外关注的电影,但市场反应不佳,暂未达到预期的头部电影效果。

4. 黑马佳作尚未出现

2024 年春季以来直到暑假档期,电影行业出现的一个重要问题是黑马佳作变少了。从市场头部效应来看,头部电影出现后一般会对应一部黑马佳作,如 2023 年的《保你平安》(7 亿元票房)、《拯救嫌疑人》(5.69 亿元票房)、《涉过愤怒的海》(5.49 亿元)等,这些黑马作品恰好对应 5 亿—10 亿元票房区间。而 2024 年上半年,头部影片市占率持续下滑,仅出现了《哥斯拉大战金刚 2:帝国崛起》(9.56 亿元票房)一部在非档期市场占比率飙高的作品。截至目前,2024 年暑期档并未出现让人眼睛一亮的黑马佳作。

5. 电影题材内容受限

暑期是青少年学生的假期,暑期档也是亲子类型电影畅行的市场季。但是 2024 年暑期档电影中,合家欢、亲子、家庭等亲情类型电影较少,除影片《白蛇·浮生》的观众期待较高以外,其他动漫电影较难出圈,票房集中在 1 亿—3 亿元的刚刚及格区间;冒险题材《传说》从情节、IP、主演的新鲜度来看都难以与对标影片匹敌,奇幻、科幻题材电影本身就在很大程度上依赖核心观众群体对影片质量的反馈,如果口碑反响有限则只能获得基础票房。而军事、战争、国际局势题材的电影则为数不多,有限的电影题材、平淡的电影口碑都无法获得观众的广泛认可。

(二) 2024 年暑期档电影市场水波不兴的主要原因分析

1. 优质电影作品供给不足

优质电影作品供给不足是暑期档电影市场低迷的主要原因,优质电影内容不足,无法满足消费者日益增长的观影需求,导致暑期档电影票房水波不兴。对于国产电影来说,"二八定律"一直存在,也就是说大多数电影进入不了院线,进入院线的电影也大多数难以盈利,80％的影片被市场沉没,只有 20％的电影作品能够浮出水面。但无论如何,电影内容为王的金科玉律始终未变,观众对优质电影内容的追求未变。2024 年暑期档电影中,尚未出现内容优质的爆款影片。电影题材不足、内容创作平平、精彩故事缺乏、叙事手法单一、技术创新不足,都严重制约电影内容质量。内容创作同质化、套路化甚至低俗化,观众容易审美疲劳,电影市场遇冷便不足为奇。

2. 撤档行为影响观众预期

频繁的电影撤档行为同样对观众的心理预期造成较大的负面影响。春节档以来,屡见不鲜的电影撤档现象已然在观众心里将撤档与质量不佳画上了等号。

2024 年 7 月 3 日，电影《野孩子》上午提档，晚上撤档，无论真实情况如何，无疑给本就低迷的电影市场降了一次温。撤档的原因大多来自票房不及预期，但是在档期和非档期的头部电影效应都显不足的 2024 上半年，择时上映并非一个有效的策略。观众并非没有给撤档电影机会，只是认可度变得更加严格；一旦观众的观影预期降低，那么电影票房的基本盘将随之萎缩。由此观之，观众对撤档电影的脆弱信心着实不应再受打击。

3. 观众的观影期待日益提高

从电影上座率来看，一线城市 2024 年上半年的上座率下滑近 3％，远高于二、三、四线城市。一线城市观众在电影内容的思想价值、故事情节、叙事技巧、审美表达等方面都有着更加挑剔的口味和更高的观影期待。随着下沉市场的观影习惯逐渐稳固，用铺张影院获取下沉市场增量的方式不再奏效，电影市场需尽早回到用内容质量打动观众的轨道上来。2024 上半年三、四线城市的平均票价增长超 2 元。在票价提升的同时，必须提升电影品质。当电影创作品质与观众日益增长的观影需求不太匹配时，很可能会导致三、四线城市观众随之流失。

4. 电影投融资市场陷入低潮

电影投融资市场陷入低潮，也是 2024 年暑期档电影遇冷的一个重要原因。长期以来，我国电影行业"投资大、赚快钱""大投入、大制作、大收益"是不少电影投资方和内容制作方的真实心态。大量热钱涌入影视行业，盲目抬高明星效应，投机心态严重，却忽略了影视行业的基本规律，助长了大量非理性投资的投机行为。然而，资本逐利，来去匆匆。在行业整顿和规范中，在明星艺人吸金光环破灭后，资本大撤退，电影市场更是一地鸡毛。此时，投资机构为了避险，往往要与影视行业保持一定距离。因而，投融资低潮带来了电影行业发展动能不足，导致投入高、制作精细的高质量电影产品产出困难，电影产业发展后劲不足。

5. 电影产品的播放渠道受限

电影播放渠道的拓展和创新乏力，也是制约电影票房增长的主要因素。近年来，知识付费模式风生水起，不少影视产业项目通过拓展网络销售渠道实现大发展。国外一些电影除了在电影院上映外，也同时在奈飞等流媒体平台同步上映，拓宽了电影产品播放渠道，提高了播放流量。目前，我国电影行业由于过度担心互联网平台版权保护不到位，导致拓展播放渠道畏首畏尾，错失各类媒体平台播放红利。

（三）提振暑期档影视消费、拉动影视文旅产业发展的主要策略

1. 增加高质量电影内容供给

提高电影创作和制作水平，确保暑期档有足够数量的高质量影片供观众选择是根治暑期档电影消费低迷的有力举措。这对国产电影产品创作者、制作者提出了更高要求：通过探索新题材和新视角，挖掘未被开发的题材、故事和文化资源，为观众呈现具有新鲜感和独特性的电影产品；深入角色刻画，创造真实和具有深度的人物角色，使他们更具吸引力和共情力；电影制作要积极寻求跨领域合作，如融合流行音乐、AI、数字科技、算力算法等时下热门元素展现全新的审美艺术表现形式，创造沉浸式电影体验。除电影内容之外，技术层面创新与后期制作的质量也是迎合市场、突破创新的重要路径。不断探索视觉效果和后期制作技术，提升电影的视听冲击力和多感官刺激度，让包括剧本、演员表演、导演指导、后期制作在内的每个制作环节达到高质量高标准。提升电影行业整体创作与制作质量离不开新鲜血液的输入，建立电影人才储备库，持续强化剧本创作和电影制作人才教育培训，促进电影产品的内容创新、技术创新、表达创新，以高质量电影产品吸引观众。

2. 改进市场预测及评估策略

首先，利用市场调查、社交媒体平台和影院消费数据，基于大数据、算力算法技术为观众精准画像，掌握特定时期内观众在选择电影时的决策过程和行为模式。暑期档电影的消费群体日益年轻化、科技化、时尚化，电影产品和影院上映应融入高科技与时尚元素，顺应年轻观众的消费趋势。其次，及时跟踪行业动态，随时关注电影市场的最新趋势、流行元素和观众反馈，包括影评、票房表现、社交媒体讨论等，根据观众的观影反馈，用大数据技术预测电影市场的走向和观众的观影决策与行为，分析票房成功的电影所采取的创作手法和市场定位、营销策略，及其所涵盖的消费群体。再次，以基础性市场调研方法，通过问卷调查、重点采访、焦点讨论等方式对消费者进行深度调研，了解观众的观影感受、情感反应和认知态度，构建实时监测反馈机制，即时观测电影市场反应。最后，根据实时数据和反馈，调整电影宣传定位、推广策略和上映时间，最大程度地提高影片的市场吸引力。

3. 提供广阔的资源整合平台

中国电影集团、上海电影集团等头部电影企业拥有强大的电影储备资源，应当发挥优势，针对年轻观众口味多样化的观影需求，基于经典影片的成功案例，推出更多类型丰富、题材多样的电影作品。首先,除了传统的喜剧、动作、爱情等类型外,还可以探索更多具有现实意义和人文关怀的题材,如科幻、悬疑、战争、家庭等类型电影,满足观众对电影作品及其审美艺术的多元化追求。其次,合理配置电影内容资源,让市场竞争变为行业合作,各电影公司错峰安排电影上映,营销宣传方面增进良性互动。再次,电影作品的创作、制作、宣传发行不能在行业内部打转转,需汲取外部资源,拓展各类媒体平台和资源合作平台,跨界合作,汲取其他行业人员的新鲜血液,促进电影行业各部门分工协作、通力合作,通过奖励激励机制激发创新活力,振兴电影市场。

4. 强化电影产业集群效应

激活电影产业集群力量,融合各方资源,是振兴电影市场的必要举措。优化政策扶持和配套服务,吸引影视龙头企业尤其是多种业务类型的影视科技企业落户影视产业园区,产业上下游通力合作,集思广益,提升电影作品的原创能力、制作水平和宣传推广力度。进一步提升"上海电影出品"市场占有率和影响力。优化电影拍摄基础设施,注入先进的数字科技手段,建设高标准拍摄场地;培育和引进创作人才,吸引影视、文学、历史、数字科技等专业人才加盟,并为他们提供良好的工作环境和创作平台;利用上海的科技和教育优势,让电影产业与科技、评论、学术研究相融合,培养复合型创作和制作人才;延伸电影产业链,促进服装、化妆及经纪服务等周边产业专业化发展。与各类媒体平台合作,拓展宣传推广渠道和上映渠道,构建全方位、立体化电影产品播映矩阵。

5. 改善产业投资融资环境

一方面,推广电影衍生品的开发和投资,如影视 IP 的二级开发和衍生产品的开发,增加电影项目的收益来源和投资吸引力;另一方面,设立更多专项资金,扶持电影创作、拍摄、制作,鼓励银行、投资基金和其他融资企业联合采取投资企业股权、债券等多种形式,为电影企业提供投融资服务。同时,促进与国际电影产业的合作与交流,引进国际电影投资者、制片人和影视公司,提升国内电影市场的国际化水平和投融资吸引力。此外,积极参与国际知名电影节,如戛纳电影节、柏林电影节等,提升国内电影产品在全球范围内的知名度和影响力。拓展投融资渠道,鼓励电影与动漫、游戏、数字媒体等文化产业融合发展,形成更广泛的产业协同效应,以其他产业的投融资带动电影产业发展。

6. 增强电影观众互动体验

组织不同类型、题材、风格的暑期档电影节如国际电影节、上海电影节或相关主题的电影放映活动,吸引观众积极参与,增强观众对电影背后故事和创作、制作过程的了解;邀请电影创作人、制作人、明星演员或电影评论家进行广泛交流和讨论,扩大电影产品影响力;开设与电影产品相关的暑期课程或讲座,如电影史、影评写作、导演技术课程等,提高观众的观影体验和审美鉴赏能力;针对青少年学生群体,举办电影教育项目或比赛活动,激发年轻人对电影艺术的兴趣;充分利用社交媒体平台进行电影作品推广和观众互动体验活动,如举办线上观影活动、电影话题讨论、电影知识比赛或投票活动,增加观众的参与度、认知度、认同度;提供在线订票、电子影评和观影笔记分享平台,让观众可以在观影后与其他观众交流和互动;积极与电影院、国际影展、艺术机构建立良好的合作关系,推广本地和其他城市、海外影视文化交流,丰富观众的电影文化体验;提供多语种的电影和字幕,吸引国际观众和外籍居民参与本地电影文化活动。

第四节　"高校研学游"市场火爆,
深度激活高校文旅资源[①]

2023 年夏季,研学旅游热度持续增长,参观高校校园风景、体验高校生活成为许多中小学生的暑期研学游实践项目。与此同时,高校研学游也衍生出了进校票价高、虚假宣传、研学教学质量差、组织混乱等乱象。为此,上海市高校需要合理利用研学文旅资源吸引游客,强化研学导师培养力度,优化研学旅游产品,加强研学基地建设,完善管理评价体系等对策,进一步推动上海市高校面向社会开放,深度激活高校文旅资源,提升高校研学游质量。

一、当前高校研学游热潮中的乱象及其原因分析

(一)高校研学游市场需求火爆,产品价格虚高

当前高校研学游热潮中的乱象首先体现在一些研学游产品价格虚高、名不副实。据北京大学通报,2023 年 7 月 21 日,一支名为"北大金秋暑期定制课"的校外研学团队,预约 139 名学员入校,每人收费 10 800 元,合计收费 150 万余元。相较于市场上其他普通的北京游产品,研学游尤其是名校研学游和有建筑特色、有历史故事的高校研学游价格持续增长。其中原因在于家长对孩子们考

---

① 此节内容被国务院办公厅采纳,研究生张铭潇、张小丫亦有贡献。

理想大学、接受更高质量教育的需求。在竞争激烈的中小学教育环境中,家长们为了孩子从小树立求学的理想目标,提前体验理想大学的校园生活,往往选择价格不菲的研学游产品,认为这样能够给孩子提供更好的学习体验机会,在颜值高、质量好的高校提前感受校园学习和生活氛围,留下美好记忆。但面对火爆的研学游市场需求,研学游行业承接能力有限,兼具教育与游览特质的研学游产品的市场开发有一定的门槛和难度,高质量研学游产品供不应求,从而推高市场价格,导致盲目攀升。

(二) 虚假宣传,深度游变成校门口合照"打卡"

高校研学游热乱象中,不少研学游产品存在虚假宣传问题。一些名校的研学"深度游览体验"变成校门口合照"打卡","学霸营"变成临时暑期在校学生的轮流演讲,还有一些打着"名校营"的研学游产品不能确保学员入校,若无法入校则以其他景点参观代替;学员难以获得研学游宣传中可体验的名校氛围与学习志趣训练,形成价格虚高但难以达到研学良好效果的虚假营销宣传。究其原因,主要在于高校对社会参访有预约人数限制,面对火爆的高校研学游市场,高校参访预约名额难以满足市场需求。而打着名校旗号的研学游产品则可以卖出高价,在商业利益驱动下,出现了高校研学游产品的过度包装营销、夸大的卖点包装、校门外合照"打卡"的路线设计,形成高校研学游产品的虚假宣传乱象。

(三) 研学游组织混乱,干扰高校校园正常秩序

高校研学游热潮中存在部分研学游组织混乱、组织纪律松散、研学游专业度不高,干扰校园正常的运行秩序的问题。部分研学游未能合理组织学生进行研学访问参观,在研学地点让学员分散活动,派遣线索寻找任务,导致研学学员出现四处奔散、乱扔垃圾、冲撞行人等现象。其中原因在于:首先,研学机构开发研学游产品时设计不周到,未做好组织管理工作预案;其次,高校校园内的管理问题,之前校园并未经历过类似事件,对于研学游等不直接影响学生与教职工人身和财产安全的外界参观者,并无明确的强制性手段与案例作为规范与维持秩序的参考,且研学游产品所带学生均为未成年人,人数较多,管理难度大,因而对于他们扰乱校园正常秩序的行为,校方管理往往较为宽容松散。

(四) "中暑"等问题频出,研学游存在安全隐患

高校研学游热中,研学游产品安全问题不容忽视。参与研学游的学员往往因为高强度的行程安排与暑期的炎热天气导致中暑、身体不适等问题、部分研学

游产品的工作人员不具备足够的专业技能处理未成年人的突发疾病等问题,造成一定的安全隐患。究其原因,主要在于游学机构为商业利益而最大程度地压缩研学游成本,而具备处理类似问题经验与知识技能的专业人才价高且稀缺,难以成为研学机构的人员配置对象,部分高校研学游产品所雇佣的工作人员经验与能力不足,处理相关问题简单随意。目前针对研学游产品的管理规范,虽然在《研学旅行服务规范》中有关于"至少为每个研学旅行团队配置一个安全员"的规定,但对于安全员的准入资质、查验审核等没有明确的规范标准,研学游产品的安全管理体系尚待建立健全。

（五）研学质量良莠不齐,"游而不学"问题多发

高校研学游热中,普遍存在研学游课程和教学质量良莠不齐、"游而不学"问题多发的乱象。部分研学游产品的课程设置与教材开发质量不足,教学内容简单甚至付之阙如。其中一部分原因在于市场过度火爆,吸引大量研学机构匆忙推出研学游产品,这些产品的供给机构可能并非专业的教育机构,而是由旅行机构转变而来,对于研学课程设计、教学内容与计划安排等,缺乏足够经验与专业能力,因而存在高校研学游变成另类旅游景点"打卡"的现象,且研学游的教学专业人才较为缺乏,一些原本的景点导游、工作人员被包装成随行"助教或讲师",不具备研学游的专业教学能力,研学产品没有合理的教学计划与内容安排,课程质量得不到保障,形成研学游"游而不学"、浅尝辄止现象。

二、规范市场,提升研学游质量,深度激活高校文旅资源

（一）调动专业机构力量,培育研学旅行指导师

2022 年,研学旅行指导师被纳入新版国家职业分类大典。研学旅行指导师是指策划、制定、实施研学旅行方案,组织和指导开展研学体验活动的人员,是研学旅行活动的具体执行者。一个合格的研学旅行指导师不仅能够完成课程的讲授和具体实践,还应具备课程开发和旅行方案制定的能力,在某一领域具有一定的专业性,并具有较强的自我知识革新能力。推动研学旅行高质量发展,需要基础夯实的指导师和其他专业人才,需要行业、企业、职业院校、普通高等院校和社会组织协同联动,共同培养一批高水平的研学旅行指导师队伍。除了专业导游和研学指导师之外,还应联合各类专业机构和人士力量,加入研学游和其他专业性较强的文旅讲解和导游队伍中。以上海一位资深城市设计师为例,他暑假针对不同年龄段开发的两场"建筑可阅读"研学游活动,为研学游高质量发展贡献

了个人力量。

(二)重视课程与教学质量,精心打磨研学游产品

研学机构应根据主办方和高校、其他旅游目的地的要求,精心设计研学旅行产品,供给优质旅行产品和服务。课程设计和教学安排的研学旅行核心地位,必须得到高度重视,从而实现学习、研究和旅游的配比均衡。具体来说,研学旅行课程设计与开发不等于简单的旅行线路安排,也不等于书本知识的旅途讲授,而应该结合高校的文旅资源,针对不同学生年龄段的认知特点进行课程设计和教学安排,科学合理地开发相关的研学内容、设计研学单元、合理配备师资、策划研学形式、进行教学效果评估等,形成系统性安排。其中,需要高校与研学机构分工协作、沟通交流,努力将研学旅行和高校教学科研活动有机融合,精心打磨研学旅行课程和研学线路,做到目的明确、生动有趣、高效学习,避免出现"游而不学"现象。

(三)健全研学管理体系,合理开发高校文旅资源

可持续发展理念是助推研学游良性发展的法宝。政府和高校应统筹协调,规范高校研学游市场,构建高校研学游管理体系,形成完善的组织实施机制、课程开发教学机制、经费统筹管理机制和安全保障机制。建立健全研学旅行预警和应急体系,形成基础条件保障有力、应急体系高效运转、安全责任落实到位、家庭学校社会放心的研学旅行管理体系。2017年重庆市教委联合10部门,印发了《关于进一步深化中小学生研学旅行试点工作的实施意见》;2022年12月,重庆市、成都市共同发布了全国首个科普研学服务标准《成渝地区科普研学服务管理规范》,为研学游保驾护航。上海市高校和研学机构理应借鉴兄弟城市的研学游管理经验,做细、做实、做活研学游行业,深度开发高校特色文化研学、红色精神研学、高科技研学、实验室研学等文旅资源。

(四)推进研学基地建设,强化热门场馆资源链接

目前,政府部门颁发的研学旅行基地牌子较多,研学基地的规模、类型差异很大,社会民众对研学旅行基地的认知也存在较大的差异。包括高校在内的研学旅行基地作为研学旅行的载体和依托,需要不断加强自身建设。在业务方向上,要充分考虑研学旅行者与普通旅游者的区别,有针对性地制定发展策略;在硬件设施上,要为研学旅行创造良好的基础条件。研学基地建设必须强化统筹规划,打造特色和品牌,精准对接市场需求,做好有温度的服务工作。与此同时,应加强高校与城市热门场馆之间的资源连接,如市文旅部门可以统筹城市各级博物馆、图书馆、文化馆资源,推出形式多样的系列陈列展览和研学活动,强化优质文化旅游资源的整合与供给;与研学机构共同设计、合作开设专题展厅,结合青少年年龄特点、知识储备、动手能力,策划系列主题夏令营、研学游等活动。

（五）完善研学旅行业监管,引导市场良性竞争

在知识经济和名校效应的带动下,高校研学游作为一种新兴的文旅业态,异军突起。一些企业和机构乘机而入,或投资入股或转行经营,搅动"一池春水"。这些机构是否涉嫌超范围经营旅游业务,经营研学旅行业务是否合法合规等问题,应该引起有关部门的重视。为此,政府文旅部门和行业协会、相关企业应加强监管和行业自律,规范研学游市场行为。例如,针对当前处于多头管理的研学市场,教育、文旅、市场监管等部门亟须整合政府和社会各主体力量,出台系列"组合拳",保障研学旅行市场的规范化运行和高质量发展,比如:把好"准入关",严格审核从业机构的相关资质;把好"内容关",制定研学项目的定价标准和评价指标体系;把好"售后服务关",为购买研学服务的家庭提供消费者权益保障。

（六）健全评价体系,开展高校研学游考核评价

研学旅游是"教育＋",还是"旅游＋"?"研"与"学"要优先于"游",研学机构应有精细化、高品质的课程设计与教学内容安排。从近几年曝光的研学游乱象来看,不少研学机构的课程粗制滥造,教学项目严重注水,专业度不高,孩子们不仅无法研有所得、学有所悟,甚至还可能接受错误的知识灌输和误导。为此,需要建立健全研学旅游质量评价体系,实时、有效地监控研学机构的研学旅游主题、目标、过程、方法、成果、反馈等,分析研学旅游中遇到的各种困难和问题,公正合理地评价各地研学机构开展的研学旅游活动,如:建立学生自评、互评与他评并重的多层次评价体系,由学生、家庭、教师和学校从多维度评价研学旅游课程、教学和活动产品,及时向研学基地和研学导师进行反馈;同时,关注家长的反馈意见,建立家校共评的跟踪反馈平台,使研学旅游评价更加全面客观。

（七）加强对家长及学生的引导,正确认识研学本质

高校应加强家长和学生的教育引导,增强他们对高校研学游的科学认识和理性判断,让他们克服攀比心理,透过现象看本质,合理选择有价值的研学实践项目。科学合理的研学实践能够在较短时间内给孩子们提供一次前所未有的教育体验,培养孩子的兴趣是一场"行可兼知,行高于知"的探索之旅。对家长而言,应着眼于当下,根据孩子的个人兴趣、技能特长和学习目标,选择合适的研学

游产品,切忌贪多求全、盲目跟风。同时,研学旅游教育要与家庭教育相结合,片面寄希望于孩子研学旅游的"甩手掌柜"心态不可取。总之,高校、研学机构和家长需要齐心合力,让研学旅游产品和服务真正帮助孩子树立理想、净化心灵、感悟人文、磨炼意志。

第五节　当前体育文旅产业发展中存在的突出问题与化解路径[①]

第 19 届杭州亚运会期间,我国运动健将活力十足,展现出强劲实力,取得了优异成绩,彰显我国离 2035 年建成体育强国目标又近了一步。然而,当前我国建设体育强国过程中仍存在区域间发展不平衡、竞技体育核心竞争力较弱、基础体育设施供需不匹配、体育产业抗风险能力不强、体育人才培养体系不完善、全民健康意识薄弱等突出问题。针对这些问题,需要以杭州亚运会、贵州村超为突破口,汲取杭州亚运会、贵州"村超"等体育赛事的破圈经验,为上海体育文旅产业发展提供参考。

一、当前我国体育文旅建设过程中存在的突出问题

(一) 区域发展不平衡问题突出

由于区域经济发展不平衡,我国体育文旅的区域发展失衡问题长期客观存在。一是不同地区之间的体育产业发展水平存在较大差异,总体呈现东部、南部强,西部、北部弱的特点。据统计,2021 年广东省体育产业总规模为 6 258 亿元、江苏省体育产业产出为 5 652.78 亿元,为河北省体育产业总产出的 3.4 倍、3 倍。二是城乡之间体育设施差距较大。农村地区拥有体育场馆总面积远低于城镇,且主要以室外场馆为主,室内设施较少,种类较为单一。三是,城市各区之间存在明显的设施配置差异。中心区域和新建城区的体育设施普遍优于郊区和老城区,使用率也相对更高。

(二) 竞技体育核心竞争力不强

我国在第 19 届杭州亚运会上获得了 201 枚金牌、111 枚银牌和 71 枚铜牌,为亚运会参赛以来最好成绩。从奖牌项目来看,虽然保持了传统优势项目如田

---

① 此节第一、二部分内容被国务院办公厅采纳,研究生樊玲、俞艾利亦有贡献。

径、游泳、乒乓球等的领先位置,但以"三大球"为主的集体球类项目表现依旧差强人意,男篮半决赛输给了菲律宾,女足未能晋级决赛。举重、羽毛球等部分优势项目受到强力挑战,奖牌"含金量"不高。此外,"阴盛阳衰"现象持续存在。本届亚运会期间,女运动员共摘得 108 枚金牌,比男运动员多了 26 枚,占总数一半多。以上种种,说明我国在竞技体育方面的核心竞争力还有待提高。

(三)基础体育设施供需不匹配

随着全国体育场馆数量和面积的急剧增加,出现了大批设施种类单一、功能简单、质量参差不齐的场馆,既无法满足人民群众对高质量体育基础设施的需求,也不利于提高他们体育锻炼的积极性。一是场馆利用率低,多数场馆每天活动人数只有几十人次,部分器材设备闲置。公共健身广场、公园、居民社区和活动中心的健身器材功能较为简单,主要以单双杠、平步机、太极推揉器为主,缺乏定期维护和升级,老旧破损情况严重,且多数服务于老年群体,缺乏针对青少年体育活动的室外多功能场馆。二是体育设施配置结构不合理,公益性场地开放率较低,适老化和无障碍化建设薄弱。比如,群众参与度较高的羽毛球、乒乓球运动场馆相比篮球场、足球场数量较少。

(四)产业抗风险能力待加强

2015—2019 年,我国体育产业规模总体呈增长态势,但自 2020 年受到新冠疫情冲击后,整个行业面临产值下降、规模缩减、新旧业态转型难的挑战。当前,体育产业占国民经济比重还不足 3%,体育消费潜力尚未释放。据《2022 年大众健身行为与消费研究报告》,2022 年受线下消费限制的影响,除体育用品消费有所增长外,其他各类体育消费均有不同程度下降。这对于加快线上体育消费场景开发,推动线上线下业态融合提出了新的要求。与欧美发达国家相比,我国体育科技创新能力较弱,企业参与和培育高端体育赛事不足,在赛事运营中缺乏具有影响力、竞争力的龙头企业引领产业和对接市场。

(五)体育人才培养体系不完善

首先,从学校教育体系和学科设置来看,体育学科仍然处于弱势地位,部分地区仍存在体育课程被挤占,甚至可有可无的情况。其次,体育人才培养地区资源倾斜严重。截至目前,我国有 159 所国家重点高水平体育后备人才基地(2021—2024 年),其中超过 80% 分布在中东部地区,大量体育人才从西部流向中东部。再次,与青少年体育培训相比,成人体育培训供给单一,培训渠道有限,主要以聘请私人教练和报名公开课程为主。最后,儿童和青少年校外体育培训虽然种类丰富,但存在培训机构良莠不齐、课程设置不合理、收费标准模糊、从业人员鱼龙混杂等问题,亟须相关部门严格把控和监管。

(六)全民健康意识有待提升

全民健身计划显著提升了我国居民参与体育锻炼和体育消费的人数比例。然而,广大民众的体育健身意识和行动力还明显不足,在身材管理和疾病方面均有体现。《第五次国民体质监测公报》显示,我国成年人和老年人的超重肥胖率较上一次监测相比有很大涨幅,呈持续增长态势。近年来,我国"三高"患者总量居高不下,"三高"并存现象和疾病年轻化趋势凸显,其中糖尿病患者约有 1.21 亿,为世界首位。《国家心血管健康与疾病报告(2021)》显示,我国心血管疾病发病率和死亡率持续上升,心血管疾病成为居民死亡的首要原因。这说明我国公众参与体育锻炼不足,健康素养水平有待进一步提升。

二、化解体育文旅产业发展中突出问题的主要路径

(一)把握体育文旅建设的政治方向

在体育强国和旅游强国战略的指引下,从中央到地方,各级党委和政府高度重视体育文旅产业发展,进一步加强体育强国和体育文旅产业的顶层设计,落实方案,明确路线图与时间表。督促各地树立正确的体育政绩观,坚持全国一盘棋。大力弘扬中华体育精神,激发全国人民的爱国热情和奋斗精神,为推进中国式现代化体育建设提供正能量。加强依法治体,强化体育协会的行业自律和行风建设,净化行业风气。把体育战线建设成为党推进体育强国、体育文旅建设的坚强阵地。

(二)以人民为中心,积极开展群众体育活动

截至目前,我国经常参加体育锻炼的人数比例达到 37.2%;建设体育场地 397.14 万个,全国人均体育场地面积达到 2.41 平方米。全民健身运动如火如荼。但与发达国家相比,全民健身运动的社会根基不太牢固,社会民众的参与度有待提高。比如,2020 年美国运动人口数量接近 2.3 亿人,参与率约为 76%。贵州"村 BA"吸引万人现场参与,是全民健身和群众体育事业蓬勃开展的真实写照。从全运会设立群众体育项目,到健身场地和设施不断增加,再到开展全民健身线上运动会,体育强国、体育文旅建设离不开人民,以人民为中心,更好地服务人民。

(三)推进体育文旅产业高质量发展

深化体育行业体制机制改革,加快体育文旅产业创新步伐,供给优质的体育

文旅产品与服务,带动体育文旅产业高质量发展。2012 年至今,我国体育产业增加值占国民经济的比重从 0.60% 提升至 1.06%,但相比发达国家仍有较大的发展空间。比如,2018 年美国体育产业的 GDP 比重达到 2.60%。从就业贡献比较来看,2015 年美国体育就业人数达到总就业人数的 2.1%,2016 年英国体育就业人数达到总就业人数的 3.7%,而 2019 年我国体育就业人数只占到总就业人数的 0.65%,体育产业还可以作出更大贡献。

（四）提升硬指标,建设世界一流竞技体育

截至 2022 年底,我国体育健儿获得 986 个世界冠军,创造 127 次世界纪录。但我国竞技体育存在明显的不平衡现象,田径、游泳等基础大项不强,“三大球”等集体球类项目较弱,不少小项拿不到奥运会参赛资格。为此,要着力解决备战模式创新问题,形成全系统抓备战、服从国家需要抓备战的格局。创新训练模式与竞赛模式,加强科学训练体系建设,以提高竞技能力为切入点,锚定国际标准,切实提高基础训练的质量水平。构建“全运会、锦标赛与职业联赛相结合的国内竞赛体系”,强化体育竞技意识,提升体育竞技能力。瞄准世界一流强队,以“三大球”为重点,攻坚克难,打造能征善战、作风过硬、人民满意的国家队。

三、提升体育赛事活动质量,促进体育文旅产业繁荣发展

在当前经济社会全面复苏、政府政策支持、大众精神文化需求旺盛的多重影响下,上海各类体育赛事和文娱活动相继复苏,吸引了不少市民和游客参与。然而,据消保委统计,2023 年“3·15”期间上海受理体育赛事票务类投诉较之 2022 年翻了一番。[①] 尽管文体活动呈现总体回暖的良好态势,但也存在着不少亟须解决的问题,对提升上海市文娱体育活动质量、促进文娱体育行业繁荣发展提出了挑战。

（一）当前上海市体育赛事活动中存在的主要问题

1. 粉丝追星极端化,妨碍社会公共秩序

粉丝文化是文娱产业的一把“双刃剑”。近年来,“粉丝经济”在为文娱产业带来巨大经济效益的同时,由于资本裹挟和监管缺位逐渐趋于狂热化和商业化,

---

① 上海市消保委.“3·15”期间文娱票务与旅游相关投诉较集中[EB/OL].[2023 - 03 - 27]. http://m.cnr.cn/shanghai/news/xwzt/20230327/t20230327_526196582.html.

导致"饭圈"乱象层出不穷。部分粉丝过度沉溺于追星,为达到能与偶像亲密接触的目的不择手段,甚至产生极端行为,屡次挑战法律道德底线。2023年"微博之夜"盛典举办期间,为了给喜爱的明星、爱豆应援,不少粉丝一早聚集到场馆周围占位圈地发放和布置道具。这样的"占道"和人群聚集行为极易产生人员踩踏、纠纷事件和道路阻塞,不仅严重干扰了正常的公共安全秩序,而且给演出场馆内外的安保工作系统施加了难度和压力。因此,整治不良粉丝文化,杜绝偏激追星行为是规范文娱行业健康有序发展的关键。

2. 活动组织和管理中存在公共安全隐患

组织举办体育赛事、文娱演出活动涉及场馆选择、流程安排、安全保障、紧急预案等方面。当前,上海市一些体育赛事和文娱活动的组织和管理仍然存在不足,不利于未来体育、文娱和演艺活动的快速复苏和后续发展。首先,场地选择不合理。组织方事先没有做好充分的市场调研和科学的统筹安排,错误估计场馆容纳量和活动客流量导致周边交通堵塞,进而增加市政交通的运行负担。其次,基础措施和安全保障工作不到位。部分场馆的检票系统智能化水平较低,导致等候入场队伍过长且十分拥挤,造成活动现场秩序混乱,人群扎堆聚集。场馆内的基础应急措施老旧,没有及时得到检查更新,使得安全事故和消防隐患发生概率增大。再次,组织管理人员的综合素质有待加强,缺乏专业教育培训和应对突发状况的组织管理经验。

3. 活动质量良莠不齐,消费者权益难以保障

不少体育赛事和文娱活动在商业资本介入下一味追求经济利益,观赏性、娱乐性内容含量不断增加,市场化导向日趋明显。一方面,缺乏严格的内容管理和审核制度导致文娱体育活动质量参差不齐,具体表现为体育竞技性弱、文娱活动内容肤浅、形式单一、无底线植入营销广告等,破坏了消费者的体验感。比如,此前大火的剧本杀活动就存在盗版横行、烂剧本泛滥、低俗暴力植入、从业人员水平不高等行业乱象。另一方面,忽视或弱化活动的社会效益,无法起到传承文化和提升观众体育、文化和艺术素养的作用。同时,在票务方面,活动售票平台和场馆之间存在"霸王条款",导致退票困难、票价虚高以及"黄牛倒卖"等问题,严重损害了消费者权益,影响和阻碍了演艺体育文旅市场的健康发展。

4. 体育赛事活动有效供给不够充分

上海市体育赛事活动的有效供给不多。首先,体育场馆的定位不清晰,功能传统且单一,存在场馆利用率整体偏低,甚至空关、闲置的情况。例如,上海体育

场虽然经营多年,但由于建成年代较为久远,其设计标准和质量不高,因此需要重新对其进行规划和升级。其次,国际顶级赛事活动的数量和质量有待进一步提高。可承办国际性体育大赛的一流综合性场馆不多,内部性能和结构尚未完全与国际化专业标准接轨。再次,基础体育设施分布不合理,公共体育空间开放较少且时长短,绿地面积不大,无法满足市民日常锻炼和健身的需求。部分新建项目虽已竣工,但尚未完全投入使用;而场馆周边配套设施不完善、交通路线复杂不便利等也会降低群众参与体育活动的积极性。

5. 体育赛事总体规模不大,层次单一

总体而言,上海市当前的体育赛事规模不大,影响力较小,主题较为集中且不够明确。一是体育精品赛事数量不多,本土自主拥有的、具有地方特色的体育竞赛表演品牌较少。需要进一步加强体育运动俱乐部主场的商业运营能力,提升各项赛事的综合竞争力,为市民开放更多现场观赛和接触体验的机会。二是全民体育赛事活动的主题不明确且层次单一,对于重点人群所开展的健身活动针对性不强,部分地区没有为未成年人、老年人等群体配备适合的运动器械设备,缺少专供残障人士使用的公共无障碍健身设施等。三是基层体育组织建设亟须加强。目前部分体育社会组织尚未充分做到下沉社区和乡镇,而对于自发性群众健身组织也未在场地、培训等方面给予足够的支持。

6. 社会民众的参与积极性未能充分调动

虽然上海市居民的体育需求日渐增长,但其参与和消费体育的积极性却尚未被充分调动。首先,政府主导模式下举办的大型体育赛事活动缺少社会力量的参与,未能契合人民群众多样化的体育文化需求,且部分赛事活动的准入门槛过高,无法很好地刺激市民的体育消费意愿。其次,缺乏强有力的体育赛事宣传推广手段。仅仅依靠平面媒体和电视媒介等传统宣传方式无法做到赛事活动信息的全覆盖,需要与时俱进,利用互联网和新媒体进一步拓展新的群体宣传和传播渠道。同时,目前的赛事活动报道流于形式,往往是媒体统一供稿,缺乏一定的新闻性和创新性。再次,全民健身区域发展不平衡,全民健身文化普及度不高,没有形成良好的健身社会氛围和全民健身意识。缺乏对于体育运动、健身知识的科普指导和相应的激励制度。

(二)促进文体旅产业繁荣发展、构建上海文体旅 IP 的措施建议

1. 规范信息服务平台,营造文体旅合作良好生态

2020 年 5 月,上海市人民政府出台《上海市推进新型基础设施建设行动方

案(2020—2022年)》,强调定制个性化信息网络应用,推动信息通信服务实现按需供给。在此基础上,上海应当加快推动APP、小程序等移动互联网基础设施建设,完善文化领域数字经济生产要素;主动对接新基建,鼓励文化企业参与数字基础设施建设,提升文化数字化发展水平。同时,接入文娱演出团体、演出场地负责机构、体育局、体育赛事参与和协办方等人员的联系渠道和相关信息,从而在实际工作中实现数字平台的连接和沟通功能,促进上海体育赛事和文艺演出活动蓬勃发展。

2. 明确文旅资源保护条例,加强文体旅市场治理

文旅资源是文旅产业开发和进一步创新发展的核心基础,上海应延续这一共识,积极回应党的十八大以来国家对文化资源发掘和文物保护工作的高度重视,并整合各区、各部门的力量,通过高效协同形成合力,明确文化资源保护条例,完善文物系统的管理与规划,呼吁社会各界凝聚共识、广泛参与,聚力推进文化遗产保护传承工作。此外,文体旅产业的市场治理问题是实现社会效益与经济效益同步提升的关键问题。政府应当主动承担完善政策法规体系的责任,加强政策法规和配套体系的建设,规范文旅市场发展,履行监督和保障的职能。例如,上海市于2021年6月颁布的《红色资源保护条例》,在鼓励使用红色资源开发文化创意产品的同时,明确了对红色遗址的有效保护措施。

3. 推进政策有效供给,优化文体旅游产业发展生态

从推进上海体育产业发展的角度,应当继续加大"1+X"的体育产业政策体系建设力度,推动文体旅融合政策更加科学精准、务实管用。集成国家和全市现代服务业、高新技术、文化创意、旅游、健康、金融等领域扶持政策服务体育产业发展,引导资金、土地、人才、技术等政策资源惠及体育企业。一方面,完善体育产业统计制度,建立健全重点领域体育服务规范和质量标准;另一方面,对于文化产业创新生态体系的构建,也应当统筹规划,从政策层面给予指导,以推动价值链、产业链、创新链、服务链"四链条"协同发展,构建市场、企业、科技、人才和金融等要素相融共生的方式,为文体旅产业发展提供坚实基础,具体包括:规范上市公司治理和运作、提高可持续发展力、推动产业链数字化转型升级、夯实供给基础,优化服务链产业结构,强化文体旅品牌影响力,等等。

4. 深化体制机制改革,夯实文体旅产业发展基础

推进上海文体旅产业体制机制改革,深化资金、资源、知识产权的"三轮驱动"作用,完善财政投入机制,加强统筹协调,优化资源配置,推进上海市知识产

权高质量发展。首先,结合 2022 年 9 月出台的《上海市助行业强主体稳增长的若干政策措施》等相关政策,鼓励中小企业申请专项资金,利用多渠道融资模式实现金融赋能文体旅产业发展,构建多元化金融服务网络。其次,贯彻执行《上海市社会主义国际文化大都市建设"十四五"规划》等,打造数字公共文化资源库群,完善上海公共文化服务资源精准供给体系。最后,健全知识产权保护全链条体系,营造知识产权保护的社会共治的良好生态,发挥知识产权对文体旅产业创新的引领作用,支持文体旅新业态、新模式发展。

5. 深入实施"文化＋"战略,引导产业跨界融合发展

上海市需要进一步鼓励各区深入实施"文化＋"战略,找准"发力点",打好"组合拳",推动文化与演艺、旅游、体育等产业深度融合。通过技术更新、模式转换、业态升级等方式,推动传统文化企业转型升级,深化"文化＋"融合跨界新模式,构建文体旅产业发展新格局,拓展发展新空间。以文化与体育融合为例,2021 年 7 月,上海市静安区出台文化创意产业发展"十四五"规划,以"电竞体育、影视传媒"为特色,集聚 VSPN(Versus Programming Network)头部企业,推动电竞产业实现更好发展。其他各区可以效仿该模式,结合自身特色,积极创新并发展文体旅融合的优势项目,建设城市文化、体育、旅游产业综合体,推动文体产业与科技、旅游、娱乐、时尚产业的深度融合。

6. 提振体育产业能级,培养现代化特色产业体系

为丰富上海体育产业新业态,提高文体旅融合的综合竞争力,应当从更加多元的角度挖掘体育产业的发展潜力,如竞赛表演、体育服务和科技产品,都是应重点关注的方向。做大做强体育竞技产业,具体包括:举办好亚足联亚洲杯等国际重大赛事;支持举办"三大球"、棋牌、电竞等职业联赛,打造职业赛事高地;加大上海马拉松、上海赛艇公开赛等自主品牌赛事培育力度;加强体育赛事贡献度、专业度、关注度等方面的评估,定期发布上海市体育赛事影响力评估报告;促进体育赛事与旅游、文化、商业融合发展,提高体育赛事的观赏性和吸引力。在体育文旅服务方面,应当加大体育场地设施建设和更新力度,拓展体育产业发展新空间;鼓励体育场馆无形资产开发,支持体育服务综合体建设;以提升体育资源配置功能为核心,培育体育中介市场,开发体育赛事运营、体育咨询、体育经纪、体育保险等多种服务。发展形态多样的体育传媒产业,推动体育赛事版权和转播权市场化。

四、借力 2024 年巴黎奥运会拉动上海商旅文体消费的措施建议

2024 年夏季奥运会于 8 月份在巴黎举办,全球性体育盛会背后,蕴含着超大型体育赛事在扩大内需、释放消费方面的蓬勃潜力。这一国际盛事同样为上海的商旅文体消费带来商机。上海借力巴黎奥运盛事,优化文体基础设施,供给高质量文体活动,提升文体服务质量,促进商旅文体发展,激活文体消费潜力,实现消费升级和经济社会繁荣,有助于进一步提升上海城市国际影响力和文化软实力。

(一) 2024 年夏季奥运会为上海商旅文体消费带来商机

1. 带动体育产业发展

国际奥运赛事可以激发全球体育爱好者的消费热情和能级,上海应抓住 2024 年巴黎奥运会契机,激发本地及周边地区的文体商旅消费热情。积极举办与 2024 年夏季奥运会相关的体育、文化和旅游活动,如马拉松比赛、全民健身运动会等,鼓励市民参与体育锻炼,提升健康生活质量。此外,奥运会将带动体育场馆、体育用品、健身服务等相关产业发展。上海应借机完善和优化提升文体基础设施,提升文体服务质量,吸引更多市民和游客参与体育文化活动,推动文体消费持续增长。借力奥运会带来的体育热潮,进一步推动上海体育文化产业高质量发展,营造城市体育文化氛围。

2. 刺激文体商业消费

2020 年东京奥运会期间,各种服务机器人、人脸识别、自动驾驶服务车、5G 技术、超高清的 8K 技术、可穿戴设备、AR/VR/3D 全息投影、即时翻译器等得到广泛运用,智能化设备和技术购买量大幅增长。2024 年巴黎奥运会期间,全球游客的关注热度和巴黎奥运元素＋时尚设计,将直接带动上海文体产业和时尚设计产业消费。可以通过举办相关产业的购物节、打折促销等活动,吸引市民和游客消费。此外,奥运会期间的体育热度将为上海的相关商业品牌带来更多曝光机会,有助于提升相关产品的品牌知名度和影响力。上海应通过优化营商环境、提升品牌服务质量,增强游客的消费体验。借助奥运会商机,上海进一步发展商旅综合体、新型购物中心等新消费业态,推动文体、时尚设计等行业消费持续增长。

3. 推动文化旅游消费

奥运会期间,全球目光将聚焦于巴黎,但这也为其他城市如上海、北京等国内一二线城市带来关联效应。上海可以借助奥运会的全球关注度,通过优化旅游基础设施、提升旅游服务质量,吸引更多游客。例如,上海可以推出奥运主题

旅游线路、举办奥运旅游博览会等活动,增强游客的体验感。此外,加强国际化宣传推广,上海可以吸引更多游客了解并具身体验这座城市的魅力。奥运会期间,上海还可以举办各种配套的文化旅游活动,如城市观光、购物节、美食节等,进一步丰富游客的消费体验,提升旅游消费质量。

4. 促进文化服务消费

尽管奥运会的主要焦点是体育,但文化交流同样是其重要组成部分。上海应充分利用奥运资源的红利与契机,持续增进城市服务行业与奥运会的联系。比如,在奥运会期间举办各类文化活动,推动文化消费。例如,举办国际文化节、艺术展览、音乐会等活动,吸引全球文化爱好者前来体验。此外,奥运会期间的文化交流活动将为上海带来更多国际化的文化资源,丰富城市的文化内涵。通过加强文化品牌的推广,上海可以在全球范围内提升文化影响力,吸引更多游客参与文化消费,进一步推动文化产业发展繁荣。奥运会期间,上海可以通过提升服务质量、优化服务流程,增强游客的满意度。例如,增加高端酒店、特色民宿的供给,推出多样化的餐饮选择,提升公共交通服务水平等。

(二)借力巴黎奥运会促进上海夏季文旅消费的主要措施

1. 依托夜间经济发展夜间体育

据"2024中国城市夜经济指数"显示,上海市在中国337座地级以上城市的夜间活力方面稳居全国首位,展现出其蓬勃的夜间经济潜力。2024年6—9月,"上海夜生活节"火热进行,这一节日作为城市消费的重要端口,不仅丰富了市民和游客的夜间生活,还基本覆盖了夏季奥运会的开展时段,为夜间体育消费项目的发展提供了难得的机遇。为了充分利用这一时机,应当积极推进夜间体育消费政策的制定,加强夜间照明和安保措施,确保各项活动能够安全有序地进行。同时,鼓励体育场馆和健身中心延长营业时间,并提供夜间优惠服务,吸引更多市民和游客参与。此外,还可以在公园或广场举办夜间马拉松、荧光夜跑等富有特色的活动,设置夜间篮球场、足球场等开放场地,为市民和游客提供更多元化的夜间体育消费选择。

2. 依托酒吧产业提振赛事经济

截至2023年底,上海共拥有2 810家酒吧,这一数量在全国遥遥领先。利用好庞大的酒吧基地,发挥酒吧的社交属性,能够极大地释放体育赛事的经济价值。目前,许多酒吧都会在世界杯、欧洲杯等大型体育赛事的时段内进行赛事直播。为了进行更有序的管理,兼顾顾客多样化的需求,应当向全市酒吧提出倡议,设立"奥运观赛区""休闲娱乐区""互动体验区",在"观赛区"配备高清大屏幕,实时直播奥运赛事,提供特色奥运主题饮品与小吃,如"金牌啤酒""奥运拼盘"等,还可赠送相关氛围道具,如国旗、横幅等,为喜欢看比赛的顾客提供优质的观赛体验。"休闲娱乐区"为有其他需求的顾客提供舒适的休闲氛围,"互动体验区"可以设置奥运主题互动游戏,如"奥运知识问答""射箭挑战"等,提供奥运纪念品的展示和售卖,丰富顾客的奥运体验与记忆。

3. 依托旅游资源发展国际文旅

上海,被誉为"东方之魔都",是中国发展国际文旅事业的重要窗口。借助巴黎奥运会这一难得的契机,上海应敏锐地抓住跨国旅游的风口,精心设计并推广一系列以奥运为主题的旅游路线。这些路线应将上海的标志性景点、深厚的历史遗迹与奥运元素巧妙地相结合,以此吸引国内外游客前来体验,感受上海独特的城市魅力与奥运精神的交融。在具体实施上,除了推出系列旅游线路外,上海还可以举办丰富多样的以奥运为主题的文化活动,如奥运电影展映、奥运主题音乐会、奥运文化论坛等,进一步丰富游客的奥运体验。同时,通过商业赞助、票务销售等多元化的市场化运作方式,确保这些活动的可持续性和良好的经济效益,为上海的国际文旅事业注入新的活力。

4. 依托文化空间壮大体育消费

田子坊、愚园路等老街区,承载着上海丰富的历史文化底蕴,是这座城市不可或缺的文化资源。经过多年的改造与创新,这些空间已经蜕变成为上海独特的文化代表,时尚与创意在这里交汇融合,展现出勃勃生机。体育作为社会文化生活的重要组成部分,它本身就具有与文化街区相融合的能力。因此,在夏季奥运会期间,依托老街区深厚的文化底蕴,打造奥运主题市集与消费体验,无疑将成为提振体育消费经济的又一亮点。例如,可以在田子坊内举办一场别开生面的奥运主题市集,汇聚各种与奥运相关的商品和创意产品,让游客在购物的同时也能感受到奥运的氛围。此外,还可以举办奥运文化讲座和展览,邀请知名运动员和体育专家前来分享奥运故事和体育精神,让更多人深入了解体育的魅力。

5. 依托户外大屏幕优化观赛平台

据统计,2022年上海市内南京东路、陆家嘴等主要商圈和交通枢纽的户外大屏幕数量已超过800块,日均覆盖人流量已突破200万人次。这一庞大的流量基础,为户外大屏幕资源在夏季奥运会期间构建奥运观赛与消费互动场景提供了得天独厚的条件。从历史数据来看,早在2016年里约奥运会和2021年东京奥运会期间,南京路步行街等地的户外大屏幕就已经开始尝试直播热门赛事,并取得了显著的效果,吸引了大量观众的关注。2024 年,仍旧可以继续沿用这一行之有效的策略,并结合媒介技术的快速发展,创新性地融合裸眼 3D、VR、AR 等前沿数字形式,设置多样化的互动环节,从而进一步提升观众的参与度与黏性。此外,还可以与周边商家展开深度合作,结合发放消费券等形式,共同推出奥运主题的消费促销活动,旨在形成观赛与消费的良性互动,为消费者带来前所未有的观赛与消费体验。

第六节　明星演唱会与露天音乐节：城市文旅新业态消费新引擎[①]

随着城市文化旅游业复兴,如何进一步刺激市民游客的文化消费、满足他们的精神文化需求？明星演唱会和音乐节具有明显的消费带动效应,在城市文博、艺术、体育等场馆、广场和商业中心地带举办明星演唱会,在城市的开阔地带如公园、广场、滨江、码头等地举办露天音乐节,使其成为带动城市文旅新业态消费的新引擎。

一、明星演唱会经济的带动效应,助推当前城市文旅消费

当下,线下消费呈现回暖趋势,各类明星演唱会、音乐节等受到了消费者的青睐,形成了良好的经济带动效应。比如,2023 年 10 月 12 日—15 日,周杰伦在上海连开四天演唱会,首演当日不仅吸引 7.2 万名观众到场观看,还有不少场外听众在附近居民楼阳台上共赏演出,产生了明显的经济效益,形成"演唱会经济",同时对上海的餐饮、住宿与旅游业形成带动作用。当下的演唱会经济具有头部效应与明星效应双重影响,观众注重现场氛围感与沉浸感,推动演艺、文旅市场发展繁荣,对当下经济高质量发展具有启迪与借鉴意义。

（一）当前"明星演唱会经济"的发展现状和特点

当前,在线下消费回暖的大背景下,演唱会、音乐节等线下大型演出热度回升。中国演出行业协会发布的《2023 上半年全国演出市场简报》显示,2023 年上

[①] 此节第一二部分内容被中央办公厅综合采纳和上海市委办公厅单篇采纳,研究生樊玲、强陆茹、张铭潇、张小丫亦有贡献。

半年,全国营业性演出(不含娱乐场所演出)场次达 19.33 万场,同比增长 400.86%。《2024 上半年全国演出市场简报》数据显示:"2024 年上半年全国营业性演出(不含娱乐场所演出)场次 25.17 万场,同比增长 30.19%;票房收入 190.16 亿元,同比增长 13.24%,观众人数 7 910.13 万人次,同比增长 27.10%。其中,大型演出市场上半年呈持续上升态势,演唱会、音乐节票房收入同比增长 134.73%。"[①]2023 年具有较高热度的演唱会明星有五月天、薛之谦、张杰、周杰伦与 TFBOYS 等。其中,前三者在 2023 年上半年的演唱会热搜排行榜上排名前三,在票务平台上标记"想看"的人数破百万,而在下半年,TFBOYS 在西安的十周年演唱会亦得到极大关注,一票难求,还带动了西安 4.16 亿元旅游收入,周杰伦在上海的演唱会场内 8 万人满座,刷屏上海社交媒体平台。2023 年具有较高热度的音乐节品牌包括草莓音乐节、迷笛音乐节等,在城市分布上有从一、二线城市向三、四线城市下沉的趋势。

就演唱会举办的城市分布而言,据相关媒体不完全统计,截至 2023 年上半年,上海与广州已经举办和官宣排期的演唱会场次均超过 70 场,为演唱会举办最多的两个城市,而北京、深圳、武汉等城市已举办和待举办的演唱会亦超过 30 场,除此之外,南京、成都与西安亦是演唱会举办场数较多的分布城市。音乐节的举办则有城市下沉的趋势,据腾讯音乐研究院统计,2023 年上半年二线城市及以下的音乐节占到了音乐节举办总数量的 57.9%,著名音乐节品牌如草莓音乐节,也选择在景德镇浮梁举办。

"明星演唱会经济"带动了所在城市文旅产业发展。但与此同时,目前的演唱会市场也存在少量演唱会上座率较低、音乐节组织管理混乱、伴随少量社会治安事件滋扰等问题。明星刘雨昕演唱会空座率过高的话题曾登上热搜榜,南阳中原迷笛音乐节盗窃事件受到关注(南阳市公安局及卧龙区公安分局成立专案组,全力侦破,进行了积极的回应与处理)。但总体而言,演唱会经济目前具有较高热度,对于相关文旅产业的带动作用明显,对于社会经济发展具有助力作用。

当前"明星演唱会经济"的特点主要体现在:

1. 具有明显的经济带动效应

在演唱会门票销售方面,明星效应体现得尤为突出。知名的歌手与乐队会

---

① 中国演出行业协会. 2024 上半年全国演出市场简报[EB/OL]. [2024 - 07 - 13]. https://finance. eastmoney.com/a/202407133130326030.html.

吸引大量粉丝和音乐爱好者前来观看他们的演出,开票之后往往会有门票在短时间内售罄的现象出现。例如,TFBOYS在西安的十周年演唱会,场馆可容纳约6万人,在开票前的想看预约人数有679万人,每一轮开票之后基本是秒售罄,也滋生出了黄牛交易等不良现象,据《每日经济新闻》的报道,该演唱会看台区的代抢费为每张5 500—6 500元,内场的代抢费为每张8 000—10 000元,溢出本身票价约5倍。观众愿意支付高价来欣赏他们喜欢的明星的表演,使得明星演唱会成了一项具有很强吸金能力的文化活动。

2. 为观众提供沉浸式体验快感

明星演唱会可以为观众提供不可复制的实时沉浸式体验,观众到现场沉浸于观看和嗨歌的氛围感中,享受具身体验的快感,愿意支付高昂的票价。例如,在上海举行的周杰伦演唱会上,在唱经典歌曲时会有现场的万人大合唱,且有歌手与听众的互动环节,观众可以感受到顶级音响配置下的动听音乐、歌手更加生动的情感传递,身边还有其他听众可以一同享受这样的氛围,这种体验是在线上观看视频或者在家播放音乐所不能具有的,加上灯光与舞台设计的配合,使观众可以置身于纯粹的音乐世界享受中,用氛围增强歌曲的情感表达,引发观众共鸣,为观众创造出难以在其他地方复刻的沉浸式体验,使观众愿意为这样的体验支付高票价,从而达成演唱会经济的繁荣。

3. 带动城市餐饮、住宿与旅游业发展

明星演唱能够带动举办城市的餐饮业、住宿与旅游业发展。由于演唱会票量有限,且举办地不会覆盖所有城市和地区,不少明星的粉丝会专程前往其他城市观看他们喜欢的明星的演唱会,这对于当地的旅游、住宿和餐饮等行业具有带动作用。据天津市文化和旅游局官方数据显示,周杰伦在天津的演唱会总计观众18.5万人次,其中本地观众占比38%、外地观众占比62%,累计综合消费带动超过30亿元。而上海方面的数据显示,"周杰伦演唱会首日,外卖平台饿了么上海游客夜宵外卖量日环比增长24%,徐汇区及其附近的长宁区夜宵订单环比增长超过四成",[①]明显带动餐饮行业的增长;旅行业务平台携程上,预订周杰伦演唱会期间的上海酒店订单同比增长177%,较前月环比增长30%,可见演唱会经济对于住宿与旅游业亦具有带动作用。

---

① "场外旁听+外卖夜宵"成打卡周杰伦演唱会新"标配",徐汇夜宵外卖涨44%[EB/OL].[2023-10-23].https://finance.eastmoney.com/a/202310132869399839.html.

4.社交媒体讨论度高,具有口碑效应

当前演唱会经济的社交媒体讨论度高,具有一定的口碑效应。在如今的互联网时代,社交媒体使用普及,演唱会的听众可以十分便捷地在社交媒体上分享他们参与演唱会的经历、照片、视频和感受,也助推了各类演唱会成为社交媒体上的热门话题,使更多网友加入讨论,扩大演唱会的受众与影响力,例如今年上半年五月天在鸟巢的演唱会,便创造了"五月天演唱会""五月天点歌""五月天嘉宾"等16条热搜话题,而明星也通常会在社交媒体上进行积极的宣传,与粉丝互动,分享演唱会幕后花絮照片与视频,也从侧面进一步助推了演唱会的社交媒体讨论热度提升,对于城市发展而言,借演唱会的讨论热度在社交媒体上进行相关积极正面的宣传,提升城市形象与口碑,亦不失为一个好的时机。

5.企业广告赞助贯穿明星演唱会全过程

当下,演唱会不仅是音乐与艺术的盛宴,亦是商业场域,广告赞助在演唱会中扮演着贯穿全程的角色,一方面为演唱会的举办方与明星带来额外的收入,另一方面也通过演唱会的宣传,触达更多的潜在受众群体,形成品牌知名度的提高与产品消费的提升。2023年在西安举办的TFBOYS演唱会,百事可乐是其主冠名商,南孚电池为其官方合作伙伴,而优酷则是其独家合作的视频平台。据优酷方面的数据,该演唱会直播预约人数超200万,线上观看人数峰值破168万,直播互动量1.04亿,由于其演唱会线上视频具有付费观看的机制,其预估收益在千万元级别以上,当前演唱会经济对于其他品牌推广与消费领域的带动作用不可忽视。

(二)明星演唱会的文旅消费带动效应明显

1.赋能文旅产业发展

明星演唱会作为大型文娱项目,对城市演艺、文旅产业有直接的拉动作用,并能打通旅游、餐饮、住宿、交通等多个消费场景,推动城市经济发展繁荣。知名团体TFBOYS演唱会期间,据市场第三方抽样调查统计:"西安出行总订单量同比增长738%,门票收入3 576万元,直接带动4.16亿元的旅游收入;8月5日—6日两日内,据携程数据,西安酒店整体搜索量增长超800%,订单环比翻倍,约有1 000架飞机飞往西安咸阳国际机场,到达西安机票均价为1 226元,环比上周增长一成。"[①]近几年,文旅消费势头劲猛,更好地满足人民日益增长的精神文

---

① TFBOYS给西安带来4.16亿旅游收入门票收入3 576万元[EB/OL].[2023-08-08].http://dzb. hxnews.com/news/yl/202308/08/2129793.shtml.

化需求已成为经济发展的重要落脚点之一,而"演唱会＋文旅"新消费场景的出现,正是为城市文旅赋予新动能,以音乐活动带动文旅产业多方位开花。

2. 创新应援经济模式

粉丝经济的巨大潜能延伸至演唱会中,带来了应援经济的再繁荣与再创新。一方面,明星应援物和演唱会气氛道具等商品的销售趋于火爆,据淘宝数据,2023 年 3 月,荧光棒淘宝搜索量同比上涨 169％,各色应援手牌、荧光发箍、彩绘脸贴、荧光手环等气氛道具出现大幅度增长。另一方面,瞄准女性粉丝团体,不少商家或个体创新发展出演唱会应援妆造服务。《北京商报》记者于五月天演唱会北京站期间多次走访国家体育场附近,近 30 支团队在场馆附近开张,集中在地铁出站口位置,团队以 3—5 人合作为主,提供包括编发、化妆、闪粉脸贴、拍立得拍照留念在内的一系列美妆服务;也有 20 人以上的化妆团队,在现场提供一对一化妆服务。应援经济依附于粉丝经济,演唱会的繁荣也自然而然地带火了应援产业链。

3. 重振音乐产业发展

明星演唱会在拉动演艺、文旅产业发展外,也推动了音乐产业本身的发展。数字音乐出现后,传统的音乐产业受到重创,实体唱片销量大幅萎缩,音乐人的盈利与生存境况不乐观,仅是依靠版权保护工作的进展,在音乐商业化的道路上艰难探索十余年。演唱会经济的发展繁荣,为音乐商业化带来新的生机。随着 Z 世代成为消费市场的主力军,当前粉丝群体更愿意、更有能力为喜爱的演唱会买单,音乐产业迸发出前所未有的消费潜力,原本低迷、困惑的音乐产业迎来了新转机。

4. 拓宽在线经济窗口

演唱会本身带有的观赏性、娱乐性、文艺性等特质以及线下场馆容量有限等条件,使得其除了能够带动线下经济外,也具有发展在线经济的潜力。例如,2023 年 8 月 12 日,"鹿晗'πDAY'三巡演唱会的收官场在抖音付费直播,用户只需支付 9.9 元即可观看。当晚直播数据显示,该场直播同时在线人数最高达 3 600 万以上,据媒体《镜象娱乐》推算,该演唱会线上收入预计在 3.6 亿元上下"。① 在线观看演唱会虽然会在体验感与临场感上打折扣,但其具有门票便宜、不受地理空间限制等优点,能够满足未抢到票、无法到现场的粉丝的需求。比起在现场的粉丝,未能到场的粉丝往往体量更大,其消费潜力也不容小觑,因此目前越来越多的演唱会会与视频平台或社交媒体进行合作,开通现场直播通道,拓宽在线经济的利润窗口。

5. 助力城市形象传播

依托明星流量,演唱会能够为承办城市打开城市形象传播的新窗口。比如,湖南省衡阳市抓住这一新窗口,"绑定"著名歌手薛之谦,一连承办 3 场演唱会,警方每天安排 2 800 余名警力投入安保工作,公交集团开通 12 条公交临时专线,每天安排 360 台公交车(含备用车辆 60 台)为观众提供便捷的出行服务,相关部门组织三大运营商做好通信保障工作,实现演出场馆 WiFi 全覆盖。[①] 基于薛之谦的巨大影响力,衡阳为演唱会所做的工作也几度冲上热搜,让大家认识、了解、感受到了一个三线小城市的努力与真诚,热情、友好的城市形象深入人心。目前,越来越多的二三线城市主动出击,把握难得的发展机会,期待能够乘着明星演唱会经济的热风提升城市形象与城市知名度、美誉度。

(三)"明星演唱会经济"提振城市文旅消费的经验启示

1. 重视人民群众的精神文化需求

演唱会经济火爆的背后,不仅仅是简单的追星行为或休闲娱乐行为,从本质来看更是人民群众日益增长的精神文化需求的体现。携程用户和内容产品中心产品总监刘帆指出,年轻群体需要更多新鲜内容刺激自身的消费欲望,对自身的消费决策实现辅助。从一票难求的演唱会到极限匆忙的"特种兵式"旅游,都为人们提供了一种"异动因素"的刺激。这种刺激突破了传统老套的营销,以新鲜、有趣、刺激的形式引起人们的兴趣,真正触及人们心底的真实需求,进而释放消费欲望,推动消费决策,助力经济发展。因此,这启示着消费市场要时刻关注人们的真实需求,在个体物质生活基础不断完善的背景下,精神文化需求日益丰富,是消费市场的巨大潜力股。

2. 构建多场景互动的消费模式

在强调体验感的新消费市场中,场景消费早已成为重点,并在现实应用中不断创新升级,逐渐形成多产业多场景互联共振的消费模式。一方面,"演唱会十

---

① 薛之谦演唱会还没结束,衡阳已经"上大分"! 因为……[EB/OL].[2023 - 07 - 16]. https://new.qq. com/rain/a/20230716A02XSP00

文旅"的结合将文娱、旅游、餐饮、交通、住宿等多个消费场景联通,释放出巨大的消费潜力,彰显出多产业共动共荣对经济发展的巨大推动作用。另一方面,通过多个消费场景间的互动打造良性商圈,为消费者提供便利,能够在实现经济效益的同时赢得消费者的喜爱。比如,汕头创新实践商圈演唱会形式,所有门票以商圈活动形式送出,消费者购买对应门票套餐即可获得等额消费积分和演唱会门票,消费积分可在指定合作商家消费时当现金使用,这一方式同时获得了商户与消费者的支持。

3. 打通"线上＋线下"消费场景

互联网兴起后,在线经济发展迅猛,对于带有文化娱乐性质的演唱会经济来说,打通"线上＋线下"消费场景,是不可避免的趋势,也能更好地释放消费潜能。比如,在西安 TFBOYS 十周年演唱会中,许多粉丝因未抢到票、出行难、经济问题等多种原因无法到现场,"便选择在优酷平台开设的独家直播通道观看,在线观看达 168 万人次,总互动量超 1 亿,直播收益至少达 6 500 万元",[①]可见其巨大的潜能。线上消费场景能够突破线下消费场景的时空限制,触达更庞大的消费受众。因此,当前经济发展一方面要注重线下实体经济的繁荣,另一方面也必须重视线上消费者的消费欲望与消费能力。

4. 提高城市文旅监管和服务水平

演唱会举办前后,短时间内大量有着高消费欲望的消费者涌入城市,既是一次经济腾飞、城市发展的好机会,也是一场对城市服务水平的考验。"济南为了解决演唱会期间交通通达性,临时开通定制公交专线,延长地铁运营时间;衢州为了解决歌迷住宿难题,从当地的党校、大学等场所协调出几百张床位。"[②]这些举措赢得消费者的青睐,但"黄牛抬价""退票维权难"等问题若不能妥善解决,则会引起消费者的不满。因此,各个地区应持续强化市场监管,在明星演唱会和其他大型文化活动中,一方面加强安全服务保障,另一方面进一步完善交通、住宿、停车等基础性服务设施,打击"黄牛"和其他哄抬票价、欺行霸市行为,呵护消费者的热情、保护消费者的权益、提高消费者的文旅消费体验,更好地释放消费潜力,将短期的"流量"转化为长期的"留量"。

---

① "TFBOYS 十年之约"一票难求,线上直播平台赢麻了? [EB/OL].[2023－08－07].https://m.mp.oeeee.com/a/BAAFRD000020230807828387.html.

② 刘帅.演唱会经济,说到底是一场双向奔赴[EB/OL].[2023－08－17].https://new.qq.com/rain/a/20230817A060Y300.

5. 推进城市文化治理能力现代化

《今日新闻汇》特约评论员海洋教授指出,"周杰伦演唱会"海口场的巨大成功并非是从天而降的,而是当地政府持续提升治理体系和治理能力现代化的成果。从政策上看,海南省一早发布文件,充分发挥会展激励政策作用,优化办会办展办赛发展环境;从空间上看,海口积极建成五源河体育场、天空之山驿站等城市文化空间;从活动上看,仅 2023 年上半年,海口就组织引进文艺演出活动 77 场次;从服务上看,海口成立演唱会活动服务保障工作指挥部,设立 12 个工作小组,交警、市场监督、环卫、安保等多组织联动合作,保障服务秩序与水平。每一场成功的演唱会背后都离不开城市政府的文化治理体系与治理能力现代化,推进城市政府的文化治理现代化发展,能更好发挥服务型政府的职能,切实服务消费者,激发他们的消费欲望,促进城市经济社会发展繁荣。

二、在开阔地带举办露天音乐节,成为城市文旅消费新引擎

(一) 国内外城市举办露天音乐节的主要做法

据中国演出行业协会票务系统采集与服务平台数据监测,2023 年"五一"小长假中,大型音乐节和演唱会票房收入 6.46 亿元,市场占比为 42.53%,户外露天音乐节正逐步恢复活力,成为新冠疫情后带动文旅消费的新引擎之一。探究露天音乐节火遍海内外的原因,主要有以下成功经验。

1. 坚持市场化经营理念

露天音乐节能够长期在国内外保持旺盛生命力,离不开属于自己的市场化经营之路。目前,国内外的露天音乐节几乎都收取门票费用,并通过冠名或播放广告来扩宽自身利润窗口。同时,在露天音乐节发展逐步成熟,并展现出强大的经济效益这一背景下,各大主办方将其看作品牌进行市场运营,而非简单的音乐活动,跨界联名、IP 衍生周边等市场盈利模式被运用于音乐节中,并取得优异效果。如麦田周末音乐节与武汉欢乐谷合作,打通文旅、游乐园、音乐节,实现"一站式"演出,实现跨界联名、双方共赢;摩登天空从海报到 logo 再到周边产品,已打造出我国代表性音乐节品牌"摩登天空音乐节""草莓音乐节"。始终坚持市场化经营理念,为音乐节的可持续性发展提供源源活力,摆脱音乐依靠政府财政资助存活的艰难困境。

2. 主打优质的演出阵容

露天音乐节的内核仍是音乐,优质的演出阵容仍然是其成功的关键。如今,

科切拉音乐节(Coachella)能够成为全球最大、最受欢迎和最赚钱的音乐节之一，在歌迷和音乐人心中担起一块金字招牌，正是因为它有输送优质乐队的眼光和舞台，如 Tame Impala 乐队在登上 Coachella 音乐节后，事业快速走上巅峰。同时，在海量人群的不同需求下，国内各大音乐节在演出阵容上充分贯彻差异化理念，或专注于某一音乐风格、或涵盖多元音乐，根据歌手的风格进行分类整合、排兵布阵。例如，Mdsk 音乐节更偏向 hip hop 音乐风格，以说唱歌手为主打音乐人，而草莓音乐节则更加多元，既有摇滚乐队、说唱歌手，也有独立音乐人，将相同风格的演唱尽量安排在一起，使优质音乐阵容最大化触及目标人群。

3. 注重前后台的专业度

提升前后台专业程度，为游客打造更舒适、方便的体验是露天音乐节能够成功的重要原因。一方面，前台专业程度指演唱者、乐队伴奏、舞台设计与呈现、音响、摄影等方面的专业性，是音乐节应当保证的最基本方面，若有不足，将直接使游客对该品牌音乐节的印象大打折扣。另一方面，后台专业程度指售票兑票、交通设施、休息区、卫生间等方面的专业性，做好这些能够给游客带来舒适、便利的体验，能够体现该音乐节的专业与温度，是办好音乐节的大加分项。例如，草莓音乐节十分注重音响系统，曾用 ESS T12 线阵系统作为 MDSK 舞台的扩声系统而广受好评；常州太湖湾音乐节开放百余辆免费班车，既缓解了进出场的道路拥堵问题，又展现了城市的大气与热情。相比之下，莫干山奇幻音乐节因超额售票、交通不便等因素而口碑不佳。

4. 聚焦活动现场仪式感

露天音乐节能够突破传统音乐节的群体壁垒，从小众聚集变为大众狂欢的潮流音乐活动，一定程度上得益于其创造的仪式感。在弥漫着摇滚气息的迷笛音乐节上，游客们被允许进行着跳水、开火车、pogo、mosh 等各种摇滚动作，台下观众能够被台上的音乐带动，或随音乐而蹦，或融入人群共舞，万人狂欢带来的摇滚仪式感与快感一度超越音乐本身。从掐点抢票开始，到出行、入场、狂欢、离场，每一刻都像是在赶赴音乐的约定，尤其是现场狂欢的那一刻，音乐节带来摆脱束缚的畅快恰恰契合了当代人追求自由与个性解放的灵魂，因此它能够反复得到青年人的青睐。但不可否认，在营造仪式感的同时也增添了安保难度，加大安保力度、把握好安全与快乐的平衡点是营造仪式感的重要课题。

5. 注重音乐节环境保护

处理好万人狂欢后遗留的环境问题，是音乐节体现公共价值、提升好感度、走好长期发展路的关键一步。2015 年,英国格拉斯顿伯里音乐节(Glastonbury Festival)落幕后留下了约 1 650 吨垃圾,引起了全球对音乐节环境问题的关注。相比之下,日本富士音乐节在环保机构 iPledge 的带领下,有着极低的垃圾产生量,并因开展零废弃运动而声名大噪。目前,我国各大音乐节也朝着环保方向发展,如:河北张家口举办的 2018MTA 天漠音乐节已开始尝试携手环保组织,打造"零废弃音乐节";摩登天空联合环保机构发起以"循环世界"为主题的音乐节,期望通过一系列环保活动引导年轻人关注绿色生活。环保是全人类共同追求的价值,音乐节在获取经济效益的同时也要注重社会效益并行,绿色音乐节是露天音乐节未来发展的必然趋势。

(二) 举办露天音乐节、促进城市文旅新业态消费

不断扩圈的音乐节,正成为城市文旅新业态消费的新动力,音乐节、演唱会对地方文旅产业发展起着越来越重要的助推作用。未来的户外音乐节、演唱会需要真正做到以音乐促进城市发展,带动城市文旅新业态消费和经济社会发展。

1. 举办常态化露天音乐节

音乐可陶冶人的情操,疗愈人的心灵,开展常态性的音乐活动对促进精神文明、和谐社会建设有极大好处。由于露天音乐节的开放性、公共属性和便捷的地理位置,城市居民可以很容易地接触和享有优质的音乐空间。政府部门可通过积极开展人民群众喜闻乐见的音乐节调动市民的参与性,增加各种形式的音乐表演,让市民与表演者零距离接触,营造浸润式的音乐氛围,增加人流量和游玩时间,让城市成为音乐人的追梦地,成为市民享受音乐的栖息地,打造建设音乐之都最广泛的群众基础。

2. 开展国际音乐交流活动

一个城市的文化影响力,需要与国际优秀文化交流互鉴,建设国际音乐之都,就是要着眼国际化的视野和资源,以音乐为纽带,促进国内城市音乐与世界音乐的交流合作。政府可与索尼音乐、格莱美、公告牌等国际知名品牌洽谈落地,共享发展机遇与成果,在音乐与城市建设、音乐项目交流、音乐教育、音乐旅游、音乐与民族文化、音乐场馆运营等展开全方面合作,打造一个属于中国城市露天音乐节特有的音乐品牌,每年定期召开峰会,将其作为盛大的节日来举办,扩大城市露天音乐节的影响力。

3. 举办演艺明星演唱盛会

城市素来具有一定的观演基础和演唱会票房潜值。明星举办演唱会、签售会,上海历来是主选城市之一,但演出地基本被上海梅赛德斯—奔驰文化中心包揽了。未来露天音乐节在硬件上还需学习梅奔文化中心,按照全国领先、国际一流水准精心打造,打造举办演唱会的最佳场所。应加大露天音乐节的宣传推广力度,主动与明星团队和演艺单位接洽,筹办明星演唱会,发展演出经济,同时明星自带的光环和流量对提高城市露天音乐节的知名度可带来事半功倍的效果。

4. 壮大全链条音乐产业

近年来,许多当红明星频繁出席各种活动,所到之处粉丝蜂拥,自发或者有组织地为偶像助力造势。韩国流行音乐风靡全球,韩国偶像产业通过不断探索,已经形成了一套成熟的工业体系和盈利链条:既可充分发掘偶像的艺术魅力,又可全面满足娱乐消费者的需求,最大限度地动员粉丝的自主消费能力,引发音乐、影视制作公司、电视台、广告公司、互联网公司的应激反应,形成一个良性循环,而这种良性的音乐圈生态又为高品质的音乐作品提供了丰沃的土壤。国内有条件的城市可以设立文创产业投资引导基金,为城市音乐产业全链条发展提供金融支持,对音乐企业、音乐人才、原创音乐、音乐演出、版权交易、数字技术、网络播放等给予政策支持,带动音乐、综艺、演唱会、广告、周边衍生品种发展。

5. 携手文旅产业共同发展

音乐表演能够为旅游产业发展带来附加值,进一步丰富旅游的识别度,提升吸引力,从而吸引更多游客,促进消费,这种现象在英国、意大利等欧洲国家非常常见。观众除了到现场观看和体验外,他们还会关注举办城市的景观风貌和特色产品,顺便在当地景点(区)看看风景,购物消费,提振当地文旅经济,并为当地带来口碑效应,实现城市文化的多元融合和文旅视野的不断拓展。音乐节的举办,在提高市民对本地文化生活的获得感和满意感的同时,更提供了一种让全国各地人民留下来旅游休闲度假的新思路、新尝试。

三、明星演唱会、露天音乐节活动的主要风险隐患及其防范措施

2023年夏天,年轻人问得较多的问题是:"抢到演唱会门票了吗?"前有五月天、周杰伦等明星演唱会门票"一票难求",后有林俊杰世界巡回演唱会广州站开售,抢票大战再次上演:"抢到了吗?""抢到啦!""又没抢到!"2023年以来,年轻人不是在抢票的路上,就是在抢票失败的路上。由此可见,新冠疫情后明星演唱会、露天音乐演出市场的火爆程度。明星演唱会、露天音乐节在拉动地方文旅融

合发展、促进城市经济发展的同时,也存在一些风险隐患问题,如场地安全、硬件设备与技术风险、票务管理风险、演唱明星个人形象风险、管理组织风险等。为此,需要充分设计预案,构建高效的应急机制;强化溯源监控与精细化管理,防范舆情事件;提升票务服务质量,抵制套票加价行为;整治饭圈生态,提高粉丝的文明素质;进一步加强审核监督,提高演艺人员文化素质。

（一）2023 年以来明星演唱会、城市音乐节活动的主要特点

2023 年春节前后就开始不断有知名歌手宣布将于年内举办大型演唱会,拉开了演唱会复苏的序幕。从周杰伦、任贤齐、刘若英到老狼、汪峰、李荣浩、毛不易……2023 年 3 月中旬,毛不易、李荣浩、老狼等新老歌手相继在杭州奥体中心体育馆、南京奥体中心体育场、北京凯迪拉克中心(五棵松体育馆)开唱,大型户外音乐节如"草莓音乐节"在武汉和西安两座城市同时启动,宣告了因新冠疫情暌违三年之久的大型演唱会市场正式拉开重启的序幕。此外,大型户外音乐节也呈现出快速复苏的态势。譬如"摩登天空"旗下已有十多年历史的"草莓音乐节",2023 年已经公布年内在武汉、西安、南昌、成都、盐城、佛山等 11 个城市的演出计划。摩登天空副总裁沈玥告诉《新京报》记者,2023 年草莓音乐节举办城市的数量将打破纪录,创下新高。疫情之前草莓音乐节完成过一年在 18 座城市落地的壮举,2023 年扩展到至少 20 座城市,超越此前的规模。

据大麦网统计,在 2023 年的大型明星演唱会、城市音乐节多达 20 余场,很多城市的演唱会场馆每个周末都格外繁忙,不少场次都是刚开票即"售罄":"五月天北京鸟巢演唱会"门票开售后,短短几秒钟,6 场演唱会总计近 30 万张门票就被抢购一空,刘若英深圳演唱会门票快速售空之后,票务网站上提交的"缺货登记"有数万条之多;周杰伦太原演唱会开票不到 30 秒宣告售罄……2023 年上半年,全国演出市场延续上行,供给需求旺盛,市场活跃。

大型演唱会、音乐节这样的热闹景象,仍在延续。2023 年下半年林俊杰、张韶涵、张信哲、任贤齐、薛之谦等歌手将陆续举办巡回演唱会。从时间上来看,这些演唱会多数集中在 7—8 月份暑假档。而从举办地来看,除了在北上广深虹吸效应较强的城市举办外,南京、合肥、西安、青岛、大连等非一线城市也成了演出活动的"新宠"。

2023 年以来明星演唱会、城市音乐节活动的主要特色有以下几个。

1. 演唱会举办城市全国遍地开花

统计数据显示,2023 年已官宣的大型明星演唱会和音乐节覆盖了全国 40

余座城市,其中既有一线城市北京、上海、广州、深圳等,也有新一线城市如南京、杭州、武汉、长沙、成都等,并延伸到大连、佛山、衢州、包头、江门、泉州等二、三线非省会城市。从时间上来看,二、三线城市和新一线城市较早开启了与大型演唱会演出方的合作,演唱会市场也先于一线大城市重启。"五一"期间北京曾汇集三个大型音乐节,然而短时间高频次的音乐节并非局限在演出热门城市。2023年5月底、6月初,新疆接连出现三个音乐节,除草莓节首度落地新疆外,还出现了第一个本土音乐节"疆菓"。

2. 重启演出多为新冠疫情延期的场次

截至2023年4月初,官宣大型(巡回)演唱会的歌手超过20位。其中,较早官宣巡演计划的大多数歌手都是因疫情延期到2023年重启,只有少数几位歌手的演唱会是全新筹备,并与近两年发布的音乐新专辑挂钩。据了解,这20余位歌手包括许巍、韩红、陈粒、张杰、汪峰、张信哲、刘若英等。比如,韩红"咏生"2020巡回演唱会武汉站原计划在2020年2月29日举行,因为新冠疫情暴发而延期。2023韩红"咏生"巡回演唱会武汉站(5.13)还是定在了同一个场馆(武汉体育中心体育馆),这正是对三年前延期演唱会的续写。

3. 明星演唱会促进当地文旅融合发展

根据中国演出行业协会的调研结果,2023年一季度,平均跨城观演率超过购票总人数的50%,比例较2022年大幅提升。飞猪数据显示,2023年"五一"假期演唱会、音乐节所在地周边的酒店预订量同比暴增超过20倍,旅行与演艺活动的结合成为许多人的选择,文旅融合进程正在显著提速。大型演唱会、音乐节可以快速地集聚人流,显著带动交通、住宿餐饮等周边消费,塑造地方品牌。疫情"放开"后,地方政府对引进大型演出的热情较之以往更高。演出策划机构迷笛CEO单蔚在2023年3月11日由道略音乐产业研究院主办的沙龙活动中表示,2023年以来,已经有不少文旅部门、宣传部门找到迷笛寻求合作。

4. 演出经济带动文旅相关产业消费

明星演唱会举办前后,场地周边的酒店价格都有不同幅度的上涨。而在演唱会举办期间,附近的餐厅、咖啡厅、超市,甚至小卖部生意都很火,周边的整体物价和周边商业体的收入都有所上升。在一个城市举办演唱会,意味着上万人甚至几万人的衣食住行。中国演出行业协会发布的2023年第一季度报告指出:"根据对部分大型演唱会、音乐节的票务销售趋势调研了解,跨城购票观演的消费者比例亦较去年大幅攀升,平均跨城观演率超过购票总人数的50%,显示出该类演出项目对交通、住宿、餐饮等周边消费强大的带动能力。"①

5. 演出行业复苏不等于"报复性消费"

作为演出行业一个重要的风向标,目前大型演唱会官宣的数量和售票速度让从业者对市场全面复苏充满信心。2023年4月开始几乎每个周末都有大型演唱会或音乐节举行,3月底至4月初举办的大型演唱会场次,比如刘若英的深圳站、毛不易的杭州站,开票很快售罄。2023年2月底开票的周杰伦四场演唱会之中,呼和浩特站和太原站都不是传统意义上演出市场票房最好的城市,但同样是预售即售罄,说明观众对演唱会有着很高的热情。草莓音乐节2023年在至少20座城市举办,这一规模超越了疫情前的全盛时期,2023年下半年各大场馆几乎都是满约状态,也证明不只是一种弥补三年来不能观看大型线下演出的"报复性消费",而是市场的真实需求。

(二)明星演唱会、城市音乐节活动存在的主要风险隐患

1. 举办场地的安全风险

明星演唱会、城市音乐节通常是大型文化活动,需要大量的人员参与,举办场地也较大。这给场地安全管理带来了很大的挑战。尤其是在一些露天场馆或户外场地,由于天气、地形等原因,可能存在某些地方存在隐患,加之观众数量庞大,一旦发生安全事故,可能会引发舆情风险。因此对于此类规模大、人员多、地点多的重大活动,安全问题往往是最关键的,一旦发生安全事件,不仅会影响社会公众的心理营养,还会影响公众对重大活动的信任与认同度。安全信息如火灾、气体泄漏、人员伤亡等,是重大活动中的重点防范的方面。

2. 硬件设备与技术风险

演唱会通常需要通过LED屏幕、音响效果等技术设备来呈现高质量的音乐和视觉表现。而舞台的机械设备在设计、安装、调试、使用之后,各种设备参数和运行特点很难维持一个绝对稳定的状态,对于不同特点的剧目和表演,需要满足相应的演出使用要求,给"不变"的设备带来"多变"的风险。一旦技术设备出现问题,就可能会破坏演唱会的整体效果,引发观众的不满情绪,可能影响演出的成功。这些意外均有可能带来巨大的舆情风险。

---

① 中国演出行业协会. 一季报:全国演出市场供需强势上行,复苏开局强劲[EB/OL].[2023 - 04 - 03]. https://www.capa.com.cn/#/index/NewsDetail?activeName=市场检测&id=1642707701523841026.

3. 演出票务的管理风险

演唱会的门票价格越来越昂贵,通常会通过各种渠道进行售票,由此带来了一系列演出门票的销售、退换、座位安排等问题,比如票务网站容易遭受黑客攻击,导致篡改现场的安排、"高科技"抢票、黄牛加价售卖门票、偷带无票者进场、购买高价票区域却有遮挡物、借门票之名诈骗等问题,如不妥善处理,都可能会引发观众的不满情绪,并对演唱会造成负面影响。例如,2023年5月20日、21日,梁静茹"当我们谈论爱情"巡回演唱会在上海梅赛德斯—奔驰文化中心举办。随后有观众反映自己花千元购买梁静茹上海演唱会的门票,到场后发现,视野被舞台四周的立柱遮挡,看歌手成了看柱子,被"偷梁换柱",引发了观众不满,网络负面情绪高涨。

4. 明星个人形象受损风险

个别歌手在演唱会期间会展现另一面的个性,尝试新的音乐或者造型,这可能会引发一些争议。比如,造型夸张丑陋、演唱会中的背景及表现引发争议等。此外,也有一些演唱会的组织者和明星因为某些言论或行为,导致媒体对他们进行严厉批评和舆论谴责,从而影响演唱会的成功举办。

5. 明星言行不当引发舆情风险

部分活动因其主要演出人员或组织者身份的特殊性,可能会具有国家、地区和城市等政治属性,如对于港台演艺人员在内地的展演活动,政府主管部门能否胜任主办工作,是否有可能出现矛盾,是否可预见变故可能在活动中发生往往具有关键影响力,其舆论影响的波及范围可能从内地观演者经由网络扩散,在舆论场中制造出巨大的声量。如果政治风险不能及时处理,易造成一系列大范围负面的舆论影响,不利于两岸关系的友好共进。

6. 粉丝狂热行为引发社会风险

随着养成系的艺人出现,明星与粉丝的捆绑度越来越高,明星需要靠粉丝的打投、消费获得商务合作机会,而粉丝的行为也往往上升到"正主",因此线下演出中粉丝的一些不当言行,也可能影响到线下演艺的评价。常见粉丝引发的争议有灯牌战,不恰当的应援语、射线照射表演者,等等。比如,备受期待的TFBOYS十周年演唱会在西安举行,吸引了众多粉丝前来参与,但由于人数众多,入场过程中发生了一系列混乱事件和骚乱,引发了广泛关注和争议。

(三)防范明星演唱会、城市音乐节活动潜在风险的对策建议

1. 充分设计预案,构建高效的应急管理机制

在重大活动前期,主办方需要设计预案,按照不同的组织阶段预判可能出现

的风险,努力排除可能存在的安全隐患。例如,提前做好场地选择、物流部署、应急预案制定、人员配备等准备工作。除此以外,由于重大活动发生的问题可能会比较复杂,应该提高应急机制的快速反应能力,增强相应的信息披露和信息公开能力,及时调整反应策略,加强应对措施,不断更新事件处理进展。

2. 注重溯源监控与精细化管理,防范舆情发酵

从源头避免或发生舆情事件,则需要进行精细管控和溯源监控。主办方应该建立相应的"网络舆情监控体系",借助专业全网舆情监控系统以及时发现和掌握各种舆情和负面信息,并采用科学、有效的控制措施,如正面引导、评论及沟通协调等。具体措施包括:建立应急预案和舆情监测机制,采用如识微商情之类的专业舆情监测系统,实时掌握线下演艺市场舆情信息和趋势变化,并针对舆论焦点及时采取措施化解危机,保护企业声誉和利益。

3. 提升票务服务质量,抵制套票加价行为

对于大型演出活动的赛事管理问题,有关部门和经营方应当重视优化票务管理流程、提高票务服务质量,让观众感受到企业的诚意和服务。除此之外,针对黄牛现象,应当继续大力推广"强实名"的购票规则,在最大程度上减少黄牛的可操作空间,消费者也要尽量通过官方渠道、合法渠道购票,联合抵制套票加价行为的愈演愈烈。与此同时,监管部门应当加强监管,加大对黄牛的打击和治理,主办方更应加强内部管理,把更多的票源投放到市场上去,配合监管部门抵制倒卖门票的不法行为,净化市场环境。

4. 强化审核监督,提高演艺人员综合素质

演艺节目涉及文化、道德、社会价值观等方面的问题,应引起广泛关注和重视,提高企业和艺人的文化素质和社会责任感。对于行业监管者,应当做好内容审核、完善行业规范。把握玩梗与调侃尺度,防止过度娱乐化,严格遵守国家与社会道德底线和红线,不能因为片面追求现场效果而挣脱束缚。对于演艺人员,应当积极提高自身素养与文化素质,以弘扬主旋律为己任,传播正能量,为社会营造健康、向上的文化氛围。同时,要注重创新,提高作品的艺术品质,使之既具有观赏性,又具有教育意义。除此之外,政府和社会各界应该共同努力,加强文化建设,提升社会文化品位,要加强对文化产业的监管,严惩违法违规行为,维护社会文化秩序。广泛开展爱国主义教育,增强民族自豪感,使人们树立正确的民族国家观。

第七节　哈尔滨"冰雪文旅"火出圈
带给上海的经验启示

2024 年元旦假期以来,哈尔滨商旅文体市场"火出圈"。"尔滨"火热有迹可循:是冰雪旅游别出心裁的创意,特色文旅塑造的诸多看点,惠民礼包助燃商旅文体消费、贴心举措温暖消费者人心等综合因素作用的结果。面对起初接待能力不足、服务质量不够的负面舆情,哈尔滨直面问题,诚恳道歉,积极改进,赢得消费者们的理解和包容,变不利条件为有利因素。这些举措和经验值得其他城市借鉴。

北国冰雪出彩,江南"繁花"盛开。2024 年元旦假期至今,电视剧《繁花》播放,带动沪上影视旅游和相关产业进入"小阳春",但与哈尔滨"冰雪大世界"的火热相比,依然稍逊风骚。据同程旅行发布《2024 元旦假期旅行消费报告》显示,2024 年元旦假期,哈尔滨旅游热度环比上涨 240%,元旦前后一周哈尔滨酒店日均客流量较前一周环比增长了近 40%,主要景区客流量更是环比增长了近200%。旅游热潮延续至春节假期之后。

在营销创意方面,哈尔滨冰雪旅游创意迭出。"创意太赞了,给哈尔滨文旅点赞!"网络平台中,哈尔滨文旅因其独特的创意营销方式频频被网友点赞。与饿了么联动,以"这杯我请"为主题,送专属哈尔滨的奶茶明信片,携手中国南方航空、支付宝、云闪付、高德地图等企业商家,以发放消费券、优惠券的形式,推出"燃冬冰雪季·惠游哈尔滨"等多重冬季文体旅惠企乐民系列活动。联合飞猪旅行,推出"到－20℃的地方过年(哈尔滨)"线上活动,活动期间向全国发放 20 万份旅行优惠券包。哈尔滨地铁集团创新服务模式,推出太阳岛站至冰雪大世界地铁站间免费往返的"地铁摆渡票",为广大市民、游客提供出行优惠。

同时,暖心服务举措为哈尔滨冰雪旅游聚集了消费人气。哈尔滨积极为来自全国各地的游客提供全方位的保障。在丰富假日产品的同时,景区在设施方面也进行了提档升级,建筑艺术广场增设温暖驿站,供游客游玩之余取暖休息;冰雪大世界服务保障专班、跨年夜联合安保指挥部每日进行调度,制定跨年夜应急预案,全力确保景区秩序;持续加大执法监督检查力度,发挥文旅、交通运输、市场监管、公安、城管五大执法专班作用,形成全线联动、快速反应、妥善处置的执法监管态势;对纳入监测的哈尔滨 15 家住宿企业进行价格监测,确保假日期间价格秩序稳定;发布冬季冰雪旅游温馨提示,督导重点景区落实限量错峰要求,指导重点景区、宾馆住宿建立日报制度,实时掌握市场情况。

根据哈尔滨市冰雪文旅爆火的经验,上海有必要结合市情、文旅市场实际与文旅资源优势,统筹协调,调动政府部门、企业、行业协会、学校和城市居民各方力量,从以下七方面推动上海文旅新业态产业发展繁荣。

一是打造特色文旅标签,增强差异化竞争优势。哈尔滨"火出圈"的关键契机是其得天独厚的冰雪文化和由此连锁带动下的当地特色旅游标签,如"冰雪大世界千人蹦迪""鄂伦春族巡游哈尔滨中央大街""'淘学企鹅'逛雪博"等。这些极具差异化特色的文旅新业态项目一经推出即迅速占领媒体热搜,并吸引更多外地游客前来体验打卡,形成滚雪球效应。同样,上海可以利用本地独特的国际氛围优势,将兼具东西方融合魅力的本地传统旅游聚集地焕发新的文旅活力,打造上海特色文旅项目标签。如2023年火出圈的上海万圣节COS就是一张很好的地域特色旅游名片,上海应多推出类似"新天地万圣节狂欢"等这种值得前期预热,过程吸引流量宣传,事后持续打磨且具有出圈潜质的新业态文旅项目标签。

二是注重游客的沪上体验,提升文旅服务品质。哈尔滨冰雪文旅走红契机来源于当地文旅局及时介入冰雪大世界的游客退票事件,以及后续哈市一系列"以人为本"服务保障措施更是大幅提升了赴哈游客的旅游满意度和信心指数。在此方面,上海应持续注重提升本地商旅文体产业的服务品质和游客来沪体验感,包括景区秩序管理、酒店价格平衡、餐饮卫生和价格管控、交通疏导和便捷提供等。同时,政府需要通过加强监管来确保文旅服务质量和安全,建立完善的服务体系和管理机制,通过高品质服务为本土文旅体验增加热情和温度,释放城市善意,提升文旅品牌形象。

三是盯住看点、亮点,展现城市文旅魅力。随着哈尔滨旅游爆火出圈,其衍生的"索菲亚教堂蛋糕""冰雪系列冰箱贴"等文创产品迅速走红,冰雪系列主题的音乐会和芭蕾舞表演同样反响热烈,展现了看点、亮点的商业魅力。上海应继续加大文旅新业态行业支持力度,鼓励创新、创意、创造,盯住看点、亮点。例如2024年年初爆火的电视剧《繁花》带来的热门话题层出不穷,从演员到服装、从美食到地标都引发了在上海寻找同款的打卡热潮。上海应重视文旅地标与文创产业的联动效应,利用文创产品自身热度持续制造话题,为追捧热度的游客打造独一无二、不可复制的"海派繁花"旅程。

四是利用各类媒体平台，进行集中式营销推广。此次哈尔滨冰雪文旅能够迅速"出圈"，很大一部分原因得益于发达的各类媒体平台、短视频的"集中式"推广。"哈尔滨火速处理退票事件""截和广西砂糖橘""南方小土豆勇闯哈尔滨"这些极具文旅好感度的流量热词一经发布，就在各类媒体平台被高热度转发，上榜热搜。哈尔滨文旅局利用此次的集中推广热度，在多个平台账号发布当地冰雪旅游信息、攻略，并转发热点新闻视频，同时关注所发布文旅内容的网友意见评论，并及时予以解决。上海应借鉴这种集中式的媒体平台推广经验，加大营销力度，特别是集中式制造舆论热点和受众关注点，吸引更多游客。

五是与周边城市合作，实现区域文旅商体联动。2024年1月3日，哈尔滨首次成功举办"凤凰飞天秀"表演，"表演中的两只金凤凰是从沈阳借的"这一话题迅速冲上热搜，"从隔壁吉林、沈阳借搓澡阿姨"也迅速占领热搜榜单，"东北一家亲"演化成商旅文体资源的共通和互补，一定程度上为未来游客勾勒了"东北一趟游"的旅游蓝图。上海可借鉴这种灵感，分析合作对象城市的旅游资源互补性和市场规模指标等，加强与周边城市的合作与联动。例如，利用江浙沪皖地域文化互通的特色和交通资源优势，通过地域之间的资源共享、话题共推、营销联动等多种合作形式，提升长三角文旅新业态行业的整体竞争力。

六是，打造文旅新业态行业品牌形象，提升品牌竞争力。哈尔滨此次"出圈"还得益于其经营多年的冰雪产业品牌，作为具有60多年发展历史的哈尔滨冰雪产业拥有丰富的冰雪旅游资源，其冰雪产品也异常丰富，例如冰雪大世界、松花江冰雪嘉年华，本身就有很高的品牌粉丝基础，某种程度还带有较难复制的唯一性。上海可鼓励和支持文旅企业强化品牌建设和市场推广活动。例如，对上海古镇文旅的深入挖掘、海派美食文化地标的宣传推广，以及"上海旅游节"城市名片的持续打造，等等。

七是强化舆情预警机制，提升舆情治理能力。哈尔滨冰雪文旅此次的流量热度始于2023年12月18日的"冰雪大世界退票事件"，但负面舆论事件没有对哈尔滨的旅游热度造成实质性影响，究其主要原因是当地政府针对这些舆情风波的高效率检测和及时处置手段，不"装聋作哑"，也不"蒙混过关"，用"第一时间发现、第一时间整改、第一时间通报"的处理方式及时化解了舆情危机，哈尔滨冰雪文旅的正面形象也在舆情处置中得到进一步提升。上海相关部门可学习哈尔滨在舆情应对方面的快速响应和透明公开做法，及时回应媒体和公众关注的问题，提供准确、全面的信息，防止谣言的传播；同时在舆情暴发后，积极引导公众舆论,引入专业人士参与维护网络舆论秩序,确保对危机做出恰当回应,并及时向公众传递信息,变舆情危机为宣传契机。

第八节　2024 年春节前后各地文旅营销的主要做法与社会影响

2023 年全国各地文旅市场复苏明显,推出了"特种兵旅游""Citywalk""反向旅游"等旅游新业态,满足游客多样化、个性化的需求。2024 年元旦假期以来,在哈尔滨作为文旅消费网红城市火爆后,山河四省(山东、山西、河南、河北)、长江流域、西南诸省等各地文旅营销分别通过联动当地明星与网红、制作土味短视频等方式,展开激烈的竞争,不少文旅局长也现身表演,以吸引和招徕游客。各地文旅部门的官微平台与社交媒体营销案例,展现了文旅部门的营销创新意识和传播能力,激发了网友的文旅兴趣和消费欲望。但同时,需要注意过度营销可能造成的负面影响,从追逐流量和注意力,转向注重有特色、有温度、有情怀的文旅内容,提升线上线下文旅质量,与受众建立良好的信任,打造特色文旅品牌,推动文旅高质量发展。

一、各地文旅营销博取游客和流量的主要做法

(一)"出圈"——哈尔滨冰雪世界带火各地文旅热潮

2024 年初,哈尔滨这座冰雪之城以其独特的地域文化和文旅创意,吸引了全国大批游客,点燃了全国文旅热潮。据统计,"哈尔滨 2024 年元旦假期 3 天累计接待游客 304.79 万人次,实现旅游总收入 59.14 亿元,游客接待量与旅游总收入均达到历史峰值"。[①] 其他地方的文旅部门纷纷学习哈尔滨的经验,希望通过互联网营销吸引更多的游客,助力当地文旅发展。哈尔滨的文旅营销策略可以总结为三个方面:在产品层面,注重提供为游客提供更好的体验,通过利用旅游资源和提升配套服务,以冰雪文化为核心,打造了融合了文化和旅游的新业态;在营销层面,运用了打造 IP 的策略。2023 年,哈尔滨开展了夏季避暑活动和冬季冰雪旅游的"百日活动",并选择了一些热门的 IP 如"逃学企鹅",来提升文旅

市场的热度。此外,他们还站在游客的角度设身处地思考问题,针对当地气温较低的问题,为游客提供了许多"小暖房子";在服务层面,他们充分利用互联网思维来进行文旅营销,利用一些热门的网络词汇,如"南方小土豆""尔滨"等,通过建立网民之间的互动,建立情感联系并转化为情感共鸣和认同,从而吸引更多外地游客前往哈尔滨旅游。

(二)"听劝"——各地文旅主打"听劝"以取悦受众

2024 年 1 月 10 日,有网友建议河北省文化和旅游厅的官方抖音号"河北旅游"将用户名改为"河北文旅",理由是方便网友通过关键词检索找到官方账号。不到 24 小时,河北省文化和旅游厅的官方抖音号就做出回应,称已经提交更名申请。1 月 12 日,"河北文旅"的用户名正式启用。和河北同样"听劝"的还有吉林文旅。吉林省文化和旅游厅的官方小红书平台账号名称最初为"悠游吉林",虽能体现想传达给受众的旅游"松弛感",但也让受众无法通过名称确定账号的权威性。因此,在网友的建议下,吉林省文化和旅游厅将其小红书官方账号名称由"悠游吉林"改为"悠游吉林(吉林省文旅)"。河南文旅则主打"听劝",积极听取消费者的合理建议和需求,赋能消费者尤其是 Z 世代年轻人以"上帝"和主人翁角色,以取悦游客受众。

(三)"内卷"——河南、山西等地文旅深夜狂发视频

从 2024 年 1 月 9 日起,河南文旅官方账号日均发布视频数就超过了 20 条,并连续 4 天发布了 112 条视频,如此密集的内容更新速度,吸引了 300 多万的平台新粉丝。1 月 12 日,♯河南文旅到底发了多少抖音♯登上了热搜榜,河南文旅注册抖音账号不足 500 天,就已累计发布超过 10 000 条短视频。[①] 除了河南省以外,山西省文化和旅游厅官方抖音账号也在抖音短视频的数量上下足功夫。从 2024 年 1 月 11 日晚上 8:00 到 12 日凌晨 6:35,山西文旅共计发布 57 条抖音短视频,最密集的时候可以做到 1 分钟内就发布两条短视频。[②] 从抖音平台评论区可以发现,直到凌晨时分,山西文旅官方账号仍在与粉丝进行互动。其他各省市也不甘示弱,纷纷效仿,试图以文旅营销视频数量取胜,用"量变"引发"质变"。

[①] 潇湘晨报. 河南美男计河北当卷王、山西不睡觉山东土出圈,2024 最卷的竟是文旅局[EB/OL].[2024 - 01 - 13].https://www.xxcb.cn/details/2q8biSYgB65a23eeb0c4e47750d78806d.html.
[②] 潇湘晨报. 河南美男计河北当卷王、山西不睡觉山东土出圈,2024 最卷的竟是文旅局[EB/OL].[2024 - 01 - 13].https://www.xxcb.cn/details/2q8biSYgB65a23eeb0c4e47750d78806d.html.

（四）"摇人"——内蒙古、重庆等地文旅邀请明星代言

各省市文旅局除了通过发布各种吸引受众注意力的短视频进行营销，还纷纷邀请各界明星来为自己的家乡代言，为自己家乡的文化旅游做宣传。邀请明星发布短视频可以帮助地方文旅部门有效"引流"。例如，内蒙古就邀请了凤凰传奇的玲花在草原上拍摄骑马的短视频助力家乡文旅营销；重庆邀请了流量明星肖战录制短视频宣传家乡文化旅游；河北文旅发布视频邀请赵丽颖为河北代言，赵丽颖本人在该视频下方留言，并录制了宣传视频，点赞量超 30 万；河南洛阳、湖南长沙同时邀请帅哥明星王一博做文旅形象代言人。邀请明星进行跨界合作，拍摄各种短视频并在社交平台上与粉丝互动，已经成为地方文旅部门进行文旅营销的重要手段。

（五）"喊麦"——山东等地文旅掀起土味视频浪潮

山东文旅用一条"我姓东"的土味喊麦视频上了热搜，点赞数已经超过100 万。在山东文旅"我姓东"土味视频出圈的影响下，其他省份也纷纷模仿，推出与各自省份相关的系列土味视频。例如，河南推出了"我姓河，河鹅河"，山西推出了"我姓晋，叫晋宝"等土味视频。这些喊麦视频以"百家姓"为主题，以其土味、搞笑、贴近生活的风格，迅速在网络走红，引发了网友们的点赞、转发和讨论。这些土味文旅营销视频不仅展示了各地的独特方言习俗、文化特色和旅游资源，同时也彰显了各地文化旅游部门在创意思维和市场推广方面的能力，对于增强地方文旅的文化特色，提升知名度和影响力起到了积极的促进作用。

二、各地文旅营销博取游客和流量引发舆论争议

（一）文旅营销"低俗化"倾向

在哈尔滨文旅爆火的浪潮下，全国各地文旅部门"紧跟热点"，大力推动当地文旅营销，特别注重运用互联网短视频平台，将各地文化旅游信息推送至受众。在这场营销浪潮中，夺得受众的注意力成为各地文旅部门最为关心的一点，运用互联网思维的营销方式让受众会心一笑的同时加深了对地方文旅的印象和好感。但是，此前河南、河北文旅发布的多条短视频和热搜话题却有将营销向低俗化方向蔓延的趋势，"美男美女迎客""妲己引流"等层出不穷。从美景到"美色"，从"刷新眼球"到"刷新底线"，许多受众对这种营销发表了批评意见，认为其宣传错了重点，为了博取流量而放弃了作为主流媒体的底线，仅考虑经济效应而忽略

了社会影响,应当予以抵制。

（二）文旅营销"重量轻质"倾向

以河南、山西等地文旅为代表的地方文旅部门在抖音、快手等短视频平台上以快的更新速度和更密集的海量的视频发布引发了受众的关注和讨论。有网友将这种营销方式称为"内卷式营销",网友对于这种重视更新频率的营销行为有着褒贬不一的意见。对于这种营销方式持积极看法的人认为地方文旅部门的这种行为体现了其重视新媒体渠道的推广,海量的视频内容可以通过平台分发机制,尽可能多地抵达目标受众群体,可以提高地方文旅内容在受众端的曝光率。也有不少人在观看过这些在"内卷"下诞生的短视频后表示这些短视频所承载的有效地方文旅信息较少,所体现的文化底蕴不够丰富,这种"重数量轻质量"的营销方式不仅不能够实现文旅营销的期望效果,还有可能适得其反,引起受众的反感。

（三）文旅营销"狂欢化"倾向

无论是土味喊麦视频,还是邀请各路流量明星参与录制视频,各地文旅部门在互联网社交平台上使用的营销方式都被不少人诟病有"快餐化""娱乐化""狂欢化"之嫌。纵观各地文旅部门官方账号在各大平台上发布的短视频、话题热搜以及互动区的回复,鲜少关于各地文旅深层次的内容推介和讨论,取而代之的是娱乐化的"玩梗"和"跟风"。一系列看似受到不少网友青睐的短视频营销行为在短时间内为地方文旅带来了"流量",但如果仅限于此,"流量"无法转化为"留量",更无法从真正促进各地文旅的健康可持续发展。在互联网平台上进行短视频营销,自然需要有一定的"网感"和"互联网思维",但文旅内涵和内容质量永远是最为重要的部分,如果忽视文旅内容的挖掘与表达,短暂的娱乐化狂欢后剩下的只有一地鸡毛。

（四）文旅营销"内卷化"倾向

在各地文旅营销的热潮中,还存在对地方与地方间文旅部门"内卷"营销的舆论争议。各地文旅部门卷新媒体平台更新频率、更新数量,卷各自文旅部门领导的"社牛程度"和"才华",也卷各自文旅部门工作人员的"加班程度"。不少人纷纷表示质疑,这是否有些"过火"？互联网时代,受众的注意力成为稀缺资源,通过"内卷"的方式打造"吸睛点"无可厚非,但需要把握尺度。优秀的文旅营销应当是立足于地方文化本身的。宣传只是形式,内容才是灵魂所在。文旅市场中,最终竞争的是产品和服务的质量,而不是单纯的"造梗""追梗"程度。文旅营销既要契合互联网传播规律,也要扎实提升"内功",挖掘、呈现自身独特的文化价值。

三、文旅营销过度博取游客和流量可能造成的不良影响

(一) 过度依赖营销,忽视文旅内容质量

过分依赖网络和社交媒体平台的宣传,容易忽视旅游产品和服务的内涵、质量与创新,是对文旅产业发展本质和辅助手段的本末倒置的错误认识。过度的文旅营销可能导致文旅部门过度追求短期的流量和利润,而忽视文旅产业长期的品质和可持续发展,缺乏对旅游产品和服务的持续投入和改进,导致旅游产品和服务的质量下降和差异化减少,降低旅游业的竞争力和附加值,影响旅游业的高质量发展。《人民日报》的评论文章指出,多地文旅账号"卷疯了",但在追求流量和眼球经济的同时,不能忽视文旅基础设施和服务品质的提升,否则就会导致旅游业的同质化和低端化,失去持续的文旅竞争力。[①]

(二) 过度博取游客,降低文旅品质体验

过度博取游客,可能会降低旅游的品质和体验,导致游客的不满和投诉,损害旅游地的形象和声誉。过度旅游会导致景区的拥挤、产生噪音等问题,影响游客的观光,降低游客的游览体验度、满意度和忠诚度,同时也会引发游客之间的冲突和纠纷,影响游客的安全和心理感受,损害目的地的口碑和吸引力。例如,根据中新网的报道,2024 年 1 月,出现了独库公路被"堵哭"、敦煌骆驼"累瘫倒地"、大量淄博烧烤摊位低价转让等现象,[②]引发了游客的不满和抱怨。

(三) 极力迎合潮流,引发受众反感和抵制

文旅营销极力迎合时下的互联网潮流,会引发网友和当地居民的反感和抵制,造成冲突,影响文化的多样性和传承性。个别地方的文旅短视频内容过度追求"特色""怪异"和潮流,"妖魔鬼怪"登场,容易给受众带来不适感。根据澎湃新闻报道,[③]张家界国家森林公园官方账号发布的一则表演"湘西赶尸"视频,引发

---

① 人民日报评论员. 多地文旅账号"卷疯了"? 流量追求勿忘服务品质提升[EB/OL].[2024 - 01 - 16]. https://www.guandian.cn/article/20240116/377847.html.
② 严勇,等. 从"网红"到"长红",各地文旅探路"流量"变"留量"[EB/OL].[2023 - 05 - 15]. http://www.news.cn/fortune/2023-05/15/c_1129614792.htm.
③ 张蓉. 文旅局花式内卷下的冷思考:城市营销边界何在? [EB/OL].[2024 - 01 - 17]. https://www.thepaper.cn/newsDetail_forward_26045074.

了众多网友的不适。这些营销手段虽然吸引了网友的关注,但也引发了一些人的反感和抵制,人们认为过度文旅营销是一种"流量至上"的做法,这种"短视行为"追求短期的利润和眼球,而忽视了对文旅资源的保护和利用,影响了文旅产业的可持续发展,还对当地的文化和社会进行歪曲和误读,而不是真正地传承和弘扬,破坏了文化的多样性和传统。

（四）过度开发旅游,造成当地生态失衡

过度开发旅游产业,会破坏当地的自然环境和生态平衡,导致文化旅游资源的过度开发和消耗,影响文旅产业的高质量、可持续发展。因为过度开发旅游增加当地水、电、土地、能源等资源的需求和消耗,造成其他行业资源的紧缺和浪费,同时会产生大量的垃圾、污水、废气等污染物,破坏当地的自然景观和生物多样性,降低景区的环境质量和承载能力。根据中国旅游研究院的研究报告,2021—2022年新冠疫情对旅游客流影响较大的地区,如广东、山东、陕西、贵州等,其水资源消耗量、土地利用强度、能源消耗量、碳排放量等指标都明显高于全国平均水平,且呈现上升趋势。[①] 此外,过度旅游容易导致当地居民的生活成本和压力增加,影响当地居民的日常生活,同时也会导致当地居民和游客之间的文化冲突和误解,破坏当地的文化传统和特色。

四、防范短视频文旅营销过度竞争的主要措施

（一）回归文旅产业发展本质,提高文旅品质和体验

实现文旅产业高质量发展,必须走基于地域文化资源禀赋的特色化之路。以文脉为基础的文旅产业体系,应成为区域文旅产业特色化发展的重要实践。2021年,文化和旅游部出台《关于加强旅游服务质量监管 提升旅游服务质量的指导意见》(以下简称《指导意见》),对"十四五"时期加强旅游服务质量监管、提升旅游服务质量等工作作出部署。《指导意见》从6个方面提出了29条具体任务,明确将建立以游客为中心的旅游服务质量评价体系,促进旅游行业服务质量意识和管理水平不断提升。

文旅营销应该注重提高旅游的品质和体验,这是文旅产业发展的根本目标,也是游客消费的核心需求。文旅营销应该以游客为中心,充分了解游客的

---

① 中国旅游研究所. 2021—2022年新冠疫情对旅游客流影响报告[EB/OL]. [2022 - 08 - 10]. https://www.ctaweb.org.cn/cta/gzdt/202208/cc989baf60e64a8fa963c1a876a52cd9.shtml.

喜好和需求,提供符合游客期望的文旅产品和服务。文旅营销应该注重文旅产品的特色化和创新化,利用地域文化资源和文脉,打造有特色、有内涵、有故事的文旅产品,提供多样化、个性化、体验化的文旅服务,满足游客的多元化和差异化的消费需求。文旅营销应该注重文旅服务的质量和水平,建立完善的文旅服务质量评价体系,加强文旅服务质量的监管和提升,提高文旅服务的专业性和规范性,提升游客的满意度和忠诚度。华山景区不断拓展旅游新业态,推出了沉浸式侠文化主题"剧本杀"和华山冰雪世界等新产品,形成了"白+黑"全时段文旅消费场景。"五一"假期,华山景区共接待游客 12.7 万人次,同比增长 571.46%。①

（二）以营销为辅助手段,放大亮点,提升服务质量

文旅营销在文旅产业发展的过程中应当是一种辅助性的手段,不应该是各地文旅部门盲目竞争的唯一赛道。可以利用短视频"短、频、快"的优势,去抓住、放大当地文化特色中的闪光点,吸引游客来进行具身体验,深度体验当地的文化特色。比如,山东淄博凭借烧烤等特色美食,成为"新晋网红"城市。但这种营销带来的流量毕竟是阶段性的,难以使淄博的旅游业可持续发展。为了将"流量"转化为"留量",淄博市不仅优化了旅游服务和市场监管,还推介了齐韵文化、陶琉工艺等城市名片,促进了文旅产业的深度融合和提质增效。②

此外,可以运用网络平台多形态的互动方式,收集游客的反馈意见,对当地旅游服务供给进行及时调整,发展重视游客体验的文旅产业。例如,辽宁沈阳当地网友建议文旅部门在早市安排行李寄存处,沈阳文旅局局长深夜在线回复表示"市场方正抓紧落实";贵州省文旅厅面向社会征集旅游痛点,查实后对投诉人给予奖励,有游客表示提交问题后就得到回应,还收到了转账奖励;来自广西南宁市的 11 名"小砂糖橘"赴东北研学被当地暖心守护的经历引发社会关注,广西也以景区门票免费等方式"花式"回礼。③

（三）营销质量优先,注重创新性和差异化、特色化

文旅营销的创新和特色化、差异化是提升文旅产品和服务市场推广的关键,

---

① 严勇,等.从"网红"到"长红",各地文旅探路"流量"变"留量"[EB/OL].[2023 - 05 - 15]. http://www.news.cn/fortune/2023-05/15/c_1129614792.htm.

② 王珂.文旅市场复苏提速[EB/OL].[2023 - 09 - 06]. https://travel.gmw.cn/2023-09/06/content_36813338.htm.

③ 潘福达.从流量陡增到热点流转,各地文旅部门迎来升级"大考"[EB/OL].[2024 - 01 - 18]. https://www.chinanews.com.cn/cj/2024/01-18/10148165.shtml.

也是满足游客的多元化和个性化的消费需求的必要条件。在数字经济时代,文旅营销应该充分利用数字技术和新媒体平台,打造有特色、有温度、有情怀的文旅内容,提高文旅产品和服务的价值和意义,增强文旅产品的影响和传播。[①] 例如,利用短视频、直播等实现的远程文旅;利用虚拟现实、增强现实、360 度全景影像、全息显示等技术实现的舞台、展馆、景点等的沉浸式体验;利用移动智能终端、自动化和智能化设备实现的自助全流程跟随讲解、自助游览路线查阅、自助购票、自助购物、自助餐饮、自助医疗服务等,增强了消费者的文旅获得感和安全感。[②]

文旅营销注重创新和特色化、差异化,既是文旅产业发展的动力和方向,也是游客消费的趋势和需求。文旅营销应该利用数字技术和新媒体平台,创造出独特的文旅内容,不仅要展示文化的内涵和魅力,还要展现文化的活力和创造力,让游客感受到文化的温度和情怀,激发游客的兴趣和好奇心,提升游客的参与感和体验感。文旅营销应该利用数字技术和新媒体平台,传播出有影响的文旅内容,不仅要吸引游客的注意和关注,还要引导游客的认知和理解,让游客了解文化的背景和故事,增加游客的信任和认同,增强游客的口碑和忠诚。文旅营销应该利用数字技术和新媒体平台,提供有价值的文旅内容,不仅要满足游客的基本需求和期望,还要超越游客的想象和惊喜,让游客感受到文化的价值和意义,增加游客的收获和回报,提升游客的满意度和幸福感。

(四)文旅营销需注重融合地方文化特色

要推动文化和旅游深度融合,应该从融合的角度、广度、深度等几个方面着手,多角度、全方位助推。文旅营销应融合地方文化特色,这是文旅产业发展的基础和前提,也是文旅产品和服务的内涵和魅力所在。文旅营销应该尊重当地的文化传统和社会风俗,不要对其进行歪曲和篡改、不要对其进行侵犯和破坏、不要对其进行冒犯和亵渎,而要对其进行保护和传承、对其进行赞美和推广、对其进行尊重和理解。文旅营销应该融合当地的文化特色和社会需求,不要对其进行隔离和排斥,不要对其进行替代和抵消、不要对其进行冲突和对抗,而要对其进行融合和创新、对其进行补充和提升、对其进行协调和合作。文旅营销应该

---

① 姚建明. 持续创新赋能新文旅产业发展,推动经济增长和未来产业融合发展[EB/OL].[2024 - 01 - 21].http://finance.people.com.cn/n1/2024/0121/c1004-40163291.html.

② 王绍绍."文旅+"新业态显活力,文旅市场消费动能持续释放[EB/OL].[2023 - 09 - 13]. http://finance.people.com.cn/n1/2023/0913/c1004-40077146.html.

利用创新的理念和手段,推动文化和旅游的深度融合,实现文化与自然、文化与科技、文化与社会的有机结合,提升文旅产品的价值和意义,增强文旅产品的影响和传播。

(五) 保护和利用好地方资源、文化遗产和社会环境

当地的自然资源、文化遗产和社会环境是文旅产业的核心资源和竞争力,也是文旅产品的灵魂和价值所在。文旅营销不仅要满足游客的消费需求,也要传承和弘扬当地的文化特色,保护和改善当地的生态环境,尊重和融合当地的社会风俗,实现文旅的可持续发展。文旅营销应该利用文旅深度融合的理念,将文化与自然相结合,将文脉与旅游相融合,打造具有地域特色和文化内涵的文旅产品,提升文旅产品的品质和体验,增强文旅产品的吸引力和影响力。

文旅深度融合要把深入挖掘中国传统文化内涵与旅游产业发展、保护生态紧密融合,将自然生态和地域文化特色融入旅游消费元素,推动旅游产品的地方化、多样化、创意化发展,实现文化与自然的完美结合、相互促进。[1] 文脉形成于历史,造化于万象,是基于地域深厚历史文化底蕴的一种再创造。基于区域文脉的特色文旅产业,是以深厚的历史积淀为依托,面向未来,为自身文旅产业发展赋予区域特有的文化标识,并在此过程中实现对区域历史文化资源和旅游资源的活化、利用与创造。[2]

第九节 "黄金假期游"出现的新情况、新特点、新问题及改进建议[3]

春节、"五一"、端午、中秋、国庆是中国的传统节日,也是文旅市场的"黄金假期",更是文旅消费市场的"晴雨表"。新冠疫情过后,全国文旅市场复苏,尤其是在这五大传统节日的"黄金旅游"中体现得尤为明显。在人工智能、数字科学技术、新质生产力、后现代主义消费的加持下,文旅市场出现了一些新情况、新特点、新模式,文旅新业态呈现蓬勃发展局面,有力激发了文旅消费活力。与此

---

① 李胜,邓小海. 文旅深度融合,自然文化共美[EB/OL]. [2021 - 03 - 01]. https://news.gmw.cn/2021-03/01/content_34649410.htm.

② 廖海利. 文旅融合的角度、广度与深度[EB/OL]. [2022 - 01 - 06]. https://culture-travel.cctv.com/2022/01/06/ARTIWlGIFeFrcV1XYm5z3yeI220106.shtml.

③ 该节第二部分内容被文化和旅游部《文化和旅游决策参考》2024 年第 5 期采用,研究生樊玲、强陆茹亦有贡献。

同时,在消费者对文旅产品和服务的质量和体验要求越来越高的情况下,文旅管理、运营、产品、服务等环节也出现了一些新问题,需要引起重视并加以改进。

一、充分利用节日"黄金假期游",激发文旅消费活力

2023 年中秋、国庆假期,文旅消费回暖态势明显。这一趋势不仅体现了我国消费者越来越注重生活质量的追求,也展示了国内旅游市场的巨大潜力和广阔前景,为我们利用元旦、春节"假期游",更好激发文旅等产业消费活力提供经验启示。

（一）2023 年中秋、国庆假期文旅消费态势分析

2023 年中秋节和国庆节前后相连形成 8 天超长假期,叠加杭州亚运会和多地文旅政策刺激效应的影响,社会民众旅游、探亲、观赛等出行需求十分旺盛,形成了有统计记录以来热度最高的假日旅游市场。[①] 经文化和旅游部数据中心测算,2023 年中秋节、国庆节假期 8 天,国内旅游出游人数 8.26 亿人次,按可比口径同比增长 71.3％,按可比口径较 2019 年增长 4.1％;实现国内旅游收入 7 534.3 亿元,按可比口径同比增长 129.5％,按可比口径较 2019 年增长 1.5％。[②]

2023 年中秋、国庆假期,文旅消费市场呈现出蓬勃发展的态势。长线游、品质游和反向游等新兴旅游方式受到广大消费者的热烈欢迎,成为假期旅游市场的一道靓丽风景线。总的来看 2023 年中秋、国庆假期文旅消费情况,可以归纳以下几个特点。

1. 长线游回归

2023 年中秋节与国庆节相连,形成了 8 天的长假,这为消费者提供了充裕的假期去探索更远的地方。根据途牛和携程的数据,2023 年中秋国庆假期,56％的消费者选择了长线游,且更多人倾向于选择 5 天及以上的出游行程。同时,对比 2023 年"五一"期间的数据,发现海拉尔、喀什、乌鲁木齐、丽江、贵阳、兰州、拉萨、昆明、西宁、桂林是游客数量增速最快的 TOP10 目的地,这些目的地主要集中在西南、西北地区,为长途旅游的热门目的地。[③]

---

① 中国消费者协会. 2023 年中秋国庆双节消费维权舆情分析报告[EB/OL].[2023 - 10 - 20].https://www.cca.org.cn/zxsd/detail/30754.html.
② 文化和旅游部. 2023 年中秋节、国庆节假期文化和旅游市场情况[EB/OL].[2023 - 10 - 06].https://www.mct.gov.cn/whzx/whyw/202310/t20231006_947726.htm.
③ 李晓红. 出游 8.26 亿人次中秋国庆假期文旅消费释放新活力[N]. 中国经济时报,2023 - 10 - 09.

2. 品质游流行

品质游在 2023 年中秋国庆假期也表现出强劲的增长势头。品质游的流行反映了消费者消费观念的升级。现代消费者越来越注重旅游的舒适度和体验感,希望通过高品质的旅游方式获得更好的服务和保障。消费者从追求"性价比"到追求"心价比"。2023 年中秋国庆假期期间,飞猪平台上的高星级酒店间夜量预订入住数量相比 2019 年同期增长超过 50%,定制旅行商品的履约规模相比 2019 年同期增长超过 20%。[①]

3. 反向游火热

反向游是指节假日把"小城"定为目的地,来一场"不计划、不赶趟、不打卡"的旅游。它代表着旅游市场的新变化,意味着在互联网"种草时代"年轻人不再盲目扎堆,不仅有了更多选择,同时对游玩品质有了更高的要求。去哪儿数据显示,2023 年"双节"期间,小众目的地的订单量增幅明显,环比"五一"增长 3 倍。反向游持续火热,有效带动了当地经济发展。"双节"期间,飞往"小机场"城市的机票平均支付价格为 850 元/张,按照前往"小机场"城市 3 天 4 晚游玩计算,每张机票带动当地住宿、餐饮、门票、购物等综合消费超过 2 500 元。[②]

4. "旅游+"文旅消费新业态

文旅行业结合"黄金假日游"的特点,通过融合演艺、体育、非遗等多种元素,打造了一系列体验性强、深受游客喜爱的旅游产品和服务,激活文旅消费新业态。2023 年中秋、国庆假期,最受人们关注的便是杭州亚运会促进文体旅融合发展。"因体育赛事奔赴一座城"成为 2023 年的亚运"限定"。2023 年恰逢杭州亚运盛事举办,"中秋国庆长假杭州市各景区景点(含乡村旅游)共接待游客 1 300.87 万人次(日均 162.61 万人次),同比 2022 年国庆假期增长 34.37%。客流峰值出现在 10 月 2 日,达到 205.82 万人次"。[③] 2023 年杭州亚运会不仅带来了精彩的体育赛事,还为杭州旅游市场注入了新的活力,成为 2023 年的"限定"特色[④]。

(二) 2024 年元旦、春节假期文旅消费增长点

根据文化和旅游部门发布的关于组织开展 2023 年文化和旅游消费促进活

① 李晓红. 出游 8.26 亿人次中秋国庆假期文旅消费释放新活力[N]. 中国经济时报,2023 - 10 - 09.
② 李晓红. 出游 8.26 亿人次中秋国庆假期文旅消费释放新活力[N]. 中国经济时报,2023 - 10 - 09.
③ 长假杭州共接待游客 1 300.87 万人次 同比增长 34.37%[EB/OL].[2023 - 10 - 07]. https://hznews. hangzhou. com. cn/chengshi/content/2023 - 10/07/content_8626495. htm.
④ 陶李,杨丽敏. 亚运热激发新活力,文体旅融出加速度[EB/OL].[2023 - 10 - 09]. http://www.ctnews. com. cn/jujiao/content/2023-10/09/content_151170. html.

动的通知,2023 年元旦、春节假期,文旅部门在供需两侧同时发力,促进市场供给和文旅消费,文旅活动涵盖演出、展览、演唱会、音乐节、非遗体验、数字文化、主题公园、休闲娱乐、游戏游艺、运动健身、节庆展会、文创产品、旅游商品、文体用品、景区景点、餐饮住宿、红色旅游、乡村旅游,以及其他文化和旅游领域行业门类。①

　　2023 年是中国旅游业新冠疫情后重启的第一年,迎来了全面复苏。新冠疫情对传统文旅企业的影响颇为明显,一些文旅企业按下"暂停键",生产经营停摆,有些企业甚至面临生存危机,特别是空间集聚型、人员密集型的文旅项目更是首当其冲。② 根据文化和旅游部的数据,2022 年元旦、春节假期,全国国内旅游出游 0.52 亿人次、2.51 亿人次,同比分别减少 5.3%、2.0%;实现国内旅游收入分别为 255.09 亿元和 2 891.98 亿元,同比分别减少 6.6%、3.9%。③2023 年年初的春节假期全国国内旅游出游 3.08 亿人次,实现国内旅游收入 3 758.43 亿元。2023 年第一季度,多个省份发布的数据显示,春节假期旅游人次和旅游收入已基本恢复到疫前水平。④

　　在旅游消费质量方面,消费者更加注重文化含量。比如,游客选择旅游目的地,更倾向于选择文化含量较高、文化味道浓郁的历史文化名城和具有地方文化特色的中小城市(镇)。携程数据显示,春节期间,"除一线城市外,西安、苏州、扬州、洛阳、开封等历史文化古城人潮如织,位列景区人气前十城市"。⑤ 随着人们生活水平的提高,对旅游的需求也在不断升级,除了追求美丽的风景,人们更希望通过旅游来体验不同的文化,增长见识。旅游目的地文化资源的独特性成为吸引游客的重要因素。

　　春节旅游推广活动以"喜迎元旦""欢度春节"等为主题,推荐更多休闲游、微度假等周边游产品,推动旅游景区、旅游度假区、旅游休闲街区、乡村旅游重点村镇等因地制宜做好春节假日市场供给,推出具有冬季特色的休闲体验项目,开展丰富多彩的旅游休闲和民俗活动,依托 12 家国家级滑雪旅游度假地组织开展

---

① 文化和旅游部办公厅.《关于组织开展 2023 年文化和旅游消费促进活动》的通知[EB/OL]. [2023 - 03 - 20]. https://www.gov.cn/zhengce/zhengceku/2023-04/13/content_5751260.htm.

② 谢军. 疫情困境下,文旅产业需"渡劫重生"[EB/OL]. [2022 - 05 - 23]. http://opinion.people.com.cn/n1/2022/0523/c437948-32427486.html.

③ 文化和旅游部发布 2022 年一季度和元旦、春节旅游数据[EB/OL].[2022 - 02 - 08]. https://www.gov.cn/xinwen/2022-02/08/content_5672470.htm.

④ 春节文旅消费回暖,经济复苏正加速[EB/OL]. [2023 - 02 - 13]. https://www.thepaper.cn/newsDetail_forward_2190631.

⑤ 春节文旅消费回暖,经济复苏正加速[EB/OL]. [2023 - 02 - 13]. https://www.thepaper.cn/newsDetail_forward_2190631.

"欢乐冰雪旅游季"活动,把"旅游迎春、休闲过年"作为人民群众美好生活的生动体现。①

(三) 元旦、春节假期文旅领域面临的困难问题

1. 创新成本较高

随着消费新生代的崛起和信息技术突飞猛进,催生了文旅产业越来越细分化发展,文旅企业将面临越来越高的创新成本。新的旅游线路在不断增加,但单条线路的游客数却在下降。如果不在细分领域持续保持创新,就难以适应如今消费需求变化迅速、产品快速迭代的互联网时代特征,将面临不可逆的用户流失。如果在多个细分领域持续创新开发,可能面临较大的资金压力。元旦、春节假期是一年中重要的节假日之一,人们对于元旦、春节假期的旅游项目有着更高的、更私人化的期待,需要文旅企业积极创新,定制出可满足多样化需求的文旅项目。

2. 人力资源瓶颈

元旦、春节期间,受"回家团圆"习俗的影响,许多在外务工人员偏好回家。而文旅产业是劳动密集型产业,元旦、春节文旅业的人力资源缺口与务工人员回家的偏好间形成了较大的矛盾,人力成本高昂且劳动力缺口大,对相关企业来说是较大的压力。同时,从文旅产业发展的长远角度来看,人才短缺问题不容忽视。文旅产业的发展离不开人才的支持,但目前文旅人才的供给结构不合理。

根据《旅游人才发展白皮书》,在我国的旅游人才队伍中,"以技能型人才为主,如导游、酒店服务员等一线工作人员,而规划策划咨询、设计开发创意、投融资等专业技术及复合型人才比例过小,尤其缺乏高素质、实战型、创新型的复合人才"②。这意味着,文旅产业需要更多具备高素质、实战型、创新型的复合人才。此外,数据显示,我国文旅产业人力资源中月工资收入在 3 000 元以下者超过五成③,这也可能导致高素质人才流失。文旅人才需要长期地培养积累,这是文旅产业发展中的关键。

3. 文化内涵不足

从更深层的视角来看,文化及其内涵在文旅产业发展中的定位是根本性

---

① 徐壮. 文旅部门多举措促进冬季旅游消费和市场供给[EB/OL]. [2022 - 12 - 29]. http://www.news.cn/fortune/2022-12/29/c_1129239798.htm.

② 王鑫昕. 旅游人才发展白皮书指出:文旅深度融合,复合型人才需求量加大[EB/OL]. [2021 - 09 - 05].http://news.youth.cn/jsxw/202109/t20210905_13204525.htm.

③ 秦源,王鑫昕. 文旅产业振兴如何突破人力资源瓶颈[EB/OL]. [2020 - 09 - 27]. https://caijing.chinadaily.com.cn/a/202009/27/WS5f6ff14ea3101e7ce9726cc4.html.

问题。文化的保护传承是文化旅游业发展的核心问题。文旅产业的发展需要依托于文化资源,但文化资源的保护和传承却是一个长期的问题。文化不能只是为了拉动旅游、拉动消费的噱头,而应该成为推动文旅融合发展的内生力量。文化资源的保护需要政府、企业和社会各方面的共同努力,但文化资源的保护和传承还存在一些问题,如文化资源的流失、文旅项目的过度商业化等。在社交媒体平台上,一些受众吐槽,原本期待领略古色古香的古镇风情,但是只看到千篇一律的修缮风格,街边店铺售卖着来自义乌的小商品和臭豆腐等小吃,只能看到迅速变现的文化工业化的一面,看不到当地特色文化富有生命力的一面。

4. 恶性市场营销

随着文旅产业的迅猛发展,文旅市场竞争也日益激烈。文旅企业需要在市场竞争中不断提高自身的竞争力,但文旅企业的竞争力还存在一些问题,如品牌建设不足、产品同质化严重、文旅营销模式雷同等。比如,某些风景区的开发相当模式化,与其他旅游景点相比缺乏自己的特色,缺少对当地文化资源的深入挖掘和传扬,却在网络媒体、社交媒体平台上一味追求文旅短视频、微短剧营销和观众流量,有的文旅营销甚至出现低俗、媚俗化倾向。

(四)利用元旦、春节"假期游"激发文旅消费活力

1. 常态化整治景区乱收费

景区乱收费破坏了旅游体验,监管部门对其进行常态化整治至关重要。一方面,监管部门的执法要严,确保景区不论生意好坏,都要依法依规运营。有些景区不遵守规定,巧立名目诱导和强制游客消费。一些地方监管不力,对此视而不见,甚至为了促进"消费回补",放任景区商户乱收费、乱涨价。旅游纠纷频发,关键在于商家不遵守和执行规章制度。因此,必须加大监管力度,严格执法,遏制景区和商户乱收费的冲动。另一方面,景区自身要提高管理和服务能力。文旅行业是一个高度依赖体验的行业,游客的满意度与旅游从业者的服务态度、服务水平、专业能力密切相关。因此,文旅企业需要加强员工培训,不仅要提高他们的文化素养和专业技能,还要强化法律意识和服务意识,以优质服务提升游客的旅游体验。[①]

---

① 拓兆兵. 整治景区乱收费须常态化[EB/OL].[2023-09-02]. http://paper.ce.cn/pc/content/202309/02/content_280296.html.

2. 提供高质量文旅资源供给

结合元旦、春节节日主题特色,举办符合节日特色的文旅消费主题周、主题月。可以考虑将中华优秀传统文化、家风建设等融入假期文旅消费。此外,要继续创新文旅消费活动形式,引导文化和旅游市场主体积极创新营销内容手段,打造具有吸引力的消费新场景与新模式。构建主客共享的文化和旅游消费新空间,有效利用线上流量并转化为线下客流。支持各地及相关机构举办线上演播、沉浸式演出、艺术展览、红色旅游、非遗体验、直播带货、国风国潮、温泉冰雪、互动体验等多样化的专题活动。①

3. 试行新票制,撬动消费活力

如今,"坐着高铁去旅行"已成为人们的日常出行和旅游方式。"近年来,随着铁路事业的迅速发展和高铁网络的不断完善,全国 95% 以上的 50 万城区人口的城市都已连缀成网。高铁的普及缩短了城市间的距离,使得人们可以乘坐高铁方便快捷地到达大多数旅游目的地。"②为了进一步促进旅游消费的活跃度和旅游目的地的吸引力,可以考虑在调研的基础上推出适用于元旦春节假期的"高铁假日通票"。这种票制允许旅客在一定时间内无限次乘坐高铁前往特定旅游目的地,将高铁与旅游资源更巧妙地串联起来,激活旅游消费活力,并增强对区域经济发展的辐射作用。

4. 结合时空区位打造文化品牌

从时间的角度来看,经过北京冬奥会等一系列活动,人们对冰雪项目的认知和喜爱程度逐渐提升,并且倾向于在冬季的元旦、春节假期选择冰雪项目作为休闲娱乐活动。因此,雪上和冰上的运动项目可以作为一类文旅产品的品牌特色着重打造,以鲜明的特色吸引特定人群,以专业化占领细分市场。

从空间的角度来看,我国国内地大物博,东北的冬季是冰雪世界,海南的冬季则是温暖如春,各地的旅游业需要因地制宜,深度挖掘当地的优势来吸引游客。可挖掘的优势包括当地的地理位置、气候特征、风土人情等,吸引游客的方式可借助社交媒体平台,通过短视频、图文等形式宣传当地文旅的特色,结合当下热点、关注消费者心理需求,进行精准高效的营销,进一步打造当地的文旅产

---

① 文化和旅游部办公厅.《关于组织开展 2023 年文化和旅游消费促进活动》的通知[EB/OL].[2023 - 03 - 20]. https://www.gov.cn/zhengce/zhengceku/2023-04/13/content_5751260.htm? eqid = c983d9080001c3f1000000036458aa56.

② 张亚欣."高铁＋旅游"模式面临哪些机遇和挑战[N].中国城市报,2023 - 11 - 27.

业品牌。

5. 利用数字技术降低人力成本

虚拟现实、区块链等数字技术、人工智能技术可以在文旅产业中发挥重要作用，帮助降低人力成本，提高效率和服务质量。一是，在旅游景区和博物馆等场所，可以使用智能化的安保设备、自动化的售票和验票系统，以及无人驾驶的清洁车等设备，减少人力投入。二是，可以通过云计算、大数据、物联网等技术，实现旅游信息的数字化和信息化管理，包括旅游资源的保护、旅游服务的提供、旅游市场的监管等，提高管理效率，降低运营成本。三是，利用 AI、大数据、算法推荐等技术为游客画像，分析他们的旅游行为和消费偏好，推荐个性化的旅游产品和服务，增加旅游收入。四是，考虑使用智能合约和区块链技术，实现旅游合同的自动化执行和管理，减少人力干预和错误，提高合同履行的准确性和效率。但在利用人工智能降低文旅产业人力成本时需要注意技术的可靠性和安全性问题，以及与新技术相适应的人员培训和管理问题。

二、"五一"假期文旅市场新态势、新问题与改进措施

2024 年"五一"小长假期间，我国主要文旅城市热度不减，县域旅游等小众选择开辟了文旅新赛道。在强劲的复苏势头下，"五一"期间我国文旅市场出现了不少新情况、新特点，如热门景点趋于饱和，租车自驾成为新潮，文旅消费"00后"化等。其中，一些新旧问题杂糅相伴，对文旅消费带来了更加艰巨的考验。如何提高服务质量、提供更佳体验，需要我们对"五一"期间的全国文旅形势进行深入分析与思考。

（一）"五一"假期文旅行业出现的新情况

1. 主要城市热门景点趋于饱和

新冠疫情之后，文旅产业井喷式发展，2024 年"五一"假期期间更是迎来了历史新高。据证券时报，多个热门景区在"五一"假期之前就提前公告，某时段的门票已售罄。例如，4 月 29 日，泰山景区在其微信公众号提醒游客：截至 4 月 28 日，"五一"假期前三天的泰山景区夜间门票均已售罄并暂停预约。话题#据说每个城市都来了 1 亿人#曾登上微博热搜榜第一位，超 9 600 万浏览，2.4 万讨论。除了调侃之外，网友们的震惊、无奈之意也显露一二。节假日出游结果是"看人头"，这一问题由来已久。如何平衡供需，提升文旅产品与服务体验的质量，是主要城市政府部门、企业、行业协会和游客需要思考的问题。

2. 国内外中长线旅游焕发新生机

"五一"假期时间跨度较长,刺激了中长线旅游的发展。"五一"期间,国内长途游订单占比超过五成,旅游的目的地呈现多样化特征。例如,"银发族"康养旅游热门路线哈尔滨—三亚、北京—昆明、沈阳—北海等,均是长线旅游。在国际航线恢复和供给上升的背景下,出境旅游迎来发展高峰。同程旅行市场数据显示,临近"五一"假期的一个月里,国际机票预订热度同比上涨184%,国际酒店预订热度同比上涨123%。除了日本、泰国、韩国等"近邻"之外,奥地利、西班牙、巴西等更远距离国家的旅游预订量也呈现迅猛增长的势头。

3. 租车自驾游成为文旅消费新潮

在自由、舒适、便捷、经济等新型消费趋向的影响下,租车自驾出游的方式逐渐从"小众"演化为新潮。飞猪平台数据显示:"2024年'五一'假期国内热门城市租车预订量同比增长近五成,海外租车预订量同比增长近4倍。"①据一嗨租车统计,截至2024年4月27日,"五一"期间订单数同比增长近450%,其中吉林、福建、宁夏、贵州、青海、广西等旅游大省订单同比增长超过10倍,千岛湖、崇左、婺源、张家界、丽水、黄山等热门旅游城市订单同比增长超60倍。租车新潮与新型文旅消费迅猛增长密切相关,但是与之伴随的是节假日租车价格猛涨、热门车型供给不足等新问题,需要引起文旅行业重视。

4. 新玩法、新攻略开辟新赛道

消费者的旅游消费热情不断高涨,需求不断丰富,刺激着各旅游地在玩法上不断创新。一方面,美食、音乐节、旅拍等主流玩法在文旅方面持续发力,"五一"期间全国有超百场演出。比如,据"常州发布"统计,"太湖湾音乐节"平均每场都达3.3万人次。另一方面,考虑不同游客群体的消费需求,河南沁阳峡谷露营、重庆低空飞行、安徽宏村研学之旅等玩法开出新路。此外,福建武夷山推出全长251公里、连接46处自然风光"打卡点"的风景道,北京推出12条文博休闲度假线路和21条骑行线路,服务意识不断增强,此类系统性的玩法成为文旅发展趋势,主动为消费者提供旅游"攻略",有效增强了游客的旅游便利性。

5. "反向旅游"再度释放生机

中国移动梧桐大数据借助人工智能大模型分析发现,小众旅游目的地的文

---

① 马晓洁,姜淏然.县域游·租车游·演艺游,"五一"出游新选择考验住行游[N].新华每日电讯,2024 - 04 - 30.

化旅游产品和服务越来越受青睐。这一趋势早有显现,但在"五一"假期得到充分发展。北京、上海等城市的热门景点趋于饱和,给文旅"上山下乡"带来了新机遇。2024 年"五一"期间,县域旅游游客规模较 2023 年同期增长 15%。美团数据显示,2024 年 4 月以来,与"县城游"相关的关键词搜索量同比 2023 年增长了 6 倍。"五一"假期,县域酒店的预订量同比增长 47%、商超订单量同比增长 55%,"小众风景""当地特色""高性价比"成为县域旅游的关键词。

(二)"五一"期间全国文旅行业呈现的新特点

1. 都市旅游市场持续活跃

城市由于拥有较丰富的文旅资源、较高质量的文旅产品和服务供给、便利的交通和相关设施,一直是旅游的热点地区。由于 2023 年"五一"假期的旅游订单量已经达到了较高的水平,2024 年文旅市场表现呈现出一种理性的回归。而上海之所以能够实现旅游度假产品预订量的大幅增长,与 2024 年的国际旅游市场回暖有着直接的关联。同程旅行发布的《2024 年"五一"假期出行报告》显示,北京、上海、重庆、杭州、成都、南京、西安、武汉、广州、长沙位列"五一"假期的十大热门旅游目的地。由此可见,热门的旅游城市依然是"五一"假期游客首选的旅游目的地。从各旅游目的地的旅游度假产品预订情况来看,在这十大热门城市中,北京、西安、广州和长沙四城市的订单量与去年相比保持稳定,而上海的旅游度假产品预订量在所有热门旅游目的地中增长最为显著,同比增长了 40%。

2. 文娱活动提振旅游热度

2024 年元旦以来,国内各地的文旅部门积极利用社交媒体平台,通过短视频、微短剧等形式,成功挖掘并推广了众多具有潜力的旅游目的地。其中,音乐演唱会、音乐节活动和影视剧的拍摄地尤其受到追捧,为这些地方带来了前所未有的关注度。同程旅行数据显示,山东烟台市因即将举办华晨宇"日出演唱会"而成为国内旅游热度增长最快的城市。浙江丽水市作为热播剧《与凤行》的拍摄地,也见证了"五一"期间旅游热度的大幅提升,跻身"五一"旅游热度涨幅榜前 10 名。为迎合年轻用户的旅游需求,同程旅行推出了以仙侠剧为主题的旅游专题页面,汇集了国内热门仙侠剧的取景地,并为通过 APP 预订的用户提供专属的景区优惠,这包括缙云仙都、横店影视城、上饶忘仙谷、沙溪古镇以及四川峨眉山等风景名胜。此外,吉林延边的朝鲜族服饰拍照体验和云南迪庆的香格里拉秘境也成了"五一"假期期间的旅游新亮点。

3. 旅游体验比景点打卡重要

从租车自驾、反向旅游、小众玩法等文旅消费新趋势中看出,当下人们选择出游的目的更倾向于获得一场快乐的文旅体验,而非一场跟风的景点(区)打卡。尽管北京、上海等城市的热门景点依旧占据主流,但大多数消费者希望能够体验城市的地域文化或地方美食。比如,"五一"期间,上海龙华庙会开启了一场非遗盛宴,杭州铜鉴湖景区每天都举办一场大型风筝表演,云南昆明开辟赏花公交专线、双层赏花巴士。各地城市依托自己的自然和文化资源,打造互动式场景,提供优质的服务体验,让文旅"活"起来,赢得了许多消费者的青睐。

4. 文旅消费趋向"00后"化

据 Fastdata 极数报告,年轻人的旅行方式、文旅消费习惯正产生重要的影响力,深刻改变着文旅市场的产品偏好和消费结构。一方面,文旅"00后"化代表着 00 后成为文旅消费的生力军。河南省文化和旅游数据显示,"五一"期间,洛阳的主要客源"00后"排名第一,占比 33.12%。据新华网客户端的统计,假期租车预订单中的"00后"占比不断攀升;另一方面,文旅"00后"化指文旅消费越来越呈现出年轻态、个性化特点。以"00后"为主体的同龄人旅行团打破了旅行团的"老年人"标签,据同龄人旅行团创始人沈想想透露,开业不过 2 个月的"辞职信旅行社"在"五一"还没发团时,已收取定金和团费 50万元。

5. "绿色环保"成为新趋势

随着"低碳生活"的理念深入人心,"绿色环保"成为更多人的文旅消费选择。据携程平台数据,2024 年"五一"假期期间,选择低碳旅行酒店的订单同比增长51%,其中"90后"订单增长 77%,成为增长最快的客群。同时,"90"后群体倾向于自带洗漱用品,对"一次性洗漱用品"说不。在城市内的旅游出行中,新能源汽车成为主流。沉浸城市智库微信公众号显示,接送机及当地司导低碳用车订单同比增长 24%,新能源订单占比近九成,达到 87%。由此可见,"绿色消费、可持续发展"不再是一个口号,而成为新消费主力军的旅行方式,他们传递着"绿色环保"理念,低碳出行已然成为文旅新趋势。

(三) 2024 年"五一"期间全国文旅行业出现的新问题及改进建议

1. 旅游标准化体系建设不足,服务质量难以保障

当前,旅游标准化体系建设不足问题仍然广泛存在。以上海为例,首先,对于研学旅游、红色旅游、医疗旅游等专题性包价产品的标准化认证缺乏供给。其

次,在旅游纪念品的开发方面,生产和销售主体往往分散、多元,当前没有明确标准可以用来确保"上海礼物"的高品质与多样性,使得"上海礼物"在游客中的印象与认可度难以得到保障。[①]

为此,要求各地完善旅游标准体系,增强旅游服务标准的科学性、先进性、有效性和适用性,对接国际规则体系,不断提升旅游标准国际化水平。重点强化文旅新产品、新业态和在线旅游服务、旅游服务质量评价等领域的标准制定。在具备一定发展基础、形成一定规模和可复制、可推广经验的基础上,有序制定涉及旅游新业态、新模式等方面的标准。在《旅行社等级的划分与评定》《导游服务规范》《旅游饭店星级的划分与评定》《旅游景区质量等级的划分与评定》《旅游度假区等级划分》等国家标准及相关行业标准、地方标准的修订中,进一步提升旅游产品与服务质量。支持和引导市场主体和各类社会机构积极参与旅游服务标准制定,鼓励行业协会、学会等完善团体标准,激发文旅企业制定和发布标准的积极性。[②]

2. 中小城市旅游热度攀升,产品质量问题凸显

根据同程旅行平台数据,2024年4月29—30日到达三线及以下城市(含县级市)的火车票和机票的热度,周环比上升200％以上;携程发布的《2024年"五一"旅游趋势洞察报告》显示,截至2024年4月15日,"五一"假期县域市场酒店预订订单同比增长68％、景区门票订单同比增长151％,增速高于全国大盘。与此同时,微博、小红书等社交媒体平台出现了多篇关于这些县域市场旅游的吐槽帖,大都反映了当地文旅管理不科学、基础设施不完善、旅游产品和服务质量低、投诉无门等问题。

为此,各地尤其是中小城市(含县级市)需构建高效协调的旅游产品与服务质量监管体系,推动旅游产品与服务质量监管立法工作。加快制定旅游服务质量监管目录、流程和标准,构建高效协同的旅游服务质量监管体系。依法实施旅游服务质量监管,强化服务质量源头管控。开展不合理低价游综合治理行动。此外,要加强综合执法工作。围绕侵害游客合法权益、影响游客旅游体验和满意度的突出问题,进一步加大旅游市场执法监管力度。常态化开展"体检式"暗访评估工作,加强对各类在线旅游经营者、互联网平台等的日常监测,及时处置监

---

① 翁瑾,等.上海旅游标准体系及其网络化治理研究[J].标准科学,2021(10):30-35.
② 中华人民共和国文化和旅游部.关于加强旅游服务质量监管、提升旅游服务质量的指导意见[Z].中华人民共和国国务院公报,2021-07-30.

测发现的各类问题；落实"双随机、一公开"制度，开展跨部门联合执法，严厉打击"不合理低价游"、未经许可经营旅行社业务等违法违规行为，为促进旅游业高质量发展提供有力保障。

3. 旅游产品同质化程度高，游客体验感较差

部分地区文旅融合存在项目内容同质化程度高、文化内涵挖掘不足、配套设施建设落后等问题。一些文旅项目内容千篇一律，同质化现象较为普遍。游客在社交媒体平台发表的帖子显示，"五一"期间去外地旅游，路途很远、风景很美、民宿很新、空气很好，但内容千篇一律，缺乏新意。现阶段，一些地区盲目复制照搬特大城市的著名街区案例，但缺乏成熟的街区运营模式，旅游街区的同质化经营倾向严重。与旅游休闲街区文化不符的商业业态注入较为普遍，过度商业化导致文旅业态陈旧、无特色商品泛滥、纪念品同质化等现象，无法展现当地的历史文化底蕴和旅游特色风貌。

当前，各地需要引导和激励旅游景区、星级饭店、旅行社、在线旅游经营者、各等级旅游民宿等市场主体把提升旅游产品和服务质量作为增强市场竞争力的重要手段，在保证产品和服务质量的基础上，注重差异化，做到人无我有，人有我优。各地旅行社要规范经营的内容和行为，防范系统性经营风险，加快理念、技术、产品、服务、模式和业态创新，实现数字化转型。星级饭店和等级旅游民宿要全面提升管理水平和服务质量。旅游景区要落实"错峰、预约、限量"要求，依法落实最大承载量核定要求，完善流量控制制度，实现国有旅游景区门票网上预约全覆盖，进一步提高景区线上预约便利度。在线旅游经营者要提高专业服务能力。鼓励旅游购物企业建立完善的旅游购物无理由退货制度，切实保障游客旅游购物权益。各类市场主体应针对老年人、残疾人等特殊群体，有效提升特定群体旅游服务的便利性。[①]

4. 旅游产品供给难以满足国际市场新需求

"五一"假期全国入境游最热门的城市之一——上海，当地多家景点、酒店和民宿纷纷迎来了外国游客。既有来自巴基斯坦的大型旅游团，也有忙完商务后在上海多停留数日的外国游客。[②] 根据上海旅游官网（英文版）、Tripadvisor、国外旅游景点向导手册 Lonely Planet 和常驻上海的外国人经常使用的 App-

---

① 中华人民共和国文化和旅游部.关于加强旅游服务质量监管、提升旅游服务质量的指导意见[Z].中华人民共和国国务院公报,2021-07-30.
② 李宝花.异国他乡有个流连忘返的地方[N].解放日报,2024-05-05.

Smart Shanghai 统计发现,"国际游客最喜爱的上海景点排名与上海旅游官网(英文版)的对外介绍之间有较大差距,上海在聆听国际游客的需求方面存在一定的差距和不足。Tripadvisor 平台基于国际游客评论形成三条最受国际游客喜爱的上海旅游线路,包括体验上海当地生活方式线路、体验犹太文化线路和体验旧法租界风情线路,这三条线路是基于国际游客偏好而形成的旅游线路,代表了国际游客心中的'上海形象',但这些旅游产品和服务在上海旅游吸引物开发、品质提升和线路串联上仍存在一定的问题",[①]总体上缺乏全面布局,统筹安排规划不到位。

因而,要"充分把握全球旅游消费需求演变趋势,以提升来沪入境游人次、延长在沪停留时间、提升在沪消费水平为目标,推出多层次、差异化的旅游线路产品与服务,打造一批宜漫步、宜休憩、宜体验的都市型开放式景区,更好地体现国际风范、突出中国元素、彰显上海特色",[②]吸引更多入境游客。2024 年 1 月 21 日,上海联动巴黎,共同点亮两城的豫园龙灯,开启"乐游上海过大年"新春系列活动,聚焦"乐游上海过大年——一路繁花 全城寻龙"主题,围绕"观文博、看美展、赏好剧、听歌会、来'海考'、享美育、逛景区、品美食"开展活动是一次成功尝试,其经验值得借鉴。

① 冯翔,王媛媛,李俊.上海建设世界著名旅游城市的成效、问题与对策[J].科学发展,2021(12):62 - 70.
② 陈爱平.入境游加速复苏,上海年内预计引客愈 300 万[N].经济参考报,2023 - 09 - 18.

第三章
文旅新业态的生成机制

文旅新业态是在多种力量共同推动下生成和发展起来的,其生成机制主要有政府政策支撑机制、技术创新驱动机制、消费需求驱动机制、行业竞争驱动机制、文化发展推动机制。其中,政府政策支撑机制是制度和政策保障,政府通过政策顶层设计和具体扶持举措给予文旅新业态政策、投融资支持,缓解企业经营压力。技术创新驱动机制是技术驱动要素,不同于传统的文旅融合,文旅新业态因为有 4G/5G/6G 网络、AR/VR、人工智能、虚拟仿真等技术加持,注重技术场景、剧本故事和深度体验性。

消费需求驱动机制是发展动力机制。一方面,消费是文旅新项目、新产品、新服务生成的目的和驱动力,90 后、00 后新消费群体的崛起和其个性化、情感化、追求新奇性的消费需求催生了文旅新业态蓬勃发展;另一方面,稳定的新消费需求意味着企业稳定的收益来源,能为文旅融合新业态的后续发展提供资金保障。行业竞争驱动机制是内在支撑机制,借由行业内良性竞争,为文旅新业态不断注入创新发展的内在力量。文化发展推动机制是文旅产业内容创新的源泉,文化对于文旅融合新业态具有长期的潜在作用,缺乏文化与技术的融合、缺乏特色文化内容和文化活动支撑,文旅新业态就成了无本之木、无源之水。文旅新业态生成机制的逻辑关系如图 3-1 所示。

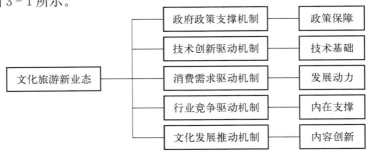

图 3-1 文旅新业态生成机制的逻辑关系图

第一节　政府政策支撑机制

一个国家、民族或地区的经济社会发展离不开政府和市场两个主体。市场是一种"看不见的手",但有时会出现"失灵",靠市场的自身调节作用会产生一定的效率损耗。因此,除市场之外,政府在维护社会秩序稳定和谐和促进经济社会持续发展中起到重要的推动作用。政府的政策制定、市场监管、市场宏观调控、提供公共产品与服务等职能,能够有效培育和发展文旅产业,促进文旅新业态健康有序发展。当前,文旅新业态的政府政策支撑,可以分为宏观引导政策和经济金融扶持政策两种类型。

一、宏观指导政策

关于文旅新业态发展的政策目前尚处于探索过程中,政府已出台的相关政策举措,但大部分是一种文旅新业态整体发展的宏观引导(见表3-1)。

表3-1　国家层面对于文旅新业态的支持政策分析

支持政策	分类	对文旅新业态产品与服务的支持政策
关于进一步激发文化和旅游消费潜力的意见①	宏观政策调控	该政策规定了文化旅游的宏观发展方向,以高质量的文化旅游产品与服务激发消费者更强烈的消费意愿
关于培育建设国际消费中心城市的指导意见②	宏观政策调控	该政策注重时尚、创意等类型的文化产业新业态发展,以推动建设国际消费中心城市
关于改善节假日旅游出行环境,促进旅游消费的实施意见③	宏观政策调控	该政策系《关于进一步激发文化和旅游消费潜力的意见》的延伸和细化,细化了旅游节假日消费的具体举措

---

① 国务院办公厅. 关于进一步激发文化和旅游消费潜力的意见[EB/OL]. [2020-10-09]. http://www.scio.gov.cn/ztk/38650/41542/index.htm.

② 商务部等14部门. 关于印发《关于培育建设国际消费中心城市的指导意见》的通知[EB/OL]. [2020-10-09]. http://www.gov.cn/xinwen/2019-10/25/content_5444727.htm.

③ 国家发展改革委. 多部门印发《关于改善节假日旅游出行环境促进旅游消费的实施意见》[EB/OL]. [2020-10-14]. http://www.gov.cn/xinwen/2019-12/12/content_5460641.htm.

总体而言,相关的国家宏观层面的政策指导性意见对文旅产业新业态持积极的扶持与推动态度,积极支持文旅新业态相关产业、产品与服务的发展,带动和升级消费需求。

二、经济支持政策

政府主体主要从财政政策、贷款政策、融资政策等多方面支持文旅新业态发展,分担文旅企业的经济负担和市场风险,助力文旅企业的新业态项目培育。特别是 2020 年新冠疫情期间,部分文旅企业因为疫情期间居民被居家隔离而不得不关门停业,文旅企业经营活动受到了严重冲击。在此背景下,政府迅速推出了一系列经济和金融扶持政策,助力文旅企业复工复产、渡过难关(见表 3-2)。

表 3-2　疫情期间国家、地方政府对文旅企业的经济金融支持政策

支 持 政 策	分　类	对文旅新业态企业的支持政策
全力防控疫情 支持服务企业平稳健康发展的若干政策措施①	经济、金融支持	该政策是在 2020 年新冠疫情对服务业带来冲击的背景下,国家层面所制定的支持服务业稳定发展的举措,从财税政策、金融信贷、融资渠道、保险保障、减免房屋租金等各方面,对服务企业予以全方位的经济和金融支持
上海市文化和旅游局关于推出中小微文化和旅游企业金融服务举措②	金融支持	该政策制定具体的贷款优惠措施,支持符合条件的中小文旅企业在疫情冲击下渡过难关

政府对于文旅企业的经济、金融政策支持,有助于减轻疫情冲击下的文旅企业经济压力和融资负担,激发文旅企业投资扩建、转型升级,促进文旅新业态创新发展。在新冠疫情和其他重大公共灾难性事件的特殊情况下,政府的经济、金融支持政策更能发挥助推作用,保障文旅新业态行业可持续发展。

---

① 上海市人民政府. 关于印发《上海市全力防控疫情支持服务企业平稳健康发展若干政策措施的通知》[EB/OL].[2020-10-09]. http://www.shanghai.gov.cn/nw2/nw2314/nw2319/nw10800/nw42944/nw48506/u26aw63478.html.

② 上海市人民政府. 上海市文化和旅游局推出中小微文化和旅游企业金融服务举措[EB/OL].[2020-10-09]. http://www.shanghai.gov.cn/nw2/nw2314/nw32419/nw48614/nw48615/u21aw1428966.html.

第二节　技术创新驱动机制

文旅新业态作为近两年新兴的产业形态,其生成和发展离不开新兴技术域的支持,或者说新兴技术域的发展驱动了文化与旅游融合,进而形成新的文旅业态。

一、新技术的驱动作用

文旅新业态依托的技术主要有数字技术、互联网技术,以及部分 AR、VR、AI 等虚拟仿真和人工智能技术。数字技术早在 20 世纪 40 年代就开始出现,互联网技术则在 20 世纪中叶已发展起来,那么,为什么文旅新业态直到近两年才得以出现? 这需要透过现象探索本质:真正驱动文旅新业态生成的技术因素,并非单个技术所能支撑,也不是几种技术的简单叠加,而是一种技术域的力量,是几种技术有机融合、相辅相成的结果。

（一）技术域概念

技术域是“关于设备、方法、实践的族群,它们的形成和发展具有与个体技术不同的特征”。[①] 因此,虽然数字技术、互联网技术很早就开始出现,但特定的技术域并不是从一开始就形成的,只有经过长期的技术碰撞与融合,相关技术的不断积累和更新完善,并且有相当深厚的实践运用基础,相关的技术域才逐渐显露出来。当适合于文旅新业态的技术域发展成熟后,文旅新业态才有了坚固的技术支撑,才能够发展壮大。

（二）技术域的生成机制和生命周期

技术域有两种生成模式:一是“围绕着核心技术联合而成”[②],如互联网技术,当该技术作为一种核心技术形成后,很多相关支撑技术开始围绕着互联网技术而发展起来;二是从技术现象簇中生成,即各个学科通过对某些技术现象聚焦式研究,分析出其中的原理并加以实验和实践应用,建立起新的技术域,如集成电路和芯片技术。但由于社会对新生事物(即新生的技术域雏形)往往持较为保

---

① ［美］布莱恩·阿瑟. 技术的本质:技术是什么,它是如何进化的[M]. 曹东溟,王健,译. 杭州:浙江人民出版社,2018:163.

② ［美］布莱恩·阿瑟. 技术的本质:技术是什么,它是如何进化的[M]. 曹东溟,王健,译. 杭州:浙江人民出版社,2018:165.

守的态度,并且新生的技术域雏形尚不完善,只是一些粗浅的技术堆积,甚至难以被称为"域"。因此,这种新技术域雏形往往会和现有的较为成熟的"域"相联系,形成一部分技术组合。而新技术域的生成需要漫长的培育和发展过程,才能成长为较为成熟的技术域。

技术域成熟后,有自身的生命周期或发展阶段,主要分为四个阶段:一是产生阶段。它通过和母域的结合,逐渐发展固化;二是成长阶段。在前一阶段的基础上进行修正或更新,并且逐渐运用于实践领域;三是成熟阶段。也是市场推广和应用阶段,对企业产品改造和服务升级产生变革性影响;四是衰亡阶段。这一阶段,技术域难以有新的突破,有些技术域会存留下来,有些则会被新的技术域所取代。总之,技术域的生成与发展需要漫长的过程,并且不断会有新的技术域出现,以推动经济社会向前发展。

(三) 技术域对于文旅新业态的驱动作用

随着信息通信技术、数字技术、虚拟仿真技术的发展成熟和类型细分,适合于文旅新业态发展的技术域逐渐形成。这种技术域在消费升级驱动因素、行业竞争加剧因素、政策扶持因素的组合作用下,有力促进文旅新业态的生成和发展繁荣。

二、产业经济和技术的融合

(一) 技术域对于产业经济实践的影响

根据技术域的生命周期可知,由于新的技术域不仅有自身的创新,也融合了母域的部分特点,新的技术域往往更加先进和成熟,取代原有技术域的地位,并被更多地运用到产业经济活动实践中。但从更深的层次来看,新技术域与产业经济实践之间相互融合、相辅相成。新技术域与某种产业实践相互融合,产生新的技术和业态组合形式,当这些新的组合形式发展壮大后,新的次级产业甚至新的产业形态就生成了。

(二) 技术域对于文旅新业态的驱动作用

近年来,随着信息通信技术、数字技术、人工智能、AR/VR等数字场景技术的推广应用,新的技术域正在形成,而它与文旅产业相融合,便产生一系列新的数字场景、沉浸式体验类文旅产品和服务,扩展了原有的文旅产业发展形态,增添了更多技术场景性、内容性和互动性元素,生成了文旅新业态。

第三节　消费需求驱动机制

随着经济社会的发展,文旅市场产品和服务供给越来越丰富,人们的消费需求越来越多样化、个性化、体验化,催生新的文旅产品与服务蓬勃发展。

一、新消费者的主要特征

在当今消费社会时代,新消费者具有以下特征:一是受教育程度较高,家庭经济状况较好,能够自由选购所消费的物质产品或服务;二是在当今商品供给盈余时代,商品可选择性强,新消费者讲究商品的外在形态、审美风格、感觉体验,更看重产品的身份、符号、审美、品牌价值而非实用价值;三是消费心理更加复杂,他们更愿意追求个性化、差异化的消费。

新消费者的消费行为特征主要表现在:一是消费者的理性判断水平较高,新消费者的知识素养为他们提供了理性消费的基础;二是消费者在消费过程中更加注重参与、体验和互动感,他们不再单纯地消费物质产品及其使用价值,或者服务及其感官体验,他们消费的是一个集自由选择、参与、体验和互动交流的过程,注重消费的物质、精神享受和愉悦体验。

二、新消费需求驱动文旅新业态发展

新消费者的消费心理需求和消费行为与传统消费者有很大的差异,他们具有更强的理性选择与判断能力,看重产品或服务的效用性,追求个性化、差异化和参与度、体验感。在这种消费态势下,传统文旅产品和服务需要顺应新消费者的需求,进行转型升级。美国学者约瑟夫·派恩提出了两个消费体验公式:"顾客满意度＝顾客期望值－顾客感受值;顾客损失＝顾客的期望－顾客勉强接受的现实。"[①]要提高消费者(游客)在消费过程中的认同度、参与度、满意度,主要有两种途径:一是降低消费者的期望值;二是提高消费者的感受值。当前,文旅行业的产品、服务种类日益丰富,消费者自由选择权利更大,文旅企业要吸引更多的消费流量,就要努力提升产品与服务质量,满足消费者的心理预期(期望值、

---

① ［美］约瑟夫·派恩. 体验经济［M］. 毕崇毅,译. 北京:机械工业出版社,2012:93.

感受值）。"特殊美好的感受是消费者延伸消费行为的助推器"[1]，新消费者注重参与感、互动感、体验感，以及由此衍生的认同感、满足感、获得感，这意味着越能满足消费者参与感、互动感、体验感的文旅项目越能受到消费者的青睐。

第四节　行业竞争驱动机制

党的十八大以来，我国文旅行业发展迅猛，全国各地都在大力开发文旅资源，并进行文旅产业化转化；传统文旅景点（或景区）不断转型升级，文旅行业内部的竞争越来越激烈，在这种竞争态势下，文旅新业态不断被催生出来。

一、同质化竞争迫使文旅新业态创新发展

文旅行业的发展立足于地方自然环境、区位交通和地方特色文化，区域化、特色化、差异化、产业化是文旅行业发展的显著特色。然而，在文旅行业蓬勃发展和文化消费兴盛时代，各地为开发文旅资源，在内容资源和运营模式、产业链延伸方面互相模仿、复制和借鉴，造成严重的同质化竞争现象，引发的后果是弱化地方文化特色和文化个性，稀释游客流量和行业效益。以少数民族地区的村寨旅游为例，各地原有的自然风光和人文环境具有一定的差异性，但随着商业化开发的趋同性，这种差异性被缩小，风俗仪式、节目表演、游客体验项目似乎出自同样的模式，沿街售卖的各种纪念品也大同小异，甚至是从外地批发过来替代当地特色，文旅景点的场景设计和故事内容也缺乏明显的地域特色。在这种同质化竞争态势下，面对总需求量弹性不高的消费群体，文旅企业要想更大程度地吸引顾客，占据更多的市场份额，就要不断地进行产品和服务创新，并加持数字场景技术，形成新的文旅业态，创造新的消费需求。

二、产业内部竞争驱动文旅新业态发展

加拿大学者 R.W. 巴特勒提出了旅游地生命周期理论模型，该模型探究影响旅游地生命周期的因子指标，以及如何带动旅游地复兴，如何发展文旅产业等问题，引发学术界讨论。在数字化消费、体验消费、审美消费、情感消费等现代与后现代交织的消费社会时代，传统的"观光式"文旅业态已进入巩固与停滞阶段，一

---

① 汪秀英. 基于体验经济的消费者行为模式研究[M]. 北京：首都经济贸易大学出版社，2012：74.

方面需要"通过开发新的吸引物、开发尚未开发的内容资源，以及重新定位客源市场，可以带动旅游的复兴"[①]；另一方面，更需要创意内容资源＋科技赋能＋特色化、体验化和情感化的场景构建，在这种新消费潮流引领的市场竞争中，催生出新的文旅业态。

第五节　文化发展推动机制

文旅新业态项目是文旅融合的新成果，也是文化与数字技术发展到一定程度出现的产物。中华文化始终处在不断的传承创新中，每个时代都具有特定的文化形态，现代经济社会发展受到文化因素的深刻影响。

一、文化特色构成文旅新业态的内核与灵韵

根据德国学者安德雷亚斯·莱克维茨的观点，当前已经进入了一种文化资本社会，政治、经济、社会的文化倾向越来越明显，无论是有形的物质产品还是无形的精神产品，"独异性""体验性"特质是其赢得消费吸引力的关键因素。在文化资本环境中，相对于传统文化消费活动，文旅新业态在地方文化资源发掘与地方文化特色提炼上被赋予新的时代内涵。在新消费群体中形成了感知、参与和互动体验效应——基于具身性体验形成的地方文化想象、记忆与认同。文旅新业态的特色文化与场景化、数字化表达形态之间相互影响、相互成就，前者是后者得以表达的内容资源，后者为前者提供了全新的数字化场景空间。

二、文旅新业态成为创作主体实现文化理想的场所

文旅新业态不仅体现于地方文化内容与形态的创新，还体现出诸多文化参与主体身份与形象的转变。文化艺术教育尤其是专业院校艺术教育的发展，为社会输送了一批艺术人才，他们兼具艺术修养、职业技能和文化素质，这群艺术工作者构成了文旅新业态的人力资源。一方面，他们的艺术设计与演艺创作为文旅新业态赋予了艺术创作灵韵与表演内涵；另一方面，文旅新业态吸纳了众多演艺人才，为他们提供了就业机会，为这些文化艺术工作者实现艺术创作、设计、

---

① Agarwal S. Restructuring Seaside Tourism (the resort life cycle) . *Annals of Tourism Research* ，2002，Vol. 29(1)，pp.25 - 55.

演艺的文化理想提供了重要途径。

第六节　五种机制之间的逻辑关系

前述五种机制互相渗透与交融，相辅相成，共同构成文旅新业态的生成要素。

其一，政府政策支撑机制具有政策宏观调控的作用，政府通过政策指导、财政金融税收等经济支持、为文旅新业态发展量身定制特定的标准，使其发展更加规范、健康、可持续。

其二，技术创新驱动机制催生文旅新业态形成和发展，技术赋能传统文旅业态转型升级，确保文旅新业态在数字场景、人工智能和虚拟仿真技术的加持下创新消费活力。

其三，消费需求驱动机制不断提供和创造新消费需求，推动文旅新业态企业提升产品与服务质量。如今，新消费者更为强调精神层面的体验、惊险、刺激与愉悦，为维持客户黏性，文旅新业态企业需要顺应新消费需求，不断创新产品与提升服务质量。

其四，行业竞争驱动机制可以避免"同质化"竞争现象，推动文旅新业态着力于自身场景技术和内容特色的挖掘，寻求差异化竞争，打造特色文旅新业态品牌，达到"百花齐放"的文旅新业态景象。

其五，文化发展推动机制让文旅新业态成为文旅场景、文化科技和内容创新的新载体，成为演艺工作者实现演艺文化理想的新空间。

五大机制以"五位一体"的合力推动文旅新业态生成和持续发展，需要克服"木桶效应"，保障场景和技术安全、推动文旅新业态内容的创新性与市场空间的延展性，让文旅新业态更具有发展活力。

第四章
文旅新业态发展态势分析
——以上海市密室逃脱类项目为例

　　随着经济社会发展水平的不断提高,人们的文化消费水平不断提高;同时,在5G、VR、AR、AI等数字场景技术的加持下,场景体验类文化旅游消费兴起。在2020—2022年新冠疫情期间户外消费受限的背景下,新兴的室内娱乐游戏——"密室逃脱"类文旅新业态消费项目迎来了发展高潮,吸引了众多消费者参与其中,这类新业态项目为受众带来了现场感、沉浸式、互动性、智慧化的消费体验,受众参与这类文旅消费不仅可以体验智慧魅力、增强场景互动感、放松身心愉悦心情,而且新科技技术加持和场景剧本人员的优化协调更能给消费者带来刺激兴奋感。因此,2020—2022年率先在上海市兴起的密室逃脱类文旅新业态项目,迅速风靡全国各大城市,受到了青少年消费群体的广泛青睐。

　　以上海市黄浦区为例,2020年黄浦区的密室逃脱类文旅新业态企业有72家。2015年前,此类主要企业有:汇佳桌游、MC精品真人密室逃脱、JOJO&PAPA实景侦探剧密室、UMEPLAY主题游戏馆、RU Kidding奇闻体验馆、TICT Halloween 6家,其中汇佳桌游开业时间最早,于2009年7月8日成立并开业。早在2013年,就有MC精品真人密室逃脱、JOJO&PAPA实景侦探剧密室两家密室逃脱项目企业落户黄浦区,开业时间分别为2013年3月16日和2013年5月1日。2015年之后,黄浦区有66家密室逃脱类文旅新业态项目如雨后春笋般落户和成长起来。具体企业(项目)情况及其开业时间见表4-1。

表 4-1 上海市黄浦区文旅新业态企业及其开业日期

序号	单 位 名 称	开业日期
1	汇佳桌游	2009/7/8
2	MC 精品真人密室逃脱	2013/3/16
3	JOJO&PAPA 实景侦探剧密室	2013/5/1
4	UMEPLAY 主题游戏馆	2014/1/1
5	RU Kidding 奇闻体验馆	2014/8/1
6	TICT Halloween	2014/11/1
7	JOJO&Nook 实景侦探剧密室	2015/3/30
8	A9 真人密室逃脱	2015/7/27
9	Y&Y 创意真人密室逃脱馆	2015/10/2
10	久幽恐怖密室	2016/1/1
11	X 先生密室	2016/6/19
12	十三先生剧情推理实景演绎	2016/8/22
13	DC 逃逃屋密室	2016/12/20
14	J.D.桌游 & 侦探推理轰趴馆	2016/12/22
15	MRX 狼人杀俱乐部	2016/12/24
16	极道真人密室逃脱	2017/2/5
17	月球剧情密室逃脱 & 剧本杀推理馆	2017/8/2
18	屋有岛深度体验密室	2017/10/13
19	诡谷·侦探推理实景体验馆	2017/10/15
20	小咔·实景剧本侦探推理密室	2018/6/9
21	作么探案馆	2018/7/1
22	月球推理馆·硬核推理剧本杀	2018/7/9

续　表

序号	单 位 名 称	开业日期
23	奇门·侦探角色扮演实景推理馆	2018/7/20
24	图灵·嘿慢吧实景动作密室逃脱	2018/10/1
25	TAKI PLAY 沉浸式实景剧本杀推理馆	2018/10/1
26	谜雾魅影·实景推理演绎馆	2018/10/1
27	好奇侦探事务所	2018/10/1
28	福滩超级密室	2018/11/7
29	X 先生之弥生 2：三谷物语体验店	2019/2/14
30	YOO 间客栈	2019/3/23
31	人间椅子·剧本杀推理馆	2019/4/18
32	大笨象原创剧情密室逃脱	2019/5/20
33	月球精品剧本推理梦剧场 Pro	2019/7/26
34	柯洛克机械式沉浸密室	2019/8/5
35	长藤鬼校	2019/9/1
36	第九剧场·实景侦探剧剧本杀推理体验馆	2019/10/1
37	GIR 浸入式游戏剧场	2019/10/1
38	MAX 伯爵真人游戏体验馆·谋局精选	2019/11/22
39	原盟·DOUBLE SIX 深度体验密室	2019/12/1
40	晋庭·龙门境剧本推理馆	2019/12/20
41	异次元密室	2020/1/12
42	惊奇剧本社	2020/1/22
43	MAX 伯爵真人游戏密室体验馆	2020/1/26
44	月升酒店 MOONRISE HOTEL 沉浸剧场	2020/4/20
45	MRX·屋有岛·天雾城恐怖体验馆	2020/4/23

续　表

序号	单 位 名 称	开业日期
46	INK 剧本杀推理馆	2020/5/15
47	HuluWOW！呼噜哇原创超级密室	2020/5/22
48	咔米侦探馆·剧本杀推理馆	2020/5/23
49	谋局精选超级密室	2020/6/13
50	浸界 2088	2020/6/25
51	侦向 key 剧本杀推理馆	2020/7/3
52	滑头鬼·剧本实验室	2020/7/9
53	Xcape 异时刻密室逃脱	2020/7/13
54	局弥戏精研究院·剧本推理	2020/7/15
55	JH 古风剧本杀推理馆	2020/7/31
56	隐泉·剧本推理馆	2020/8/29
57	剧靡精选剧本杀密室	2020/9/1
58	S.SIX 晓六沉浸剧本推理馆	2020/9/10
59	八咫鸦密室逃脱馆	2020/9/15
60	玩 Plus 星球剧本杀推理馆	2020/9/16
61	V1·实景侦探体验馆	2020/9/26
62	花魁渊	2020/9/28
63	信你个诡·剧本杀推理演绎馆	2020/10/2
64	门后世界·沉浸游戏体验馆	2020/10/12
65	小时档案馆·沉浸剧本杀推理演绎	2020/10/15
66	我是谜剧本杀实景推理馆	2020/10/25
67	奇闻 INFINITIES 体验馆	2020/10/30
68	红楼梦实景古风剧本杀	—

序号	单 位 名 称	开业日期
69	上海 1910 实景剧本杀	—
70	遇言家深度体验剧情密室 & 剧本杀店	—
71	上瘾·沉浸剧本推理馆	—
72	幻影达人密室逃脱	—

资料来源：大众点评商户信息数据和爱企查企业工商注册数据。

为深入了解密室逃脱类文旅新业态项目的发展态势与存在的问题，2021 年 7—8 月，笔者针对"上海市黄浦区密室逃脱类项目"消费人群，设计了调查问卷和访谈题项，共发放了 450 份问卷，回收了 179 份线上问卷和纸质问卷（因疫情原因，问卷回收率比较低），访谈企业经营者 12 人次。下面将对回收的调查问卷和访谈数据进行梳理，以分析新冠疫情期间密室逃脱类项目的发展态势。

第一节 新业态项目调查样本的人口特征描述

一、消费人群的性别结构

在随机抽样调查的 179 份探险体验类文旅项目消费样本中，男性有 71 人，占 39.7%；女性 108 人，占 60.3%（见图 4-1）。女性所占比例高于男性，这打破了文旅消费性别的刻板印象（男性比例大于女性）。在传统刻板印象中，喜欢密室逃脱类文旅项目的男性应该居多，但随着消费社会环境的变化，密室逃脱类消费项目的接受群体性别结构发生了变化。男女消费观念的转化，使得男女消费者比例有所不同。由此可见，性别对该类项目的影响比较小，该类项目经营者不要持性别刻板印象，需要为不同性别的消费者尤其是女性消费者提供性别差异化服务。

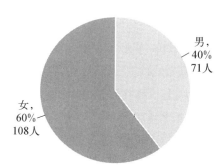

图 4-1 密室逃脱类项目调查样本的性别结构

二、消费人群的年龄结构

在随机调查样本中,0—12 岁有 3 人、13—18 岁的有 17 人、19—25 岁有 63 人、26—45 岁有 79 人、46—60 岁有 7 人、60 岁以上 0 人,分别占比 1.68%、9.50%、35.20%、44.13%和 0%(见图 4-2)。0—12 岁消费者占比小主要是因为年龄较小,身体生理发育和知识认知、智力闯关游戏能力有限,需要家长陪伴,不适合独立消费密室逃脱类项目活动;13—18 岁这个年龄段主要以学业为主,花费在密室逃脱类文旅活动上的时间有限,且这个年龄段的人群心理和生理还不完全成熟,单独消费这类密室逃脱项目还有些困难,所以该年龄段的消费人群数量也不多。密室逃脱类项目的消费者年龄主要集中在 19—25 岁和 26—45 岁人群,这两个年龄段的人群在经济上比较独立,生理和心智比较成熟,消费这类项目契合他们的身心休闲娱乐需求和小团体互动式社交活动的兴趣,所以他们更愿意进行消费。

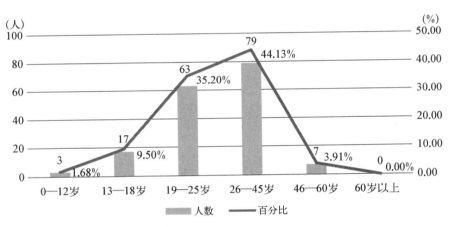

图 4-2 密室逃脱类项目调查样本的年龄结构

46—60 岁和 60 岁以上的人群,虽然他们经济独立,但密室逃脱游戏类项目作为新业态文旅消费项目,与这两个年龄段人群的消费观念和身心状态不太吻合。这类项目新鲜刺激,伴随着暗室中的恐惧和快乐的尖叫声,充斥着刺激、心跳和激动感,而这两个年龄段人群文化旅游消费观念比较传统稳重,生理上逐渐衰弱,精力比较有限,因而这类项目难以引起他们的消费欲望。总之,19—25 岁和 26—45 岁年龄段的人群更适宜消费密室逃脱类文旅新业态项目,应针对这两个年龄段的消费人群,加大宣传推广力度。

三、消费人群的职业结构

密室探险类文旅新业态项目的消费人群职业可分为中小学生、大学生、研究生（含博士生）、教师与科研人员、政府机关公务员、事业与企业单位员工、农民务工人员、自由职业者和其他。其中，中小学生 20 人，占比 25.32％；大学生 39 人，占比 49.37％；研究生（含博士生）10 人，占比 12.66％；教师与科研人员有 4 人，占比 5.06％；政府机关公务员与事业、企业单位员工 43 人，占比 54.43％；农民务工人员 25 人，占比 31.65％；自由职业者 23 人，占比 29.11％；其他职业者 13 人，占比 16.46％（见图 4-3）。

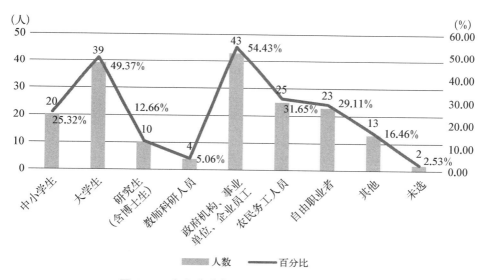

图 4-3　密室逃脱类项目消费人群的职业结构

中小学生以学业为主，经济尚未独立，身心条件和心智体验不足，但密室逃脱类项目对该类人群的吸引力较大，所以这类人群占比不低。研究生（含博士生）与教师、科研人员学业和工作繁忙，在此类文旅新业态项目消费的时间比较少，所以占比较低。密室逃脱游戏类文旅新业态的消费人群职业主要为：大学生和政府机关、企事业单位人员。大学生的消费时间相对宽松，且都是年轻人，喜欢刺激性的狂欢体验，这类文旅新业态消费项目符合他们的兴趣特点。政府机关公务员和企事业单位人员，经济独立，工作压力不大，节假日和周末有空闲时间消费。同时，从事这几类职业的人群基数较大，所以占比较大。农民务工人员尤其是中青年农民工，容易接受密室逃脱游戏类娱乐消费项目，但他们从事的工作容易消耗体力,因此在闲暇时更愿意休息,所以占比不大。自由职业者尽管时间比较自由,但难以组团进行体验消费,所以占比适中。

四、消费人群的受教育程度

调查结果显示,初中及以下学历有 7 人、高中或中等专业(职业)学历有 94 人、大学专科及本科学历有 65 人、研究生及以上学历有 17 人,分别占比 3.91%、52.51%、36.31% 和 9.50%(见图 4-4)。在调查样本中,除正在接受义务教育的人外,初中及以下学历的占比较小。高中或中等专业(职业)学历和大学专科、本科学历占比较大,这与消费人群的年龄结构和职业结构有正向关系,19—45 岁年龄段和大学生、政府机关、企事业单位人员的学历大多为高中或中等专业(职业)学历或大学专科、本科学历;研究生及以上学历占比较少。同时,学历会影响职业,职业会影响收入,收入影响消费水平,消费水平会影响人们对密室逃脱游戏类项目的消费观念和生活方式。

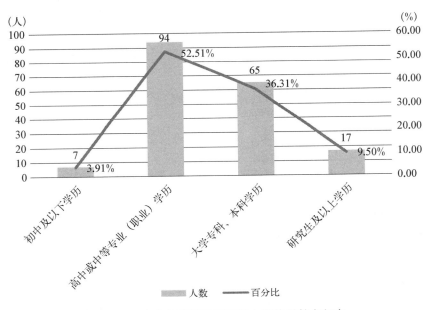

图 4-4 密室逃脱类项目消费人群的受教育程度

五、消费人群的月均收入

调查结果显示,月均收入 2 000 元以下的大学生消费人群占比 47.4%,中小学生占比 26.3%。这表明：中小学生和大学生人群经济不独立,依靠家庭收入和自己兼职打工收入消费。月均收入 2 001—5 000 元的政府机关、企事业单位员工占比 61.1%,他们有稳定的收入但并不太高;月均收入 5 001—8 000 元的政府机关、企事业单位员工占比 77.8%;其他职业者占比 11.1%,表明大部分政府机关、企事业单位员工经济独立且收入较好。月均收入 8 001—15 000 元的政府机关、事业单位、企业员工占比 33.3%,自由职业者占比 22.2%;月均收入 15 000 元以上的政府机关、企事业单位员工和其他职业占比 33.3%(见图 4‑5)。经济收入较高的密室逃脱类项目消费人群主要集中在这三类从业者中。职业影响月均收入,月均收入影响消费水平和密室逃脱类项目的消费意愿,消费意愿较强的人群是密室逃脱游戏类项目的重要客户。

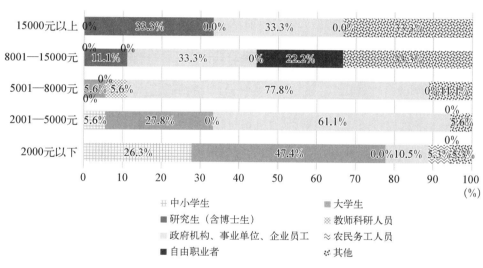

图 4‑5　密室逃脱类项目消费人群的月均收入与职业关系

第二节　新业态项目消费人群的消费特征分析

一、消费人群的月均消费额

调查统计显示,密室逃脱类项目消费人群的月均消费额在 100 元以下的有 61 人,占比 34.08%;消费额为 100—300 元的有 31 人,占比 17.32%;消费额为

301—500 元的人有 29 人,占比 16.2％;消费额为 501—1 000 元的有 33 人,占比 18.44％;消费额为 1 000—2 000 元的有 14 人,占比 7.82％;消费额为 2 001—5 000 元的有 8 人,占比 4.47％;消费额为 5 000 元以上的有 4 人,占比 2.23％(见图 4‑6)。总体上,密室逃脱类文旅新业态项目消费人群的月均消费额集中在 1 000 元以下,说明消费者对密室逃脱游戏项目的消费投入比较理智。从密室逃脱类项目消费人群的消费投入来看,这类项目的市场前景看好,相关企业应在加快项目剧本故事内容和体验场景的升级更新,在为消费者提供更好、更新鲜体验感的同时,适度降低消费价格。

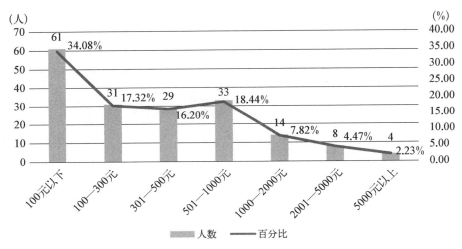

图 4‑6 密室逃脱类项目消费人群的月均消费额

二、消费人群的消费频率

调查统计显示,密室逃脱类项目消费人群每月消费超过 15 次的有 4 人,每月消费 11—15 次的有 5 人,每月消费 5—10 次的有 19 人,每月消费 1—4 次的有 24 人;每半年消费 10 次以上的有 3 人,每半年消费 6—10 次的有 7 人,每半年消费 1—5 次的有 15 人,每年消费 1—5 次的有 33 人,没有固定时间消费的有 43 人,从来不去消费的有 21 人,分别占比 2.29％、2.86％、10.86％、13.71％、1.71％、4％、8.57％、18.86％、24.57％ 和 12％。其中,每月消费 1—4 次、每年消费 1—5 次和不固定时间消费的人群占大部分(见图 4‑7)。

可以看出,密室逃脱类项目消费人群的消费频率总体上比较高,但他们的消费时间不固定,说明这类项目因为内容故事剧本和场景设计的及时更新,项目类别的多样化,且消费者每次参与体验的时间较长,还需要智力支撑,因而消费受众黏性较高,给项目企业带来了很大的市场空间。企业可以根据客户需求,制定个性化或私人定制密室逃脱＋智力闯关游戏类服务,进一步增强消费者的场景互动性与消费黏性。

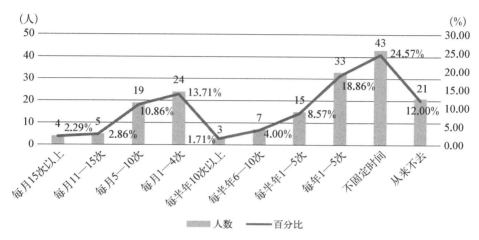

图 4-7 密室逃脱类项目消费人群的消费频率

三、消费人群偏爱的文旅新业态种类

为调研消费者平时偏爱的文旅新业态种类,笔者根据中华人民共和国文化和旅游部的分类标准,将当前的文旅新业态种类分为商务旅游、研学旅游、健康养生旅游、休闲旅游、探险探奇旅游和普通观光旅游 6 类,让受访者将 6 类文旅新业态种类按喜爱程度进行排序。调研结果表明:更多受众将休闲度假旅游放在首位,这类消费人群的年龄集中在 26—45 岁,他们大多有较为稳定的工作,只有在周末和节假日时间进行"休闲度假旅游",以放松心情、释放压力、获取身心愉悦感。排在第二位的是探险探奇旅游,这类人群的年龄更多集中于 13—25 岁年龄段,该年龄段的群体正处于青春萌动期,好奇心强,喜欢求新求异和探险刺激,以此获取身心愉悦和精神快感。密室逃脱游戏类文旅新业态项目契合了13—25 岁群体的身心体验和精神娱乐需求,深受青少年群体的喜爱,市场前景广阔。排在第三位的是普通观光旅游,这类受访者年龄段比较分散,但较多集中于 46 岁以上的消费人群。为此,文旅企业可以根据不同收入的消费人群,构建特色文旅服务,满足中老年人的消费需求。排在第四位的是健康养生旅游。

如今,随着学习、生活和工作节奏越来越快,人们在高强度、高压力的学习、工作和生活环境中逐渐意识到"养生"和"健康"的重要性,且健康养生的观念已渗透社会各个阶层、各年龄段人群中。因此,健康养生旅游风生水起,受到人们的广泛青睐。排在第五位的是研学旅游,这类消费者呈现出明显的职业特性,集中于科研人员和教师等职业人群。排在第六位的是商务旅游,集中于政府公务员、事业单位人员和企业员工等职业人群,他们的工作岗位、性质和商务活动要求,促使商务旅游成为他们偏爱的文旅消费种类(见表4-2)。

表4-2 消费人群偏爱的文旅新业态种类及其平均得分值

选 项	平均分值	选 项	平均分值
休闲度假旅游	5.46	健康养生旅游	2.38
探险探奇旅游	3.12	研学旅游	1.31
普通观光旅游	2.96	商务旅游	1.12

四、受调查者去过或常去的室内电竞游戏场所

多数受调查者表示,在过去两年内,他们去过或常去黄浦区室内电竞游戏(赛事)场所。笔者提供了12项黄浦区有名的室内电竞游戏(赛事)场所供受访者选择。在众多选项中,除"其他"选项占比达57.69%外,排在第二位的是网鱼网咖(含连锁店)占比高达42.3%(参见表4-3)。主要原因在于:网鱼网咖的地理位置好,消费价格合理,店内基础设施条件较好,电脑、机械键盘等设施使用感舒适,店内环境比较卫生,而且连锁店容易为用户带来方便和归属感。事实上,网鱼网咖、杰拉网咖、嘉草网吧棋牌、浩友网吧以及凤蝶网咖等室内游戏场所的消费水平较低,与海擎楚体育文化有限公司Newbee电子竞技俱乐部、腾讯视频好时光手游PS4电子VR相比,这些场所的技术性、专业性门槛较低。由此可见,当前室内电竞游戏的专业玩家和体验者在整个电竞游戏行业占少数,接触室内电竞游戏的消费者更多是普通民众,且年龄、职业集中于青少年和学生群体。因此,室内电竞游戏行业的发展不能只聚焦于专业化用户,还应把目光投放在普通的青少年群体和学生群体市场中,将"专业"和"大众化"相结合,促进室内电竞游戏行业发展。

表4-3　受调查者的电竞游戏场所消费占比情况

选　　　项	百分比(%)
网鱼网咖(含连锁店)	42.31
杰拉网咖(含连锁店)	7.69
嘉草网吧棋牌	7.69
浩友网吧	3.85
凤蝶网吧	11.54
其他	57.6
海擎楚体育文化有限公司 Newbee 电子竞技俱乐部/腾讯视频好时光手游 PS4 电竞 VR/悠迅网咖/自由人网咖/宝储高速网吧/利峰网吧	0

五、受调查者去过或常去的密室逃脱体验场所

在过去两年中,受访者去过或经常去的黄浦区密室逃脱游戏类场所,除去未选填和选填"其他"选项的受访者,占比最高的是屋有岛深度体验密室,占比达27.94%(见表4-4)。该系列密室拥有多样化的主题密室,主题密室以"惊悚"为主要体验场景,从消费者选择主题密室,到在密室游戏体验,再到最后的解锁逃脱成功,都有很成熟的服务机制,各主题密室拥有逼真的氛围渲染、高度还原的场景、大气磅礴的机械特效,让玩家真切体验一部部气氛紧张、惊悚刺激的"剧本"或"影片",消费者走进一部部怨灵四起、酣畅淋漓的影视大片,零距离感受主人公的不幸与悲愤,激发深深的心理震撼!屋有岛深度体验密室用这种内容剧本故事、场景特效和便利服务,赢得较大的市场空间。

长藤鬼校和柯洛克机械式沉浸密室,消费占比排名前列,分别占17.65%、16.18%(见表4-4)。相较于屋有岛深度体验密室,前两者的主题密室种类不太丰富,受众可选择余地较小。长藤鬼校的密室主题集中于校园恐怖类场景设计,它是全国首家以学校题材为背景的真人实体恐怖体验馆,所有恐怖场景、背景故事均为团队原创,富有特色。长藤鬼校携手香港设计师建造超恐怖校园实景,日本恐怖医院顾问全程参与,打造全亚洲超恐怖体验中心;而柯洛克机械式沉浸密室在场景设施和密室种类方面均比较单薄,密室构造过于狭小,密室中的

探秘线索过于简单;密室种类以机械式密室为主,缺少古风古韵和惊悚刺激等类型的主题密室。但在这种情况下,柯洛克机械式沉浸密室消费占比还能位居前三,主要是因为它的价格比较合理,在同等密室逃脱体验条件下,对经济收入有限甚至还没经济独立的青少年,更具有吸引力。

广受消费者喜爱的 X 先生密室游戏项目,消费占比 16.18%,也位居第三名(见表 4-4)。由于黄浦区的 X 先生密室项目开放时间较晚,2020 年 6 月才正式开放,可能还未受到更大范围消费者的青睐;但它的场景设施到位,拥有 5 间不同主题的密室,并以各种几何图形组合成城堡形状,形成一个巨大而独特的魔方城堡,让消费者玩味无穷。

表 4-4　受调查者在密室逃脱体验场所消费占比情况

选　项	百分比(%)	选　项	百分比(%)
屋有岛深度体验密室	27.94	MAR 屋有岛天雾城恐怖体验馆	11.76
长藤鬼校	17.65	嗷呜 club	4.41
柯洛克机械式沉浸密室	16.18	谜雾魅影剧本演绎馆	5.88
犯罪现场侦探推理演绎	5.88	控线实景娱乐侦探剧	1.47
X 先生密室	16.18	其他	36.76
DC 浸入式密室 & 实景演绎侦探剧	4.41	未选	4.41

MAR 屋有岛天雾城恐怖体验馆的消费占比也比较高,达 11.76%(见表 4-4)。它同样胜在用户体验上。根据消费者反映,MAR 屋有岛天雾城恐怖体验馆的馆内场景布置非常真实,场景设施质量过硬,让玩家更有身临其境的感受,同时NPC 的演绎也十分精彩,不会让玩家产生尴尬的感觉。

六、团队消费人群一起玩的成员人数

根据调查结果,受调查者选项占比最高的是 4—5 人,其次是 2—3 人(见表4-5)。这体现了密室逃脱+智力游戏项目的特性,即群体参与性。在密室逃脱类游戏中,通常是多人进入密室、多线任务同时进行、多人收集分析信息。剧本故事类沉浸式体验游戏也是如此,在同一情景设定之下,每个人扮演不同的角色,并通过层层推理找到剧本隐藏的线索。

表 4-5　消费人群中团队一起玩的成员人数占比

选　项	百分比（%）	选　项	百分比（%）
独自一人	3.91	5 人及以上	14.53
2—3 人	21.23	从来不去	5.59
4—5 人	43.58	未　选	16.20

密室逃脱类项目本质上是一种参与成员之间需要进行协调互动的游戏活动，互相之间不熟识的玩家很难有良好的游戏体验。同时，不同场景氛围渲染的气氛环境，也需要有相熟的人陪伴为佳，这有利于获得最好的场景体验。由于一些密室或者体验馆的场景设定条件所限，目前有些密室逃脱游戏项目还不能支持过多玩家一同进入，这也是 5 人以上团体成员一起参与密室逃脱游戏的选项占比不大的原因。此外，还有 5.59% 的受访者从未去过该类项目场所，因此，密室逃脱类文旅新业态项目还有巨大的市场空间有待开拓。

七、项目消费人群的主要消费目的

在项目消费人群的主要消费目的选项中，"体验项目剧情和故事线索乐趣"和"体验沉浸式的新奇刺激感受"两个选项的占比偏高，考虑到调查样本主要来自上海市黄浦区，该区的消费人群的消费水平属于中等偏上水平。根据调研问卷数据，更多参与密室逃脱类项目中的消费者集中于青少年、大学生或者有一些经济实力的年轻人群体，这类消费人群好奇心强，想要追求探险刺激的感觉和心理状态，他们往往更能融入密室逃脱游戏中设置的虚拟场景，不会对于所谓的剧本和 NPC 有逃脱出界的感受，也更愿意为体验游戏乐趣，认真研读剧本，感受游戏氛围，沉浸于虚拟场景，参与消费人群之间的互动。还有一部分受访者选择了"没有明确目的"这一选项，这部分人群或是因为想要尝试新鲜事物，或是受到朋友推荐，或是因为社区附近新开了相关场所。

总之，他们对于密室逃脱类项目的消费没有明确目的，这体现了此类项目自身的不确定性。此外，近 30% 的受访者选择"释放学习、工作、生活中的压力"选项（见图 4-8）。当代青少年群体在快节奏学习工作生活中面临着各方面的压力，焦虑心态明显，体验性、娱乐性、故事性强的密室逃脱类项目为他们提供了一个放松身心、缓解压力的重要场所。"结识朋友，扩大社会交际圈"选项的占比较小,一般消费者在参加此类游戏活动时,基本会三五好友结伴成群,玩家们基于彼此的信任和熟悉度共同参与游戏,获得更好的游戏体验,他们极少一个人参与游戏或者与陌生人组队参与游戏。总的来看,该类娱乐游戏的消费人群通过游戏活动达到"结识朋友,扩大社会交际圈"的目的并不明确。

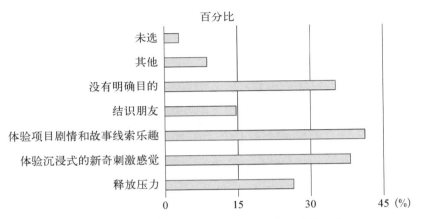

图 4-8　密室逃脱类项目消费人群的主要消费目的

八、项目消费人群愿做回头客的情况

调查显示,受调查者选择"不会,玩过一次就够了"选项的比例达到 35% 以上(见图 4-9),其原因可能是密室逃脱类项目场景设定比较固定,基本上是根据某个主题延伸出的故事和角色。以密室逃脱类游戏为例,密室场景机关设置是固定的,游戏设计者设定某场景机关或者在密室中留下一些文字、图案、声音、光线等信息,玩家通过观察密室的信息提示,找到可以成功触动机关的方法,最终得以逃出密室。玩家体验这类密室游戏后,下次面对的还是一样的密室信息、一样的触动机关方法,这就脱离了密室的"智力游戏"特性,玩家没有必要、不愿意重复相同的活动。

项目场景设计的固定化会降低顾客的回头率,但是,当场景设计和故事内容有所更新,比如,项目增加了新的主题密室、原有的密室场景发生改变、机关布景升级、增加了新的游戏难度或者剧本故事有所更新,消费者就可能会继续参与这类密室游戏。因此,有部分受访者选择了选项"会的,如果项目有更新就会再去玩"。选择"不在乎票价和消费折扣"选项的受访者,大多数工资收入在 8 000 元以上,他们更多是想通过参与密室逃脱类项目感受游戏体验的刺激和乐趣,放松

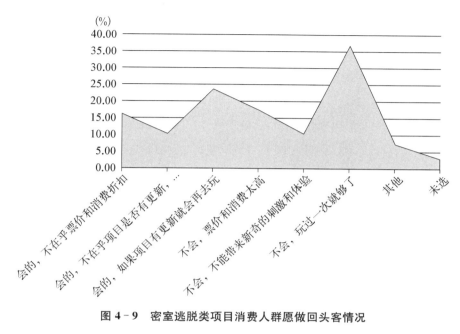

(%)

图 4-9 密室逃脱类项目消费人群愿做回头客情况

心情。同时,由于此次调研对象多为上海市消费者,收入和消费水平处于中等偏上段位,因此没有更多受访者选择"不会,票价和消费太高"这一选项。而对于玩家而言,场景和故事内容固定不变的密室逃脱类项目确实不能带来新奇的刺激和体验,但当开发了新的密室逃脱项目或者此类项目场景和故事内容有所更新,依然可以带给玩家新的刺激和体验。

第三节 新业态项目消费人群的消费影响因素分析

一、密室场所的建筑外观风貌

受调查者在对密室建筑外观风貌激发消费欲望的取分时,打 1 分的有 3 人,占比 4.41%;打 2 分的有 7 人,占比 10.29%;打 3 分的有 12 人,占比 17.65%;打 4 分的有 20 人,占比 29.41%;打 5 分的有 22 人,占比 32.35%(见图 4-10)。这说明,密室逃脱类项目的密室建筑外观风貌是激发消费者消费欲望的重要因素。在对密室逃脱项目场景和故事不了解的情况下,密室建筑的外观风貌能给消费者带来第一印象、传递主题密室的大致特色和文化风格,消费者会根据密室场所外观风貌评估这家密室的基础设施是否完善,安全性是否可靠,文化风格是否对胃口,场景体验好不好,等等。

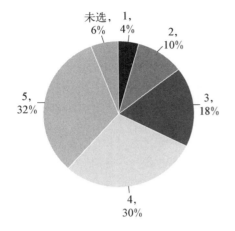

图 4-10　密室场所建筑外观风貌的
受众评分情况

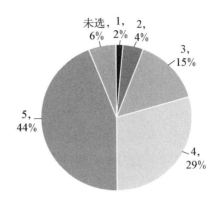

图 4-11　密室场所内部装修风格与
壁画装饰的受众评分情况

二、密室场所内部装修风格与壁画装饰

受调查者在对密室场所的内部装修风格与壁画装饰能否激发消费欲望打分时,打 1 分的有 1 人,占比 2%;打 2 分的有 3 人,占比 4%;打 3 分的有 10 人,占比 15%;打 4 分的有 20 人,占比 29%;打 5 分的有 30 人,占比 44%(见图 4-11)。在密室场所内部装修风格与壁画装饰方面,大部分受访者打分在 4 分以上,可见,密室内部装修风格和壁画装饰也是影响消费的一个重要因素。如果密室外观风貌很吸引人,内部装修风格和壁画装饰却不能满足受众的期待,消费效果会大打折扣,消费者不仅仅是失望,还会因为密室场所内部设计质量较差而影响对整个游戏项目的体验感。所以,要做到密室内外部设计风格相统一,最好与密室逃脱类项目的主题相吻合,提升消费者沉浸式体验快感,进一步实现密室逃脱类项目的沉浸式体验效果。

三、密室场所空间的整体舒适度

受调查者在对密室场所空间的整体舒适度能否激发消费欲望评分时,打 1 分的有 4 人,占比 5.88%;打 2 分的有 4 人,占比 5.88%;打 3 分的有 10 人,占比 14.71%;打 4 分的有 17 人,占比 25.00%;打 5 分的有 28 人,占比 41.18%(见图

4－12）。数据表明：密室场所空间的整体舒适度容易激发消费者的消费欲望，受众对于密室空间的整体舒适度越满意，越能激发消费欲望。密室场所空间的整体舒适度包括密室场所的内外部装修设计、壁画装饰风格、场所工作人员服务态度、场所基础设施等，这些因素都会影响消费者的沉浸式体验，也会影响消费者是否会进行二次、三次及三次以上的回头消费。

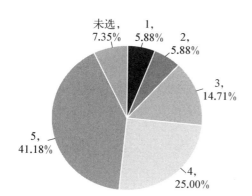

图4－12 密室场所空间整体舒适度的
受众评分情况

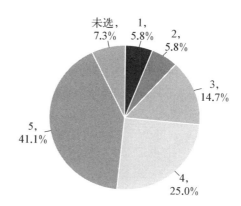

图4－13 密室场所工作人员、演员展演
表现力的受众评分情况

四、密室探险场所工作人员、演员的展演表现力

调查结果显示，受调查者在对密室场所工作人员、演员的展演表现力效果能否激发消费欲望进行评分时，打1分的有4人，占比5.8%；打2分的有4人，占比5.8%；打3分的有10人，占比14.7%；打4分的有17人，占比25.0%；打5分的有28人，占比41.1%（见图4－13）。密室场所工作人员良好的服务态度可以增加消费者的好感，进一步刺激消费者的消费欲望。密室逃脱类游戏项目主要的消费点是项目的沉浸感，这需要密室演员展现表现力、通过他们的演艺水准来营造。相对于密室外观建筑、壁画装饰风格等外部因素，项目场景、内容的吸引力、演员的表现力更是激发受众消费欲望的关键。

五、项目技术装备与场景设置的安全性

调查结果显示，受调查者在对项目的技术装备与场景设置的安全性能否激发消费欲望进行评分时，打1分的0人，占比0%；打2分的有5人，占比7.35%；打3分的有9人，占比13.24%；打4分的有20人，占比29.41%；打5分的有27

人,占比 39.71%(见图 4-14)。这说明,技术装备质量好坏非常影响密室逃脱类项目安全感。人身安全是消费者比较重视的问题,多数密室逃脱类项目在黑暗的密室中进行,在黑暗场景空间中,容易发生安全事件,所以项目场景设置的安全性必须得到保障。

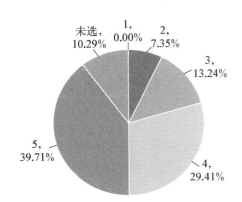

图 4-14 项目技术装备与场景设置安全性的受众评分情况

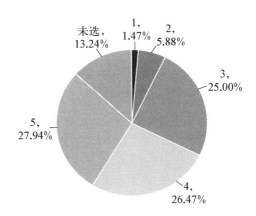

图 4-15 项目经营场所入场人数限制的受众评分情况

六、项目经营场所对入场消费人数的限制

根据调查问卷结果,受调查者在对密室逃脱类项目经营场所的入场人数限制是否影响消费欲望进行评分时,打 1 分的有 1 人,占比 1.47%;打 2 分的有 4 人,占比 5.88%;打 3 分的有 17 人,占比 25.00%;打 4 分的有 26.47%;打 5 分的有 19 人,占比 27.94%(见图 4-15)。调查数据显示,入场人数限制直接影响密室逃脱类项目的用户消费欲望。适度的入场人数限制是必要的,一方面,因限制而人数太少会影响此类项目的正常经营,同时也会因为拒绝顾客、给顾客留下不好的印象,从而丧失客源;另一方面,不进行限制,入场人数过多则会破坏用户在此类项目体验过程中的体验感。

七、项目宣传海报、营销视频等产品的精彩程度

在项目经营者设计的宣传海报和视频产品的精彩程度方面,受调查者在对其能否刺激消费欲望进行评分时,打 1 分的有 1 人,占比 1.47%;打 2 分的有 2 人,占比 2.94%;打 3 分的有 16 人,占比 23.53%;打 4 分的有 17 人,占比

25.00%；打 5 分的有 21 人,占比 30.88%(见图 4 - 16)。这说明,项目经营者的宣传海报、推广视频的精彩程度对消费者的消费欲望有很大影响,这些宣传材料的质量越好,受众评分越高,越能够激发受众的消费欲望。对于密室逃脱类文旅新业态项目来说,市场宣传推广是很有必要的,尤其是连锁品牌经营营销时,更必不可少(见图 4 - 16)。

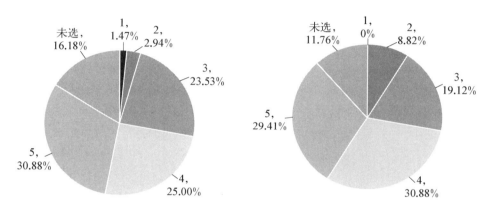

图 4 - 16　项目经营者宣传海报、视频等产品的　　　图 4 - 17　新增项目的网络媒体与社交
　　　　　精彩程度的受众评分情况　　　　　　　　　　　媒体曝光度的受众评分情况

八、新增项目的网络媒体与社交媒体曝光度

受调查者在对项目的网络媒体与社交媒体曝光度对受众消费欲望的刺激程度进行评分时,打 1 分的有 0 人,占比 0%;打 2 分的有 6 人,占比 8.82%;打 3 分的有 13 人,占比 19.12%;打 4 分的有 21 人,占比 30.88%;打 5 分的有 20 人,占比 29.41%(见图 4 - 17)。由此可见,网络媒体和社交媒体的曝光度与受众的消费欲望呈正向影响关系。当前,网络媒体和社交媒体与人们的日常生活息息相关,而密室逃脱类项目的消费者主要集中于 19—45 岁的年轻人群,他们使用网络媒体和社交媒体的黏性和时间更多,新增项目的网络媒体和社交媒体曝光度能够对主要消费人群进行精准营销,以达到很好的宣传推广效果。

九、受调查者同学、亲友、同事等熟人的口碑推荐

关于同学、亲友、同事等熟人的口碑推荐对受众消费欲望的刺激情况,受调

查者打 1 分的有 0 人,占比 0%;打 2 分的有 1 人,占比 1.47%;打 3 分的有 14 人,占比 20.59%;打 4 分的有 18 人,占比 26.47%;打 5 分的有 27 人,占比 39.71%(见图 4 - 18)。由此可见,同学、亲友、同事等熟人口碑推荐的消费刺激作用大,密室脱险类项目通常是亲朋好友小团体聚集的娱乐体验活动,多数消费者会与自己的同学、亲友、同事等熟悉的人一起体验,这类人群的口碑引导不仅具有较强的说服力,而且更为真实、具体,因此他们的口碑推荐能够引起消费者更大的消费欲望。

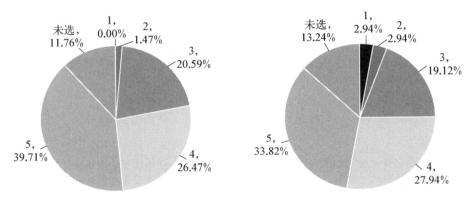

图 4 - 18 受同学、亲友、同事等熟人口碑推荐的受众评分情况

图 4 - 19 项目节庆假日、周末的门票折扣与其他消费优惠活动的受众评分情况

十、项目节庆假日、周末的门票折扣与其他消费优惠活动

受调查者在对项目节庆假日、周末的门票折扣与其他消费优惠活动对受众消费欲望的刺激进行评分时,打 1 和 2 分的有 2 人,占比 2.94%;打 3 分的有 3 人,占比 19.12%;打 4 分的有 19 人,占比 27.94%;打 5 分的有 23 人,占比 33.82%(见图 4 - 19)。由此可见,节庆假日、周末等门票折扣与其他消费优惠活动对受众的消费欲望同样有刺激作用。一方面,密室逃脱类项目的消费需要花费一定的时间,一般需要 1—3 小时不等。对于节假日、周末空闲时间居多的受众来说,相应时间的消费折扣具有吸引力;另一方面,密室逃脱类项目作为一项文化娱乐活动,消费者的平均消费价格要高于电影、KTV 等传统娱乐项目,适当的消费折扣或其他优惠活动对于消费者尤其是经济能力不是很强的年轻消费群体来说,具有较大的消费刺激作用。

十一、密室逃脱类项目的奇幻、惊悚与刺激程度

关于密室探险类文旅新业态项目的奇幻、惊悚与刺激程度对消费欲望的刺激作用,受调查者打 1 分的有 2 人,占比 2.94％;打 2 分的有 6 人,占比 8.82％;打 3 分的有 9 人,占比 13.24％;打 4 分的有 17 人,占比 25.00％;打 5 分的有 27 人,占比 39.71％(见图 4-20)。这说明,密室逃脱项目的奇幻、惊悚与刺激程度对受众的消费刺激作用比较大,这与密室逃脱项目的特点有关,这正是该类项目的主要卖点,所以要保持项目的特色,提高项目的市场竞争力。同时也要考虑受众对项目的奇幻、惊悚与刺激程度的接受能力,要合理评估不同类型受众群体的接受程度,有效提升项目的策划和运营效果。

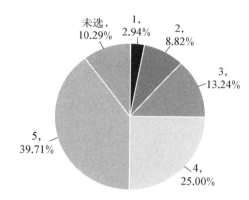

图 4-20　受众对密室逃脱项目的奇幻、惊悚与刺激程度的评分情况

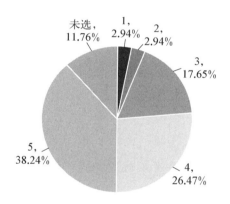

图 4-21　密室逃脱游戏的智力挑战难度的受众评分情况

十二、密室逃脱类项目的智力游戏挑战难度

关于密室探险＋智力闯关游戏的智力挑战难度对受众消费欲望的刺激作用,受调查者打 1 和 2 分的有 2 人,占比 2.94％;打 3 分的有 12 人,占比 17.65％;打 4 分的有 18 人,占比 26.47％;打 5 分的有 26 人,占比 38.24％(见图 4-21)。由此可见,密室逃脱游戏的智力挑战难度对受众的消费欲望有较大的刺激作用。受众评分越高,说明项目游戏对智力挑战的吸引力越大。智力挑战比赛,收获体验乐趣,是不少消费者进行消费的重要目的,项目经营者可以适当提高不同密室主题项目的剧本、故事、人物、线索的解析难度,提高项目的智力挑战性,以吸引更多消费者参与体验,但要把握好项目智力挑战的难易程度,确保最佳的市场适用性(见图 4-21)。

十三、项目所配置的 AR/VR/AI 等数字技术程度

关于项目所配置 AR/VR/AI 等新技术的受众评分情况,受调查者打 1 分的有 2 人,占比 2.94%;打 2 分的有 7 人,占比 10.29%;打 3 分的有 9 人,占比 13.24%;打 4 分的有 20 人,占比 29.41%;打 5 分的有 23 人,占比 33.82%(见图 4-22)。项目所配置的 AR/VR/AI 等新技术可以增加密室逃脱类智力游戏项目的现场感、沉浸感、奇幻感,给消费者带来更美妙的沉浸式体验。密室逃脱类项目所配置的新技术应用越广,对于消费者的消费欲望刺激作用越大。因此,项目经营者要将此类项目的内容性、故事性、玩法与新技术紧密融合,借用新技术的力量,增加项目的沉浸体验性。

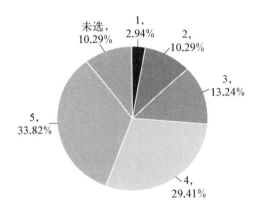

图 4-22 项目所配置的 AR/VR/AI 等数字技术的受众评分情况

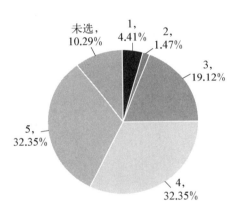

图 4-23 项目与动漫、漫画、小说等 IP 合作度的受众评分情况

十四、项目与动漫、漫画、小说等 IP 的联系紧密度

关于密室逃脱类项目与动漫、漫画、小说等 IP 合作度对消费欲望的刺激作用,受调查者打 1 分的有 3 人,占比 4.41%;打 2 分的有 1 人,占比 1.47%;打 3 分的有 13 人,占比 19.12%;打 4 和 5 分的均有 22 人,占比 32.35%(见图 4-23)。由此可见,密室逃脱类项目与受众喜欢的动漫、漫画、小说等 IP 合作越多、联系越紧密,对于年轻消费者的消费刺激作用越明显。被 IP 化的项目内容能够吸引原有粉丝群体,密室逃脱类项目如果将动漫、小说、剧本与故事进行深度融合,将 IP 的内涵与价值观注入其中,深刻还原,有效改编,能够给项目消费市场带来更强的生命力。

第四节 新业态项目的受众满意度分析

一、场景空间的舒适度

关于密室逃脱类文旅新业态项目的场景空间舒适度,受调查者的满意度较高,不满意和不太满意的人群仅占 10％左右(见图 4 - 24)。也就是说,密室体验类项目对于场所空间、场景设计布置普遍比较用心。但受调查者选择满意度为"一般"也占 35％的比例,这说明密室逃脱项目的场景空间还有很大的提升空间。

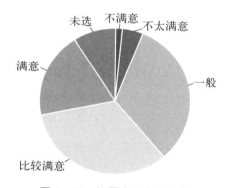

图 4 - 24　场景空间舒适度的
受众满意度

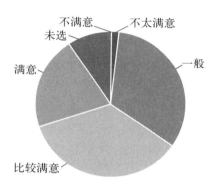

图 4 - 25　密室逃脱类项目剧本
故事的受众满意度

二、剧本故事的受众满意度

多数受调查者对于密室逃脱类项目剧本本身包括剧本内容、故事线索及其更新周期表示满意或比较满意,但也有少数受调查者对于剧本故事表示不太满意(见图 4 - 25)。这说明此类项目在剧本故事的选择、创作和改编方面比较严格,能够做到剧本内容优质化,行业应当继续保持高质量的剧本故事供给。

三、项目体验活动与消费者之间的共情度

关于密室逃脱类项目体验活动的场景设置、故事表达、人性化服务与受众的情感共鸣,只有极少数受调查者表示不满意或不太满意(见图 4 - 26)。这说明

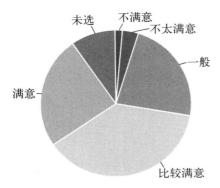

图4-26 密室逃脱类项目体验活动与消费者之间的共情度

此类项目在场景布置的真实性、演艺人员的表演能力、工作人员的整体组织协调能力方面做得比较好,但还有一定的提升空间。密室逃脱类项目体验活动与消费者之间产生强烈的共情力,才能给其带来更好的娱乐游戏体验。

四、项目消费人群的现场体验感

在密室逃脱类项目的现场体验方面,受调查者给出了正面的反馈,近95％的受调查者对此类项目的现场体验度表示满意(见图4-27)。受调查者在参与密室逃脱、剧本杀游戏以及沉浸式体验活动时,更注重与剧本角色的融合度、与工作人员的互动度。这说明,项目演艺人员和工作人员的专业素质高,能够及时给予消费者信息反馈和便利化服务,使他们深入到角色场景中,获得更好的现场体验感。

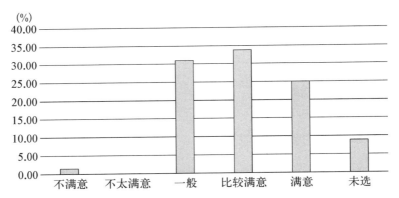

图4-27 密室逃脱类项目消费人群的现场体验感

五、项目宣传推介的受众满意度

在密室逃脱类项目的网络媒体、社交媒体宣传推介力度方面,受众表达"不满意""不太满意"和"一般"态度的占比很大,高达38％以上;表达满意的占比22.5％(见图4-28)。这说明,当前密室逃脱类项目在新媒体宣传推广方面做得还不够。据一些受访者反映,"只有通过自己主动在网上查找这类项目"才能了解到该类项目的概况或者附近开放营业的场馆,并且门票预订很不方便。除了现场购买外,只能在美团或者大众点评中了解门票信息,进行预订。这显示了当前该类项目宣传推广力度严重不足。有待大力推进此类项目的宣传推广工作,尤其是通过网络新媒体和微博、微信、QQ 等社交媒体加大全媒体宣传推介力度,以吸引更多的潜在消费者。

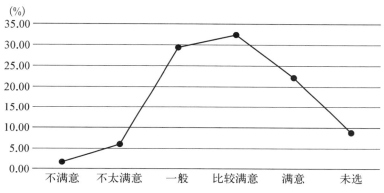

图 4-28 密室逃脱类项目新媒体推介的受众满意度

六、项目配套服务的受众满意度

在密室逃脱类项目的配套服务设施方面,消费者明显带有不满的情绪。受调查者表达"不满意"和"不太满意"的比例达近 20%(见图 4-29)。这说明,此类项目设计开发时容易把眼光放在项目的场景设施和剧本内容本身上,而忽视与项目服务相配套的酒店、住宿、咖啡馆、茶室等关联文旅资源的开发和配套服务。因此,该行业经营者下一步应把配套设施服务作为突破点,优化和完善配套服务,提升受众全方位娱乐体验的满意度。

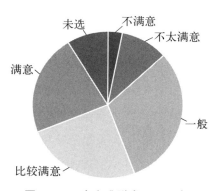

图 4-29 密室逃脱类项目配套服务的受众满意度

七、项目工作人员服务态度的受众满意度

受调查者对于密室逃脱类项目场馆工作人员的服务态度普遍持比较满意的

态度(见图4-30)。这表明此类项目的员工培训服务机制比较健全,工作人员能为消费者提供热情周到的服务,及时解决消费者在探奇体验过程中遇到的问题。这是密室逃脱类项目获得进一步发展所具备的高质量服务水平,应继续保持,不断提高服务质量。

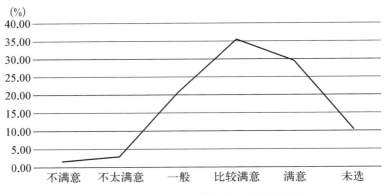

图4-30 项目工作人员服务态度的受众满意度

第五节 新业态项目的主要优势、存在的问题与改进措施

一、新业态项目的主要优势

调查结果显示,超过一半比例的受调查者选择"可以锻炼胆量和智力"选项,考虑到大部分密室逃脱类项目以恐怖、惊悚、刺激类主题居多,消费者参与其中,在获得全方位逼真体验的同时,深刻感受到了其中的恐怖、惊悚的刺激场景,整个项目体验过程无疑考验和锻炼了消费者的胆量和智力。占比第二高的选项是"可以获得全身心的放松,更有快乐感",释放学习、工作和生活压力确实是人们选择密室逃脱类项目的重要理由,也是这类项目的优势所在。"可以享受高科技技术带来的新奇刺激与现场体验"选项占据了受调查者36.76%的比例(见图4-31和表4-6)。

如今,不少密室逃脱类项目场馆配备了先进的 VR 设施、人脸识别技术、自动化机器等,可以通过电脑终端和机器之间的配合,在新技术上带给玩家新奇刺激与现场体验享受。同时,玩家们认为,在鬼屋或者沉浸式体验馆参与游戏体验时,他们最喜爱的地方,除场景剧本故事的内涵、趣味与智力挑战外,还有与工作人员的互动情景。他们认为,在玩密室体验游戏的过程中,可以和素未谋面的陌生人打打闹闹、相互交流互动,也是非常暖心的事情。这可以解释为什么"可以获得沉浸式体验,与工作人员互动,不再是局外人"的选项占得了受调查者30.88%的高比例,"可以和同行人有更加密切的交流和联系"选项高达33.82%的比例(见图4-31和表4-6)。

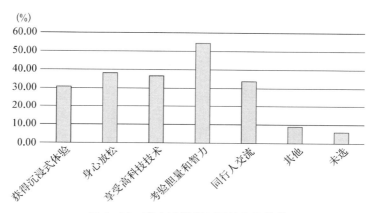

图4-31　密室逃脱类项目的主要优势

表4-6　密室逃脱类项目的主要优势

选　　　项	比　例(%)
可以获得沉浸式体验,与工作人员互动,不再是"局外人"	30.88
可以获得全身心的放松,更有快乐感	38.24
可以享受高科技技术带来的新奇刺激与现场体验	36.76
可以考验锻炼胆量和智力	54.41
可以和同行人有更加密切地交流和联系	33.82
其他	8.82
未填	5.88

二、新业态项目现存的主要问题

调查结果显示,超过一半比例的受调查者认为,密室逃脱类项目现存的主要问题首先是"专业人才缺乏,技术创新难度大"。该行业对技术类人才、管理类人才、艺术类人才的需求数量大、种类多;同时,技术创新难度大、周期长,需要大量不同领域的专业人才共同突破。其次是"项目成本投入高和经营成本提高"的问题(见图4-32)。由于此类项目前期需要投入大量的建设费用,同时为了获得更多的关注和客流量,项目经营者往往选址在经济繁荣的大城市中心地带,这意味着要付出高昂的场地租金、人力成本、物业成本费用。

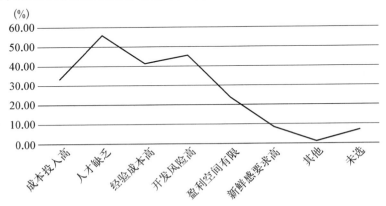

图4-32 密室逃脱类项目现存的主要问题

"新剧本(故事)内容开发风险较高"和"项目的衍生产品(或服务)盈利空间有限"也是受访者选择较多的两个选项,新项目开发需要投入巨大的人力物力,如果得不到市场青睐,不但没有营收,前期投入也会付诸东流。同时,大部分受众对于密室逃脱类项目的文化特色和价值内涵还未有接受和认同,项目内容的IP化难度高,衍生品市场没有形成强劲的盈利优势。"新鲜感要求高"的选项是受众对密室逃脱类项目剧本、故事内容和技术创新度的高要求,密室逃脱类新项目开发需要更加注重剧本内容品质和新技术体验,这是这类文旅新业态行业的市场突破点,也是难点。

三、受调查者提出的项目改进措施建议

调查结果显示,关于受调查者对于黄浦区密室逃脱类项目改进措施的建议,认为"应该缩减场景和加快剧本更新"的受访者占比25%。他们认为,缩减场景可以减少通关的时间,以避免时间过长而感到不耐烦和因为时间太长而不愿意去尝试;剧本故事内容的更新则可以给消费者带来新鲜的体验感。认为

"应该适当增加智力闯关游戏"的受访者占比 25％，他们建议适当增加游戏通关的难度，使智力通关更有挑战性，但与此同时，增加智力游戏的挑战难度需要考虑大多数受众的接受程度。选择"适当降低智力闯关游戏的难度"的受调查者占比 10.94％（见图 4-33）。相比增加智力游戏文本的难度，要求降低难度的受众比重较少，这说明增加智力通关难度能激发和满足多数受众的消费欲望，但特定消费人群期望体验智力通关难度较低的密室逃脱类项目。因此，应当根据不同人群分类设定智力闯关游戏的难度。

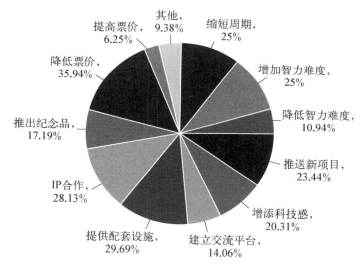

图 4-33　受调查者提出的密室逃脱类项目改进措施

受调查者认为"应该通过电子邮件、QQ 或手机短信、社交媒体等推送新项目"的占比达 23.44％，通过这些方式推送，能够帮助受众了解和体验相关项目；受调查者认为"应该增加科技感，加入更多 VR/AR/AI 等沉浸式体验科技元素"的占比是 20.31％，新技术可以给消费者带来新奇的刺激感、体验感，增强项目的吸引力；认为"应该建立顾客（游客）社群和互动交流平台"的受调查者占比是 14.06％，项目运营方建立与受众互动交流平台，可以让受众形成讨论社区，解决密室体验中的疑问和难题，分享经验和体会，以启迪和吸引后来的消费者，结交志同道合的好友；认为"应该提供咖啡、茶室、餐饮、棋牌室、影院、灯光秀等配套设施与服务"的受调查者占比高达 29.69％，一站式配套服务体现了项目经营者的人文关怀和服务温度，提升受众的共情感受，提高他们的回头消费率。

受调查者认为"应该扩大 IP 合作,提高 IP 内容还原度"的受调查者占比 28.13%,IP 本身自带消费人群,提升密室逃脱类项目内容质量,帮助扩大项目的知名度和影响力,但是 IP 还原存在一定的挑战性,内容改编不当会引起受众反感,因此 IP 改编和内容还原需要谨慎行事;认为"应该推出相关项目衍生的纪念品"的受调查者占比是 17.19%,纪念品是为了更好地展示项目特色,具有收藏、保存和欣赏价值,承载了受众的体验记忆,既满足了受众的身心体验,也有利于项目的宣传推广;关于提高项目票价的问题,认为"应该降低票价,多一些消费折扣活动"的受调查者占比高达 35.94%(见图 4 - 33)。这说明降低项目票价、开展消费折扣活动可以降低受众的消费成本,提高受众的消费黏性。

第六节　新业态项目的市场前景与受访者建议

一、密室逃脱类项目的市场前景

调查统计显示,受调查者选择"政府在政策、资金、服务等方面支持这类项目发展,市场效果可能更好"选项占比高达 42%,其原因在于该行业前期投入较大、不确定性强,国家在政策、资金和服务方面的支持,不仅可以减轻行业投资压力,还能够推动市场发展。受众选择的选项占比较大的还有"沉浸式体验,看好其前景"和"剧本故事内容新奇刺激,考验胆量和智力,市场前景看好",分别占 38%、38%(见图 4 - 34)。此类项目的特点是注重场景设置、故事内容和沉浸式体验感,实体场景和剧本故事设置是密室逃脱类项目的独特优势,能够给受众带来不一样的娱乐刺激和身心愉悦感。

同时,不同项目的密室主题、故事和剧本,以新奇、惊险、惊悚、刺激的内容为主,胆量的锻炼、思维的跳脱、严密的逻辑分析、角色扮演融入真实的情感表达,人脸识别、声控技术、红外线摄影等技术的利用,构成了密室逃脱类项目体验方面的核心竞争力。除此之外,受调查者对于密室逃脱类项目存在着"场地资金、新场景开发成本高,风险大,市场前景不容乐观"和"因为较为小众,受众面比较窄,市场前景不容乐观"的担忧。这要求行业管理者和企业经营者在完善配套设施、培育 IP 内容、衍生品产业链等方面进一步发力,弥补前期大量资金投入和场所经营损耗带来的成本费用。此外,要加大新媒体推介力度,线上和线下相结合,利用网络媒体和各类社交传媒,开发自己的微信公众号、微博号,进行精准的

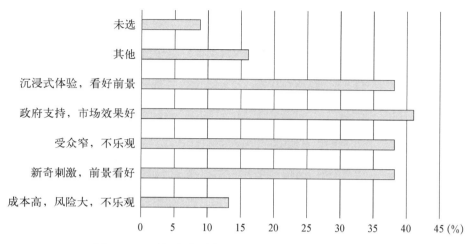

图 4 - 34　受调查者对密室逃脱类项目市场前景的看法

目标推送,扩大受众接受面,在吸引更多用户注意力的同时,保持好老用户的项目忠诚度,以新剧本、新故事、新场景吸引更多的回头客,创造更好的经济效益和社会效益。

二、受调查者对新业态项目未来发展的建议

关于密室逃脱类项目的未来发展建议,多数受调查者表示:"希望多开发一些新的密室""希望增加惊魂类密室的场馆""希望增加老上海回忆类型的场馆""希望游戏的脚本可以更多一些""希望票价可以有一些折扣或者调整""希望游戏能够不过于单一,增加更多创新元素",等等。总体而言,多数受调查者希望该行业不停滞创新的脚步,在密室主题多元化、剧本故事内容创新、场景设置与表达等方面不断改进和优化,同时运用多种营销手段,降低门票价格,增加消费折扣优惠活动,以友好亲和的体验价格维持与消费者的良好关系。

第五章
文旅新业态的发展逻辑

文化和旅游具有内在的耦合联动、共生共融关系,文化资源借助现代旅游市场的纽带,逐渐提升地方文旅行业的产业化程度。为进一步实现绿色可持续发展,拓展发展思路,文旅新业态需要基于生态、文化、技术、场景与体验逻辑,形成稳定的在地化发展实践系统。

第一节　文旅新业态发展的生态逻辑

文旅产业是新型的绿色产业,文旅新业态是新时代文化和旅游深度融合的产物,它区别于传统产业的新业态和新产品,可产生 $1+1>2$ 的生态型经济效应。文旅新业态、新产品、新服务能够展现绿色生态产业魅力,为生态环境提供强有力的支撑,在发展旅游经济的同时,强化生态文化、在地文化、创新文化之间的融合,回归绿色发展路径,促进经济效益、社会效益和生态效益的统一,在高质量发展中创造绿色高品质生活。

同时,文旅新业态的发展,为文化旅游产业绿色、可持续发展提供了良好的基础,是发展区域经济绿色化转型与绿色产业可持续发展的重要动能,是"生态优先、绿色发展"的重要推动力。文旅新业态的有序发展能够改善旅游乱象、升级旅游产品生产环境、留存当地民俗资源、活化绿色旅游生态。文旅新业态产品与服务有利于优化生态环境,提升文旅资源的留存率和传承率,进一步壮大文旅融合的市场需求,促进新文化景观的生成与创新。为此,大力推进生态文明建设与文化旅游产业协同发展,充分发挥文化旅游和生态环境相辅相成的优势,在加强生态保护和修复基础上,以环保、生物多样性以及新兴绿色发展理念为主题开发文旅新产品,探索将"绿水青山"转化为"金山银山"的有效途径,促进文化旅游新业态健康可持续发展,进而通过文旅新业态产业的"绿色禀赋"促进生态环境的保护。

第二节　文旅新业态发展的文化逻辑

文化内容(包括文化底蕴、文化内涵、文化特色、文化灵韵、文化活动等)及其创新融合是文旅新业态发展的内核动力。文化内容主题所带来的独特性、精神内涵与情感共情是文旅新业态吸引消费者的主要动因。当前,以传统文化为主题的文旅项目或对传统文化资源进行再创作、再开发已催生出诸多文旅新业态,如国潮音乐节、以唐代开元年间为背景的大型沉浸式剧本杀《簋唐楼》、长城的"万里雄关雪糕"等。从"以文化人"的角度来看,文化即对人进行知识、智力、道德、美学等方面的培育,它被认为是在某一社会中人们后天观念、价值、情感的有机整合。引入文化的内容、符号、元素,既增添了旅游新业态产品与服务的品质,也容易带动游客对文化内容的价值认同与情感共鸣,形成持久的影响力。

地方特色文化为文旅新业态提供了丰富的 IP 素材与文化活动的内容与形态。目前,文化内容、元素、符号的植入成为文旅新业态的发展趋势,但部分文旅新业态产品与服务呈现简单模仿、生硬移植、符号化、同质化等现象,文化成为表面点缀而失去了地方文化的本真魅力。文旅新业态的长久发展需要深入挖掘地方传统文化资源与地方特色文化,将文化内容用精妙、贴切、易于受众理解的新形态表达出来。在当前各类文娱产品与服务极大丰富的背景下,文旅业要善用文化内容资源与文化活动讲好中国故事、讲好地方特色故事,推动文化与旅游产业的深度耦合,为文旅新业态的持久发展提供精彩的内容支撑。

第三节　文旅新业态发展的技术逻辑

技术创新尤其是数字技术的创新性应用是优化文旅新业态产品与服务表达形态、驱动文旅新业态健康运行的外在动力。新技术的应用改变了传统文旅业态的生产、分发、推广与消费过程,推动文旅新业态的生成发展。在生产阶段,数字化技术改变了文旅产品与服务的生产形态、场景与内容,互联网、大数据、VR、AR、AI、云等基础技术设施的装备与市场化应用将文旅新兴业态的生产场景转变为线上、线上与线下相融合的供给形态,如旅游直播、云端游、3D 实景游、云端拍卖会、VR 游、数字博物馆等数字化文旅新业态生产;在分发与推广阶段,大数据、物联网等技术帮助分析游客偏好与文旅营销内容分发,帮助制定消费者的文旅产品与服务体验;在消费阶段,数字技术创新改变了传统消费方式,帮助营造多元体验的消费场景与便利的数字化服务。

文旅新业态向生态友好型转向需要技术升级以改造传统生产模式,技术与文化的融合需要技术辅助传统文化内容的深度挖掘、保护与数字化呈现,沉浸式场景搭建与安全保障需要数字化场景技术支撑,互动体验的数字化、多元化与数字化需要技术创新。当前,文旅新业态数字化技术应用不应停留在低层次、表面化、空有技术噱头而没有实质性改变阶段,需要加强数字技术与文旅新业态的全过程融合与商业化应用,用创新型、数字化技术的力量提升文旅新业态产品与服务质量。

第四节　文旅新业态发展的场景逻辑

基于文化和技术的重构力量,作为展示和表征的场景,拓展和创新文化旅游的体验空间和文化符号、文化活动、文化价值表达形式,创造消费价值。芝加哥学派学者特里·N.克拉克认为:"场景具有真实性、戏剧性和合法性三个重要特征,真实性包含本土、族群、国家、企业、理性、全球五个子元素;戏剧性包含爱炫、迷人、睦邻、越轨、礼节五个子元素;合法性包含传统、领袖魅力、功利主义、平等主义、自我表达五个子元素。"[①]这些元素的组合塑造了场景空间的符号价值和个性特色,影响人们的体验方式和消费行为。

根据地方环境和空间特征对文旅新业态场景进行合理化运用,能够深化游客的沉浸体验,让他们代入场景空间所布局的角色中,融合各种消费场景元素、符号和形态,引导游客的意义消费与情感消费。传统文旅业态场景空间通常显现出族群的、睦邻的与传统的场景符号要素,缺乏数字化技术支撑,难以带动游客的主体能动性、交互体验性与审美娱乐性。文旅新业态在数字技术的加持下,将场景空间的元素、符号进行多元重组,为游客带来新奇的沉浸式体验,突出神奇迷人与自我表达的场景特征,增强游客的空间体验感。

---

① [加] 丹尼尔·亚伦·西尔,[美] 特里·N. 克拉克. 场景:空间品质如何塑造社会生活[M]. 祁述裕,吴军,刘柯谨,等译. 北京:社科文献出版社,2019:51.

第五节　文旅新业态发展的体验逻辑

在场体验是文旅新业态的场景符号和消费价值体现。消费者进行文化旅游的主要目的是在惯常的日常生活之外体验差异化、新奇的场景、文化、艺术与审美,获得文化、情感与审美的"难忘性记忆"。体验被视作文化旅游的核心属性之一,高质量的文化旅游产品与服务能促进游客积极参与共创体验,让游客获得感知价值、体验价值,导向难忘及美好的经历与记忆。文旅新业态将关注焦点置于构建具身性的体验价值上,游客们通过在场的具身性感知体验,沉浸于具体场景下民俗风情、历史建筑、节庆活动景观中,进行身心交流互动,进而更深刻地理解地方、他者与自我。在深度体验下,游客被真正纳入文旅新业态产品与服务所讲述的故事与场景中,从"看客"成为"参与者",从被动地"观看"到消费主体的体验能动性,游客参与场景、文化特色、剧情互动体验场景中,参与景区价值共创。

在这种体验过程中,游客的体验是鲜活的、自由的,具有主体性、交互性与创造性。深度体验与价值共创带来了游客情感共鸣与态度忠诚,进而通过正向人际传播,吸引新的消费者。从传统文旅产品与服务的单向度输出"观看"体验,到游客与数字化场景、地方文化特色与文化活动、景区服务人员、其他游客之间的多维互动体验,从传统的互动体验到深度的沉浸式体验,文旅新业态的魅力还有待文旅新业态产品与服务充分融合周边生态、场景、文化与技术,不断优化深度互动的、高质量沉浸感的用户体验。

第六节　文旅新业态发展的在地化逻辑

文旅新业态发展繁荣需要始终立足于地方生态环境、地方特色文化内容、可落地执行的数字技术支撑、贴合地方文化价值取向的可体验方式,以及不脱离地方环境、语言、文化、行为逻辑的场景构造。在地化贯穿文旅新业态发展的生态、文化、技术、场景、体验各逻辑环节。在文旅新业态发展过程中,"地方作为一种物理、社会、文化和情感的复合体,是旅游体验的一部分"[①],承载着人们的地方

---

① Jillian M, Rickly-Boyd. Existential Authenticity: Place Matters. *Tourism Geographies*, 2013, Vol. 15 (4), pp.680 - 686.

体验、情结和依恋。

文旅新业态的在地化具体体现在：一方面，文旅产业中发现、建构和重构文化遗产的地方想象，深化游客的具身性体验和地方性记忆；另一方面，挖掘与旅游所在地生态环境、场所空间的原真性、独特性、地方性相融合的本土文化资源、文化符号元素、文化活动，多维度升华旅游目的地的文化特色与内涵。文旅新业态发展要立足于地方，从地方的生态环境、风土人情、居民日常生活习俗出发，探索文旅新业态发展新模式。文旅新业态产品与服务要"因地制宜"而非"千篇一律"，要扎根于地方文化沃土中而非急功近利地模仿复制，谋求短期效益。文旅新业态发展既要把握经济效益，更要注重社会效益与生态效益，保护地方生态环境和文化特色的本真性，在传承中弘扬地方优秀文化，在创新中发展地方特色文化，使得地方文化借助数字技术之力，实现传统地方文化的现代转型，将"在地化"渗透至场景体验空间中，满足游客的在地化体验与精神娱乐需求。

第七节　六种逻辑之间的关系

在文旅新业态的发展逻辑中，前述六种逻辑相辅相成，相得益彰，共同促进文旅新业态绿色、健康、可持续发展。其中，生态逻辑是立足之本，良好的生态环境是文旅新业态可持续发展的基石，能够产生生态型经济发展的多重正向效应。文化逻辑是内核和灵魂，具有统领作用，它是激活文化旅游新业态"地方性特色"，传承与活化地方叙事、地方记忆和地方想象、地方认同的"灵韵"。技术逻辑是创新发展的驱动力，技术与文化之间存在着映射与同构的辩证耦合关系，技术赋能文旅新业态文化资源、文化特色、文化活动等文化内容场景化、数字化、可视化、审美化、体验化表达的活力。场景逻辑关联文旅新业态的外在形象和外在表征，是生态、文化、技术、消费者体验的中介，它塑造了文旅新业态的价值共创与消费空间，是引导消费者行为与体验的重要载体空间，同时也是一个开放交互的意义生成、体验与记忆场所。体验逻辑是文旅新业态的发展目标，它创造消费者具身性体验价值，是文旅新业态价值实现的外在体现，也是建构游客与地方之间关系的纽带，通过生产和再现游客的地方感知、地方情感、地方想象、地方记忆，拉近游客与地方的距离。在地化逻辑是支撑点和主线，贯穿文旅新业态发展的生态、文化、技术、场景、体验各逻辑环节中，共同服务于地方文旅新业态建设；文旅新业态的持续发展既需要把握经济效益，更需要注重社会效益和生态效益，保护地方原生态环境,在场景、空间、数字化技术改造中以"在地化"为原则,尊重地方特色和文化个性,注重地方性体验,唤醒文旅新业态、新产品、新服务的"在地化"发展活力。以上 6 种逻辑关系如图 5-1 所示。

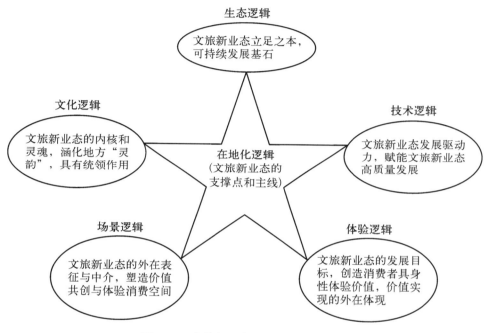

图 5-1 文旅新业态的发展逻辑关系图

第六章

文旅新业态发展中存在的主要问题与化解路径

尽管在近两年新兴的文旅新业态产品与服务中,密室逃脱类项目具有广阔的市场前景,但在其迅猛发展过程中也面临着一些问题和挑战。

第一节　文旅新业态迅猛发展中存在的主要问题

密室逃脱类文旅新业态产品和服务类型较新,现场沉浸式体验性强,处于迅猛发展阶段,在其蓬勃发展过程中也出现了一些问题。

一、新业态项目知识产权问题

所谓知识产权是指"权利人依法支配创造性智力成果和工商业标记,并排除他人干涉的一种权利"。[①] 而创造性知识成果可以被分为两类领域,即科学技术领域和文学艺术领域,其中科技领域的创造性成果受专利法的保护,文学艺术领域的创造性成果受著作权法的保护。密室逃脱项目中有关侵犯知识产权的情形多为对著作权的侵犯。

(一) 剧本创作知识产权纠纷

由于密室逃脱类项目多是带有故事性的沉浸式体验项目,需要围绕着某一个故事展开整个线索流程,因此,一条好的故事线索是项目的核心之一。故事从创作到改编再到表演都属于智力劳动的范畴,这一系列活动的成果都受到知识产权的保护。原创剧本的团队或个人独享对该剧本的发表权、修改权、保护作品

---

① 刘世宽. 知识产权理论与实践[M]. 兰州:甘肃人民出版社,2007:50.

完整权、表演权等权利。虽然很多密室逃脱类项目的剧本故事设计和场景搭建都是原创的成果,但不可否认的是,有不少项目采用现成的故事剧本或者游戏模板,如果未经原创方的授权就擅自使用或者是改编这些剧本故事,就构成了侵犯知识产权行为。

（二）项目的知识产权保护

密室逃脱类项目的核心除了剧本故事之外,还有场景设计、演员安排等多个环节,这些环节也可能会面临着侵犯知识产权的问题。当前,密室逃脱类项目是一个新兴的文旅项目,不少文旅企业都对这一领域有所涉足,但是这类项目的剧本故事质量和场景布局设置良莠不齐,项目之间存在相互模仿的现象,在造成同质化问题的同时,也会产生侵犯知识产权的问题。

二、新业态项目安全性问题

密室逃脱类项目场景大多设置在封闭的密室之中,消费者所体验的场景空间和剧本故事往往有一定的恐怖、惊悚和刺激性,这就带来了项目的安全性问题。

（一）基础设施安全保障

由于当前密室体验游戏类的大型项目尚未形成垄断趋势,很多中小企业甚至个体户都涉足这一新业态领域,导致了这类项目的基础设施质量参差不齐,有的项目为了节约资金,对游客的人身安全缺少足够的关注和保护,游客在项目体验过程中面临身心受到伤害的风险。密闭的空间和惊险恐怖的剧本故事给解决项目本身的安全问题带来了难度。

（二）项目意外问题

不可否认,大多数密室逃脱类项目都有基础设施安全保障,在项目规划时都设计有安全的消防设备;在机关线路上多采用弱电形式,从而减少火灾发生的可能性;对于密室的门锁也有安全考虑,从而保证紧急情况下能够及时被打开。同时,对于消费者也有一定的安全要求,例如不允许携带打火机、尖锐器具等,且每个密室空间都装有摄像头,以保证游客的状态能够被时刻察觉。但即使有这些严格的安全保护措施,意外情况也有可能发生,比如,游客可能会在体验惊悚的场景或剧本故事过程中受到惊吓,产生情绪应激反应,伤害工作人员或同伴,或者跌倒受伤;甚至,有可能会出现设备老化,或者突然设备故障的情况,这些都会给游客的生命安全带来威胁。

三、消费受众较少的问题

从受众层面来看，相比于传统老少皆宜的文旅项目，密室逃脱类项目的受众面较为狭小，主要集中于青少年群体。

传统的文旅项目立足于现实生活中的自然和人文景观，为游客提供一种休闲放松的身心体验，适合于全年龄段的人群，潜在消费者众多。而密室逃脱类项目则立足于虚构的场景，让游客在数字化场景和虚拟世界中进行体验，同时为游客提供一种恐怖惊悚、惊险刺激的体验，这种特性将受众限制在了求新求异、喜好冒险刺激、好奇心强的青少年群体中。而且在青少年群体中，也并非所有人都乐于体验这种惊险刺激的场景和由剧本线索贯穿的虚拟游戏故事，因而密室逃脱类项目的受众范围相对较小。此外，由于这类项目内部还会有细分领域，将剧本故事的难易程度和场景惊险刺激程度进行分类，这就更加造成了消费者群体的分流。密室逃脱类项目的个性化、差异化明显特点，将每个项目、每个剧本、每个场景的受众范围分割得支离破碎，因此适合在有一定人口规模的大中城市布局。

除了乐于参与密室逃脱体验类项目的游客数量有限外，这类项目自身的客容量也很有限。它们大都设置在密闭和半密闭的室内，每一个剧本故事和场景设置都需要限制体验人数。单位时间的人流量需要严格控制。因此，这类项目的游客需要排队预约，游客人数的限制比较严格。

四、项目运营成本较高的问题

密室逃脱类项目在运营过程中面临着资金投入高、资金周转困难的境况。这类项目在建设过程中需要投入大量的时间、精力和资金。因为项目内容需要较强的原创性，密室场景设计更新速度快，剧本故事线索创作、改编难度高，所以资金投入大，一个中型的密室逃脱类项目需要投入五六百万元资金。

一是场地租金费用高昂。这类项目多布局在繁华都市闹市区的室内，需要租用足够大的室内空间，以保障每个新奇刺激的剧本故事能够完整地运行。同时，这类项目的地理位置对于客流量有重要的影响，需要设置在交通便利的人口聚集区或是商业繁华的街区，场地租金较贵，这些都需要强大的资金支持。

二是场景布置和设计费用较高。这类项目的核心是实体＋数字场景空间，营造沉浸式体验，对室内的设计布局、声光电的运用、室内装饰细节都有特别高的要求。要完成这样的场景布置需要耗费大量的资金和人力成本。除此之外，为了提高受众在互动体验过程中的参与感、认同感，一些项目采用了当前新兴的 AI/AR/VR 技术，这些新科技手段的运用也增添了不少运营成本。

三是人力成本较高。不同于传统的文旅项目，密室逃脱类项目有很强的参与性和互动性，需要由工作人员扮演成各种各样的故事角色进行表演，并与游客即时性互动。这就需要招募较为专业的表演人才，配置表演道具设备。除了专业表演人员之外，还需要有前期的剧本故事创作、改编和引入人员，进行剧本的创作、改编或者是挑选购买；还需要有现场讲解员和场景安全维护人员，人力成本开支费用较高。

四是剧本故事更新换代快，IP 内容运营成本高。传统的文旅项目往往在投资建设完成之后就不会再大刀阔斧地修整完善，只会在原有基础上进行少量的改造升级，而密室逃脱类项目需要不断更新换代，才能维持生命力。一个剧本故事往往前期投入 200 万—300 万元成本，运营 2—3 年后就要换成新的剧本，以保持受众的新鲜刺激和体验感，每一次更新换代都需要巨大的资金投入，从而抬高了项目的运营成本。

五、异质文化的适应性问题

密室逃脱类项目依托于不同的密室主题和内容故事，文化特性是这类项目的核心价值所在，然而在具体项目的设计、策划和运行过程中，会出现异质文化的不适应现象。

一是故事内容表达难的问题。故事难表达的问题主要由于此类文旅新业态项目是丰富的剧本故事和场景体验活动相结合的产物，消费者在互动体验过程中，需要将精力分散于不同的体验活动上，因而对剧本故事的内容和细节把握都不是十分完整，这会影响到消费者对于整个项目的完整体验。项目的设计者、运营者和管理者需要考虑体验者对于项目的文化适应性问题，提升项目故事内容的易理解度和可接受度。

二是 IP 转化问题。目前，不少密室逃脱类项目内容借用国外的文化故事品牌，如黄浦区的惊魂秘境体验馆是英国默林娱乐集团在上海的一个娱乐运营景点，这类文旅新业态项目的故事内容常常来自国外母公司所提供的剧本故事线索和内容。同时，一些本土品牌的文旅新业态项目经营管理者也会邀请国外的设计师和团队进行剧本故事创作、内容改编和场景设计。

一般来说，这些剧本故事创作于不同国家的文化环境之中，有着当地的文化内涵和风格，所以在搬运到中国的时候需要进行本土化的剧本改编和 IP 转化，这就存在着较大的本土适应性问题。国外剧本的语言风格、故事内涵、风土民俗，不一定适用于国内，即便是国外受众很看好的剧本，移植到中国也会出现水土不服的现象，尤其是国内外受众对于恐怖、惊悚、暴力、色情等的把控尺度不同，导致内容故事不符合中国人对 IP 的想象，又很难通过标准化流程打造出新的本土内容故事，因此，这类项目内容本身面临着一定的文化适应性风险。

三是项目内容的价值观问题。密室逃脱类项目虽然是为消费者提供娱乐休闲、放松身心的体验活动场所，但因其内容故事的异质文化属性，蕴含在其中的异域价值观导向，及其对消费者群体价值导向的影响，也是一个十分重要的问题。抄袭剧本、复制场景、低俗内容和蕴含西方价值观的文旅新业态项目不仅仅关涉自身的存亡，还关涉整个行业的内容生态健康。密室逃脱类项目的剧本故事中，过度强调体验性、娱乐性和异质文化的虚构与浪漫想象，不顾其国内主流意识形态和价值观导向，甚至与我国主流价值观导向和中国特色社会主义文化发展大环境背道而驰，则是不被允许的，要警惕这种文化不适应的风险。

第二节　化解文旅新业态发展中
存在问题的主要措施

文旅新业态项目运营过程中出现的上述问题，将制约其可持续发展。以密室逃脱类项目为例，可从以下方面采取措施，避免矛盾，克服难题。

一、加强知识产权保护，惩戒侵权行为

文旅新业态项目需要创作、改编和精选剧本故事，其 IP 内容涉及知识产权问题，经营企业容易在这方面引发侵权现象，影响正常运营。

（一）企业强化知识产权意识

密室逃脱类项目的核心内容在于场景构建和剧本故事，剧本内容的好坏直接影响到项目的市场吸引力。而剧本故事作为一种智力劳动成果，会引发一些知识产权问题。针对剧本故事内容的创作、改编过程中的知识产权侵权行为，企业自身需要加强知识产权意识，在制作剧本过程中严格遵守知识产权法律规范，从作品原创方获取授权再进行后续的改编和落地，避免卷入知识产权侵权纠纷

中。同时,企业自身也要有知识产权保护意识,需要及时保护自身作品的知识产权,对盗用、模仿或者改编自己原创智力成果的侵权行为,拿起法律武器捍卫自己的权利。

（二）监管部门加强知识产权保护

除了企业自身强化知识产权意识、不侵犯他人知识产权、同时保护好自身的知识产权之外,相关政府和媒体、社会监督部门也应监督密室逃脱类项目内容的知识产权问题。其一,政府主体需要完善内容侵权判定的标准,使得企业维权活动和侵权现象有标准可依;其二,对于密室逃脱类项目故事内容的侵权行为,应适当加大处罚力度,建立知识产权保护体系,使其"不敢侵权、不能侵权、不想侵权";其三,加强宣传和教育,让知识产权保护的意识深入人心;其四,充分发动企业、媒体、社会和民众监督的力量,强化社会力量的监督力度。

二、提升项目运营的安全度

密室逃脱类项目在密闭的室内装置和空间场景中进行,消费者在惊悚刺激的体验中寻求体验快感,因此具有一定的安全风险,需要切实采取完备的安全措施,保障项目的安全质量。

（一）强化项目基础设施安全建设

密室逃脱类项目的场景多设置在密闭的空间之中,密室基础设施的安全性异常重要。因此,提升此类项目的安全度,首先要加强项目的基础设施安全:一是严格执行密室基本装置的安全标准,配置符合安全标准的防护装置;二是选择高质量的物件和材料,不可因降低成本而以次充好。其次,在设施配置安装方面,需要严格设计标准,设备安装完成后要进行安全测试和检验,相关应急安全部门、消防部门、文旅部门要加大监督力度。再次,在所配置设备的运作过程中要加强维护,设备运营过程中会存在设备损耗和老化问题、物件磨损或者松动都会带来极大的安全隐患。因此,项目运营者须定期检查设备,及时维修和更换物件,保障项目设备安全。

（二）强化消费者的安全保护意识

消费者（或玩家）多是以求新求异、好奇探险、追求刺激、娱乐游戏的心态体验密室逃脱类项目,在体验之前很少接受相关的安全教育培训。在体验过程中,由于此类项目具有一定的恐怖、惊悚和刺激性,消费者可能会做出一些应激反应,产生一些影响安全的心理和行为。针对消费者心理和行为方面的不安全因素,在他们进入密室体验之前,工作人员需要对消费者进行详细的安全教育与培训,告知其体验过程中的危险性和注意事项。同时,企业经营管理者要定期对工作人员进行专业的安全教育培训,保证他们对安全运营业务的熟练度和专业度,避免因具体运作过程中的失误而滋生安全问题。

三、拓宽项目的消费受众面

当前密室逃脱类项目的受众主要是青少年群体,如青少年学生和年轻的企业白领、公务员、打工者等。由于密室逃脱类项目所设计的剧本大多是以好奇探险、刺激体验为主,室内场景幽暗、惊悚而魔幻,因而不适宜低龄少年儿童和中老年群体消费体验,其消费的受众范围有限,这容易引起这种细分市场内的过度竞争。因此,此类项目可以拓展思路,在场景设置、剧本故事以及衍生产品与服务方面向其他消费群体蔓延,扩大潜在市场空间。

具体而言,可以拓展与开发面向少年儿童群体的细分市场项目。我国少年儿童群体的消费市场潜力巨大,很多家庭都将较大部分的消费支出放在了孩子身上,并且家庭孩子消费支出的中心在于"智力培养、营养保健、品格培养"[1]等方面。其中,还可以将少年儿童消费者群体进行细分。比如,分为以下两个年龄阶段:一是幼儿期的消费者;二是学龄期的消费者。幼儿期消费者的消费重心集中在饮食、健康、智力开发与安全培育等层面;学龄期的消费者则需要在关注他们身心健康消费的同时,要格外关注身体成长和益智教育方面的消费。针对少年儿童消费者关注身心健康和教育类消费的特点,密室逃脱类项目需要开动脑筋,找到相应的新产品、新服务的开发举措。

当前,密室逃脱类项目的场景和剧本设计都带有一定的惊悚刺激性,这种场景和剧本对于低龄少年儿童群体来说带有一定的危险性。即使在家长陪同下,少年儿童消费者也会面临受到惊吓的不安全风险。而且,密室逃脱类项目的故事内容大都是围绕着一个剧本、一个核心线索展开的解谜游戏,这对于一些成年人来说,尚且需要费神思考,更不用说心智尚未发育成熟的少年儿童消费者。此类项目对于少年儿童消费者来说,探险难度过高、惊悚刺激性过强,他们很难体会到这类娱乐体验游戏的乐趣。

针对当前的密室逃脱类项目缺乏少年儿童消费者群体的原因,结合少年儿

---

[1] 徐萍.消费心理学教程(第4版)[M].上海:上海财经大学出版社,2012:168.

童消费者的消费特点,项目运营者可以采用以下措施来打开少年儿童消费市场:一是降低剧本故事的惊悚程度,减少其中的恐惧、血腥、暴力情节,降低故事内容对少年儿童群体的心理刺激。二是切实保护少年儿童群体的身心健康,项目经营者需要为少年儿童消费者设计合适的场景,例如减少密室内的尖锐物品设备,增设动漫、动画场景布局,并且要求他们在家长陪同下进行娱乐体验,保障少年儿童消费者身心健康,打消家长的顾虑与担忧。三是从少年儿童消费群体的智力开发教育需求入手,强化剧本故事的健康价值和教育意义。由于密室逃脱类项目本身有解谜的环节,只需要根据少年儿童消费者的消费特点,将解谜环节进行科学合理的设计,就可以达到良好的益智教育目的,并且可以锻炼少年儿童消费者的团队合作能力和自己探索解决问题的能力。此外,通过探险体验和娱乐游戏的方式让少年儿童群体受到教育,寓教于乐,可以更好地激发少年儿童消费者的学习兴趣。

四、构建企业联盟,减少经营风险

(一) 企业联盟的概念

从狭义角度来说,企业联盟是由实力强劲的、互为竞争关系的企业所组成的一种强强联合的联盟形式;从广义层面来看,企业联盟是指不同企业之间的联合,并未限制联合企业的实力强弱,"它超出了正常的市场关系又没有达到兼并的地步"。[①] 还有学者认为,企业联盟是一种处于企业组织和企业之间的一种形式,这是因为联盟和企业组织以及市场之间有着相似之处,但又有其不同特点。联盟和企业组织都是"规制内部成员之间不完全契约的一个制度安排"。[②] 而企业联盟与市场的相似之处就在于,以平等协商为主要准则的决策机制。因此,总体而言,企业联盟就是某些企业之间的一种联合形式,联盟中的企业自觉遵守一定的规则。

(二) 企业联盟的分类

企业联盟有不同的分类。迈克尔·波特在《竞争优势》一书中将企业联盟分为横向联盟和纵向联盟两类。所谓横向联盟,即联合在一起的企业,其生产或者服务的产品具有一定的相似性,负责产业链的同一环节,企业间存在直接的竞争

---

① 陈黎琴. 企业联盟的类型及概念探析[J]. 兰州学刊,2008(08):81-84,77.
② 袁安照. 企业联盟——规制结构理论导论[M]. 上海:上海人民出版社,2002:145.

关系；而纵向联盟则是生产服务互补的企业联合。Bernard isimonin 根据企业之间联合的紧密程度和合作的范围，把企业联盟类型划分为"非正式合作、契约型协议、合资、股权参与、国际联合"。① 非正式合作指合作企业之间并不签署协议，仅仅是进行技术、信息和人员交流的一种较为松散的合作形式；契约型协议联合则需要在合作方之间签署有约束力的协议，并且自觉遵守协议内容；合资联盟是合作企业之间共同筹集资金建立新的企业；股权参与式联盟指合作企业之间互相持有一定量的对方股份，从而实现优势互补；国际联合联盟在高科技行业中较为常见，可以分担高科技行业产品开发与服务中的风险和成本。

（三）文旅企业联盟的作用

构建文旅企业联盟有四方面的优势：

一是能够促进技术的创新。密室逃脱类项目的兴起很大程度上依托于数字场景技术的运用，这类项目的发展壮大离不开互联网数字技术、虚拟场景技术的更新与升级。如果密室逃脱类项目企业之间实现联合，将有力促进企业之间的技术性交流与合作，从而推动技术的转型升级。当今的科技进步不是单个企业能发挥作用的，技术之间相互交叉，形成一个个技术域，也就是说，当前的技术性产品开发都在朝综合交叉方向发展，在这样的背景下，企业之间联合起来，进行分工与合作，可以最大限度地实现场景技术的革新突破。

二是可以减少企业经营风险。在企业联盟中，企业之间可以实现信息互通，在更大程度上预测市场的不确定因素。密室逃脱类项目企业联合起来，还可以实现技术资源、故事内容、道具和演员的共享，从而降低项目的更新换代成本，实现资源的最大化利用。

三是有助于减少企业过度竞争。同类型的企业之间往往面临着激烈的市场竞争关系，它们试图通过各种手段打压竞争对手，获取更大的市场份额。但过度竞争会严重损伤企业自身的利益，造成两败俱伤的局面。事实上，存在竞争关系的企业并非黑白对立的关系，竞争与合作可以同时存在。当前，密室逃脱类项目企业内部存在着激烈的竞争，各个项目间存在一定的同质化倾向，要想获取更多的市场份额，需要不断地与同行竞争。但这不利于此类项目市场的健康可持续发展。特别是在此类项目尚处于发展壮大阶段、市场尚不成熟的情况下，维护健康的市场竞争秩序尤为重要。因此，构建企业联盟有助于此类项目的良性竞争

---

① 史占中. 企业战略联盟[M]. 上海：上海财经大学出版社，2001：55.

和彼此合作。

四是有利于企业之间资源互补。在市场中存活下来的企业都有其存在的合理性,不同企业之间都有其独特的优势。当企业联盟建立后,企业之间可以在场景技术、设备、内容资源层面适当互补,实现互利共赢。

五、调适项目的文化适应性

密室逃脱类项目本质上是一种文化体验类游戏活动,需要采取各种措施,加强项目本身与消费者、本土文化、社会主流价值观导向和整个文化环境之间的适应性。

（一）大力鼓励国产原创 IP 开发

密室逃脱类文旅新业态项目依托于 IP 化的剧本故事内容创作,但是国外 IP 难以实现本土化的转换,会出现水土不服的文化不适应现象。而国内的小说、影视、漫画 IP 改编,一方面版权费用昂贵,另一方面进行内容改编存在侵权风险,还容易引起 IP 原有粉丝的不满。因此,密室逃脱类文旅新业态项目可以在内容创作阶段,在原创性剧本内容资源开发方面发力,通过优秀的剧本故事内容、逼真的场景设计布局、精彩的游戏流程设置,以及相应的市场推广和营销手段,提升原创 IP 的文化品质和知名度,在文化内涵、文化品牌上提升此类项目内容的价值与吸引力。

（二）坚持正确的价值观导向

密室逃脱类文旅新业态项目的消费群体是 80 后、90 后和 00 后,他们的人生观、世界观、价值观可塑性较强,容易受到外界因素的影响。此类项目企业要增强自己的文化责任感与社会担当,在项目内容和数字场景设计上,尽可能选择那些具有优秀价值观导向和正能量的故事内容、表达风格,提高内容故事的文化含量和正能量价值观品性,逐渐改变社会民众对此类娱乐体验项目的刻板印象。此外,密室逃脱类项目还应当顺应年轻人网络社群集聚的特点,提高互联网平台宣传推介服务的内容品质、表达技巧和推送频率,更好地传递项目内容的剧本故事内核(核心价值观),充分体现项目内容的价值引领性,吸引更多受众前来体验消费。

第七章
文旅新业态监管体系建设

当前,新兴的密室逃脱类文旅新业态项目,既缺乏政府主体的监督管理,又缺乏企业、行业协会、消费者等社会主体的监督,这些项目企业就像"没娘的孩子",当项目资金投入不足、项目市场出现不良竞争、项目设备安全以及项目正当权益尤其是剧本故事的知识产权受到他人侵犯时,得不到政府和社会主体的有效支持和保护;当企业存在项目安全问题、同质化竞争、侵犯知识产权现象时,缺乏政府和社会主体的监管和治理举措。如今,这些企业处在"没人管"的社会空白地带,陷入了迷茫和焦虑之中。为此,本章将以"多中心"公共治理理论为分析框架,分别从政府、企业、行业协会、顾客四个主体维度,分析此类项目的监管体系建设问题。

第一节 "多中心"理论内涵与治理框架

1995 年,全球治理委员会在《我们的全球伙伴关系》报告中将"治理"定义为:"治理是各种公共的或私人的个人和机构管理其共同事务的诸多方式的总和。"①这种强调主体多元化的治理理念与西方学者"多中心治理"的理念在本质上具有一致性。"多中心"这一词语最早出现在迈克尔·波兰尼的《利润与多中心性》《管理社会事务的可能性》中。在这两本书中,他主要针对经济社会中的市场和政府应该如何发挥作用的问题进行探讨;他区分了两种组织经济社会任务的方法:一是存在严格的上下级链条关系,由终极权威所指挥、命令、控制的一套单中心的秩序;二是多中心的管理秩序,在这一秩序中,诸多因素之间相互影

① 全球治理委员会. 我们的全球伙伴关系[R]. 牛津:牛津大学出版社,1995:2.

响、相互协调,决策中心之间有所约束和牵制。

此后"多中心"的概念超出了经济管理的范畴,"多中心理论成为现代性重建过程中的一个核心范畴"。①美国公共选择学派创始人奥斯特罗姆夫妇在此基础上,通过系统的理论分析和大量的实证研究,创立了多中心治理理论。文森特·奥斯特罗姆将"多中心组织"界定为一种组织模式,在此许多独立的要素能够相互调适,在一般的规则体系之内归置其相互之间的关系。埃莉诺·奥斯特罗姆指出:"极少有制度不是私有的就是公共的——或者不是'市场的'就是'国家的'。许多成功的公共池塘资源制度,冲破了僵化的分类,成为有'私有特征'的制度和有'公有特征'的制度的各种混合。"②这一观点充分体现了其多中心治理的思想。"'多中心'意味着有许多在形式上相互独立的决策中心,它们在竞争性关系中相互重视对方的存在,相互签订各种各样的合约,并从事合作性的活动。"③在公共治理领域,多中心性治理是一种解决社会公共问题的方法,该理论通过解构出各个治理主体,以实现多个主体的综合治理。"多中心"与"单中心"相对应,是一种"反对权力的垄断和集中化"④的治理体系。

对于这种多中心治理理论,也有学者持质疑态度。他们基于传统的公共行政理论,认为多个决策和管理中心会造成服务和职能的部分重叠,而这种重叠的服务和职能是低效率和混乱的表现。但面对这种质疑,不少学者进行了辩驳。迈克尔·麦金尼斯认为,"单中心"和"多中心"的治理体系都有其存在的合理性,而多中心治理的结构"取决于多中心安排的可行性,这些安排对于不同类型的人类关系的治理是适当的"。⑤在现代社会管理实践中,很多公共治理事务需要"多中心"主体进行合作决策,多中心治理是一种公共管理的新思路、新治理手段。

现代多中心治理理论强调政府不是唯一的权力中心,而是与市场、社会、民众共同参与公共事务的治理过程,打破了传统的政府或市场的单一治理方式,构建了政府、市场、社会与民众协同共治的框架。当今新兴的文旅新业态现象,需要"政府+市场+社会主体"协商共治,当前条块分割的政府主体治理有其明显

① 孔繁斌. 公共性的再生产——多中心治理的合作机制建构[M]. 南京:江苏人民出版社,2012:27.
② [美]埃莉诺·奥斯特罗姆. 公共事务的治理之道——集体行动制度的演进[M]. 余逊达,陈旭东,译. 上海:上海三联书店,2000:31.
③ [美]奥斯特罗姆,帕克斯,惠特克. 公共服务的制度建构——都市警察服务的制度结构·序言[M]. 宋全喜,任睿,译. 上海:上海三联书店,2000:11-12.
④ 董礼胜. 中国公共物品供给[M]. 北京:中国社会出版社,2007:96.
⑤ [美]迈克尔·麦金尼斯主编. 多中心体制与地方公共经济[M]. 毛寿龙,译. 上海:上海三联书店,2000:73.

的局限性,需要基于多中心治理方案,从政府、企业、行业协会、消费者、媒体主体五个主体维度,构建密室逃脱类文旅新业态的政府与社会监管体系。

在多中心治理的框架下,政府、企业、行业协会、消费者、媒体5个主体在以政府为主导力量的前提下,各主体之间建立起一种相对独立与平等、互相协商与合作的共治关系,共同参与密室逃脱类文旅新业态治理,实现各自责任承担的最优化组合。具体而言,政府主体在密室逃脱类文旅新业态治理框架中是"元主体",处于主导性地位,具有组织、引导、协调、监管和强制性治理功能;企业是核心主体,既是治理的主体,又是治理的客体,在他者(政府、行业协会、消费者、媒体等)的治理和自律性自治理中强化治理自觉和被治理自觉;行业协会治理主体有行业政策、规范、标准和行业自律治理,以及行业活动组织和协调、维护市场良性竞争的治理功能,是次于政府治理的"次元"治理主体,具有准强制性和监督性治理功能;消费者、媒体是社会监督治理主体,具有重要的监督治理功能。五类主体以公共利益为首要衡量标准,在保持其治理正当性的同时,与其他各主体建立一种平等的合作关系。

当前,政府职能转变为以服务为导向,负责制定宏观层面的政策规制、市场调控、安全与质量监管,并接受来自其他治理主体的监督。企业、行业协会、消费者、媒体主体之间实现优势互补与互相监督。文旅新业态的治理最终通过政府、企业、行业协会、消费者与媒体五大主体之间的权力(权利)资源互补、知识共享以及协商合作得以实现,并达到一种协同共治的效果。

第二节　政府主体监管

当前,我国对文旅行业进行市场监管的职能部门主要有:从国家到地方的各级市场监督管理局;各级文化和旅游局。市场监督管理局的前身是工商行政管理局和国家质量监督管理总局。工商行政管理局于2008年设立,其主要职能是市场监管和行政执法。2018年,在十三届全国人大一次会议上,国务院机构改革方案取消了国家市场监督管理局、国家质量监督管理总局,新设立了国家市场监督管理总局。市场监督管理局的职能主要是在社会主义市场经济发展繁荣的背景下,对各级各类市场的监管和行政执法。文化和旅游局(简称文旅局)的职能则是指导和促进我国文化事业和文化产业的健康发展,对文化旅游市场有执法和监管职能。

一、政府主体的政策监管

我国文化旅游业市场监管的政策法规多是从宏观层面出发,对整个文化旅游行业进行规范和监督。由于密室逃脱类项目属于新兴的文旅新业态,相关政策还在研究、制定过程中,目前尚且没有较为完整的行业规范和执法标准。这里,笔者选取了 2016 年以来的四项相关政策法规文件对文旅新业态市场监管状态进行分析,如表 7-1 所示。

表 7-1　国家政府层面对文旅行业的监管政策分析

文化部办公厅关于加强旅游市场文化经营活动监管的通知①	政策监管	是从宏观层面上对文化旅游市场进行监管的指导性文件,其中提到了三方面的内容:明确监管职责、加强信用监管、加大案件处理力度
国家旅游局办公室关于在北京、上海、江苏等六省市启用全国旅游监管服务平台有关事宜的通知②	政策监管	旨在进一步加大旅游市场监管的力度,同时也践行简政放权精神,做到收放有度。其中强调政府监管的主要任务是将监管工作转移到线上,建立完备的线上数据库,进行更为高效的管理
国家旅游局办公室关于加强旅游诚信建设实施失信联合惩戒的通知③	政策监管	其重点任务在于加强对旅游行业失信行为的监管,营造健康守信的旅游市场环境
国家旅游局办公室关于旅游业国家标准和行业标准制定修订工作管理办法④	标准化规范管理	对旅游行业标准制定的工作进行了规范。通过增加立项评估、储备项目、加强监管等环节使行业标准的制定更加规范。密室逃脱类项目属于旅游新业态,其行业规则尚且不完善。该政策为该类项目规范制定的标准化提供了依据

当前,国家层面和省级文旅部门对于全国、省级文旅行业监管的政策内容较为全面,包括宏观的监管准则、监管方法的革新、对文旅市场失信行为的监管,以

---

① 文化部办公厅. 关于加强旅游市场文化经营活动监管的通知[EB/OL]. [2016-04-22]. http://zwgk. mct.gov.cn/auto255/201604/t20160422_474867.html? keywords=.

② 国家旅游局办公室. 关于在北京、上海、江苏等六省市启用全国旅游监管服务平台有关事宜的通知[EB/OL]. [2017-06-28]. http://zwgk.mct.gov.cn/auto255/201706/t20170628_832459.html? keywords=.

③ 国家旅游局办公室.《关于加强旅游诚信建设实施失信联合惩戒》的通知[EB/OL]. [2017-11-08]. http://zwgk.mct.gov.cn/auto255/201711/t20171108_832318.html?keywords=.

④ 国家旅游局办公室. 关于印发《旅游业国家标准和行业标准制定修订工作管理办法》的通知[EB/OL]. [2017-11-08].http://zwgk.mct.gov.cn/auto255/201711/t20171108_832315.html? keywords=.

及行业标准的规范化,等等。密室逃脱类项目作为新兴的文旅业产品,必然受到这些政策法规的约束。这些政策法规将推动密室逃脱类文旅项目的健康可持续发展。随着密室体验类文旅新业态的发展壮大,这一细分市场领域的监管政策法规的制定必将提上日程。

二、政府主体的内容监管

由于文旅行业具有内容意识形态与产业经济的双重属性,并具有一定的思想涵化和文化教化作用,因此我国政府主体一直强调文旅产业的内容价值观引领,在文旅产业内容方面做出了相关的审核监管规定。下面是部分涉及文旅新业态内容监管的政策文件分析,如表7-2所示。

表7-2 政府内容监管文件分析

文化和旅游部关于促进旅游演艺发展的指导意见①	内容监管	严格落实意识形态责任制有关要求,建立健全对旅游演艺节目内容意识形态审核的工作机制,严把重大革命和历史题材、民族和宗教题材等方面的内容审核把关。坚决抵制低俗、庸俗、媚俗作品,依法查处存在意识形态问题和触碰文化安全底线的旅游演艺作品。对于密室逃脱类项目而言,引进的海外剧本故事内容及其演艺形态,其意识形态和价值观念属于被审核监管的对象
文化和旅游部关于深化"放管服"改革促进演出市场繁荣发展的通知②	色情、暴力等内容监管	对沉浸式演出活动,要加强演出的全流程审核,防止出现宣扬封建迷信、淫秽色情及渲染血腥暴力等内容。对于密室逃脱类项目的场景画面和剧本故事而言,恐怖、惊悚、刺激、暴力、血腥、色情等内容是重点审核和监管范畴
国家旅游局办公室关于境外旅游宣传推广工作办法的通知③	宣传推广内容审核	国家旅游局负责统筹指导全国境外旅游宣传推广工作,适用于国家旅游局及其驻境外旅游办事处、办事机构(以下简称驻外办)、各省(区、市)旅游主管部门在境外(含港、澳、台地区,下同)组织开展的旅游展览、专项推广、广告投放、旅行商、媒体记者邀请等旅游宣传推广工作。该通知适应于密室逃脱类新业态项目的海内外宣传推介内容,需要国家文旅部和各级各类文旅管理部门加强内容审核

① 文化和旅游部. 关于印发《关于促进旅游演艺发展的指导意见》的通知[EB/OL].[2019-03-14]. https://www.gov.cn/zhengce/zhengceku/2019-09/25/content_5432951.htm.
② 文化和旅游部.《关于深化"放管服"改革促进演出市场繁荣发展》的通知[EB/OL].[2020-09-14]. https://www.gov.cn/zhengce/zhengceku/2020-09/16/content_5544020.htm.
③ 国家旅游局办公室. 关于印发《境外旅游宣传推广工作办法》的通知[EB/OL].[2015-12-03]. https://www.pthls.cn/law/71601cee3543b87.html.

当前,我国政府主体对文旅行业的内容监管主要从意识形态和价值观念、内容涉及恐怖、色情、暴力,以及文旅项目的海内外宣传推介等方面进行审核。密室逃脱类项目作为文旅新业态,以多样的密室主题与数字技术打造丰富场景为主要特色,通过趣味性的社交媒体营销来吸引消费者。在场景画面和符号、剧本故事内容与社交媒体推广中,密室逃脱类项目要以中国特色社会主义文化和社会主义核心价值观为引导,积极弘扬中华优秀文化,有选择性地吸收外来文化内容,增强原创性,自觉抵制恐怖、惊悚、刺激、暴力、血腥、色情等现象,防止低俗、媚俗、庸俗的内容创作或符号、画面组合。在沉浸式场景布置与场景符号元素使用中,也需坚守道义、质量与安全的底线。

三、政府主体的技术手段监管

政府主体除了从宏观政策层面对文旅行业及其市场进行监管和规范外,还在技术层面上制定了标准化的监管措施。这主要体现在技术标准化和场馆技术术语规范方面。参见表7-3。

表7-3　政府技术监管文件分析

第五届全国旅游标准化技术委员会成立[1]	技术标准化	该委员会成立大会于2020年5月由文化和旅游部旅游质量监督管理所举办。大会提到,要加强和健全新技术、新业态、新模式方面标准的制定,提升旅游服务质量。密室逃脱类项目作为文旅新业态,以先进的数字技术、虚拟场景技术为依托,需要健全的技术标准来规范其发展,监管、维护其技术装备和市场秩序
演出场馆设备技术术语　舞台机械[2]	技术监管	该行业准则对演出场所的舞台机械设备进行了详细规定,包括技术参数、检测装备、安全标准、故障维修等,从而对整个舞台设备进行全方位的标准化术语规范,保障舞台机械设备安全

全国和一些省级旅游标准化技术委员会的成立,让政府主体对文旅新业态的技术标准化监管更加完善。政府主体对文旅行业的技术监管可分为宏观和微

---

[1] 杨倩. 第五届全国旅游标准化技术委员会成立[EB/OL].[2020-05-21]. https://www.mct.gov.cn/whzx/zsdw/lyzljdgls/202005/t20200521_853481.htm.

[2] 文化科技司. 演出场馆设备技术术语·舞台机械[EB/OL].[2009-07-21]. http://zwgk.mct.gov.cn/auto255/200907/t20090721_465608.html?keywords=.

观两个层面,宏观层面包括技术准则制定、技术的标准化监管;微观层面包括文旅行业细分领域中技术标准的具体制定与监管。密室逃脱类文旅新业态项目依托于新场景技术,技术监管对其发展有着重要的技术规范化和安全保障作用。

第三节　文旅企业主体监管

文旅企业作为文化旅游市场经营中的主体,需要承担起自我监管的角色。相比较而言,政府和行业协会对文旅企业进行的监管是外部监管,而文旅企业的自律性监管是一种内部监管。

一、文旅企业的自律性监管

所谓自律性监管,即文旅企业在对自身应履行的权利和义务有深刻的认知,并且对自身应承担的社会责任有明确意识的情况下,自觉地监管自身行为的合法性和道德性,自觉承担法律责任、社会责任、文化责任的一种监管行为。

(一) 文旅企业自律性监管的价值

文旅企业进行自律性监管行为,有其内在的驱动因素:一是企业自身社会价值的实现。这种追求是指文旅企业不再满足于自身的商业利润收益,而更加追求一种社会价值的实现。二是企业无形资本投资的需要。布尔迪厄较早提出"社会资本"的概念后,经过学者们进一步的阐释研究,这一概念被广泛运用于"企业管理学、公民社会理论、经济增长理论"等学科研究方向中。[①] 该概念同样可以运用到企业自律性监管中。

企业要可持续地发展,不仅要获取经济资本,也需要投资无形资本,而这种无形资本就包括知识体系、信任体系和合作行为三方面。其中,知识体系是指公众对于该企业的整体认知;信任体系是指企业在公众心目中的信誉度;合作行为是指在企业行为中,公众与企业的合作,从而对企业行为进行支持。而这种无形的社会资本对于企业的利润和收益有着重要的作用,在市场化逐渐成熟的今天,企业打造完备的社会资本有利于其建立良好的社会形象,收获忠诚的用户群,从而获取到利益的最大化。因此,企业的自律监管,有助于企业实现自身的社会价值,也有利于企业实现利益的最大化。

---

① 林军,杨齐. 企业公民理论与我国企业管理变革[M]. 兰州:甘肃民族出版社,2009:212.

（二）文旅企业自律性监管的举措

文旅企业尤其是行业龙头企业、企业联盟在实行自律性监管的过程中至少需要做到三方面：一是制定正确的自律监管战略。战略设计是对企业经营工作的指南，对于一个企业的发展走向具有决定性的作用，而制定自律监管的战略则需要企业不仅仅从股东利益出发，还要将社会责任考虑其中。二是企业须勇敢承认自身的错误。企业是对自身行为最了解的市场主体，当其发现在运营过程中出现了有违法律、道德和市场秩序的行为，应当及时承认错误并加以纠正。如此一来，既能避免问题的进一步恶化，也可以保护用户的利益。三是企业需要在承担自身社会责任的同时，最大化自身的利益。因为企业的利益与员工、股东利益息息相关，而员工和股东也属于社会成员，企业承担社会责任并不意味着对员工和股东利益的抛弃，而应当两方兼顾。同时，企业利润的最大化有利于企业扩大再生产，创造出更多的就业机会，这也是企业应该承担的社会责任。由此可见，文旅企业应当构建完善的自律监管体系，既监管企业行为对外在社会的影响，也监管企业行为对于内部员工和股东的影响，履行文化责任和社会责任，从而实现企业利益和社会利益最大化。

二、文旅企业的内容监管

文旅企业同其他企业一样，其运营和市场发展过程也具有一定的负外部性，可能会对自然或社会环境产生一定的负面影响。因此，文旅企业主体需要对自身所产生的负外部性问题进行监管，其中企业自律性的内容监管是监管的核心内容。

（一）文旅企业对项目内容的安全性监管

安全性是文旅企业市场运营的重中之重，安全性可分为心理层面和生理层面的安全。首先，是游客（消费者、玩家）生命安全。文旅企业项目内容千差万别，但不管什么样的项目，都具有一定的实地体验性和参与性，这涉及文旅项目内容是否会对场所周边居民和游客的生命安全造成影响的问题。文旅企业需要建设符合安全标准的游乐设施，并在投入运营之前进行安全检测。在项目运营过程中，文旅企业需要对场所装备设施进行及时的检测和维修，及时查找出设备的安全隐患并加以解决，最大限度地保证项目运营的安全性。其次，是游客（消费者）心理安全的监管。文旅项目大都会给旅游消费者带来一些心理上的体验感受，部分文旅项目具有一定的惊悚、恐怖、惊险和刺激性，例如，密室逃脱类项目的密室场景布局和剧本便如此。文旅企业需要对项目的惊悚、恐怖、刺激性进行监管，避免刺激性过高而给旅游消费者带来不必要的心理刺激，保障旅游消费者的心理健康。

(二) 文旅企业对项目内容的合法性监管

文旅企业项目的内容存在合法性的问题，甚至有个别文旅新业态项目内容游离于法律和政策监管的边缘地带。因此，首先，要监管文旅企业的项目内容是否存在侵权行为。文旅企业项目内容在运营过程中需要有较高的知识产权意识，监管自身是否有侵犯他人知识产权的行为，对自身的侵权行为进行及时纠正，并对被侵权方进行补偿。其次，要监管项目内容是否存在不合法、不合理、不道德的因素，如过分惊悚、血腥、暴力、色情等内容。文旅企业需要制定规范的自律性监管标准，建立专业的监管团队，对于项目内容的合法性进行有效的监管。

三、文旅企业的环境监管

(一) 文旅企业的环境监管必要性

传统的环境规制理论认为，"环境问题产生于环境成本外部性带来的市场失灵"。[①] 因而，传统的环境规制结构理论将政府定位为规制者，而其他经济行为体如企业，被定位为被规制者，即这些被规制者没有主观意愿参与到环境的规制与监管之中。传统的环境规制理论有三个理论前提，即：规制者需要完全以最大化社会福利为目标；规制者对被规制者的信息能够完全掌握；规制者诚实守信。第一个和第三个理论前提没有什么争议，但第二个理论前提在环境监管领域比较难以实现。环境信息具有"非对称分布"[②]的特点，被规制者才是对自身环境信息最为熟悉的主体，规制者能够了解到被规制者的大部分信息，但很难及时了解到全部完整的信息。在这种情况下，更凸显企业的自律性环境规制的必要性。

(二) 文旅企业的环境监管措施

文旅企业的自律性环境监管需要有意识形态的培育和利益驱动两方面的措施。首先，主观意愿的培育和操作层面的培训，即培养文旅新业态企业的管理人

① 李冰强，侯玉花. 循环经济视野下的企业环境责任研究[M]. 北京：中国社会出版社，2011：305.
② 李冰强，侯玉花. 循环经济视野下的企业环境责任研究[M]. 北京：中国社会出版社，2011：305.

员和企业员工自觉地进行环境监管的意识。文旅新业态企业的管理层是企业的决策者,他们的决策直接影响着企业的自行监督行为,文旅企业管理者的环境监管意识强弱直接决定了文旅企业自律性环境监管行为的强弱。因此,针对文旅企业的管理者,应当采取环境监管培训,从思想意识和实践操作两个层面增强他们的自律性环境监管意识和行为。而员工的环境监管意识和行为的培育,除了通过管理层的指令性传达外,还需要对员工进行自律性环境监管操作方面的培训。同时,加强文旅企业文化建设,从思想意识层面养成自觉进行环境监管的企业文化。其次,相关利益的驱动,即建立利益相关者监管模式。文旅新业态企业可以主动选择需要承担的社会责任,并将所承担的社会责任纳入公司的战略管理层面,实现企业整体利益的最大化。在这种战略规划下,企业既能够实现自身的利益追求,也能够有效承担自律性环境监管的社会责任,实现企业自身利益和社会利益的双赢。

四、文旅企业的服务监管

文化旅游业属于第三产业,即服务业范畴,其服务质量和服务能力对于文旅企业项目的可持续发展有着重要的影响。文旅新业态企业需要对文化旅游服务内容和方式进行自律性监管。

（一）文旅企业自身的服务监管

文旅企业对自身的服务实行监管。首先,文旅企业需要建立完备的员工岗位服务培训制度。由于文旅行业从业人员众多,员工相关专业技能水平和服务素质良莠不齐,因此,对于员工进行专业技能和服务培训可以帮助提升文旅企业自身的服务质量和能力。其次,文旅企业自身需要建立健全服务监督体系,定期考察考核员工的服务质量和服务绩效,建立绩效奖励和惩罚机制。再次,文旅企业对于文旅服务设施也要进行定期的检查和更新,保障文旅服务设施的安全性,提高文旅服务设施给旅游者带来的体验质量。最后,文旅企业不仅要开放和维护游客投诉渠道,还要积极听取游客的意见和建议,获取游客的信息反馈,从而有针对性地调整自身的文旅服务方向。

（二）文旅企业对同行服务的监管

每个文旅企业都是一个独立的社会个体,但其发展壮大与整个文旅企业同行的发展息息相关,因此文旅企业在监管自身的同时,也应当对于文旅行业中出现的不良现象进行监管。首先,积极关注文旅行业的发展,对于行业发展中出现的问题进行有针对性的自查自纠,并与其他文旅企业信息互通,促进其他文旅企业的服务监管质量,从而使全行业朝着健康可持续的方向发展。其次,积极推进行业联盟建设,聚集全行业从业者的智慧,帮助制定行业的服务准则,实行更加有效的行业服务监管。

第四节　行业协会主体监管

一、行业协会监管的分类

行业协会的监管主要分为两部分:一是对行业协会内部成员以及彼此之间关系的组织监管。组织监管是指对于行业协会内部组织结构中各个部分的监管,包括对各成员行为的监管、行业协会与各成员之间关系的监管,以及行业协会的动态运作机制的监管。从行业协会的内部结构层面上来看,需要行业协会设置"会员大会、理事会、会长副会长、执行层"[①],以执行行业协会决策和监督行为。从内部成员关系的层面看,行业协会调和内部成员之间的关系并提供一定的服务,内部成员也向行业协会缴纳一定的会费,彼此之间互利共赢。二是面向整个行业的行业监管。行业监管的主要目的在于维护行业秩序,构建良好的行业发展环境。由于文旅行业发展不仅仅取决于文旅企业自身的发展,还与消费者、其他关联产业和政府监管息息相关。因此,行业协会需要监管整个行业的发展状态,协调行业与消费者、政府和其他产业的关系。

行业协会的组织监管是对行业内部成员的监管,是一个行业健康可持续发展的基础;而行业协会的行业监管则将行业内各成员打包成一个整体,从更宏观层面监管行业和市场中各利益相关者的关系,为行业的整体发展创造良好的发展环境。

二、文旅行业协会的环境监管

(一) 对文旅行业的环境监管

一方面,文化旅游资源为文旅产业的发展提供了物质基础,不论是自然资源还是人文资源,都属于文化旅游地的环境资源。另一方面,文旅产业的发展为文

---

① 石碧涛. 中国行业协会的转型与治理研究[M]. 北京:冶金工业出版社,2018:21.

旅环境带来了一定的正外部性或负外部性影响,而文旅环境安全的监管主要是针对可能存在的负外部性影响。例如,文旅企业项目运营过程中对资源的消耗,排放的垃圾、废水废气对环境的污染,等等。文旅行业协会针对这些可能造成的环境破坏进行监管。比如,2018 年,中国旅游协会发布了《旅游资源开发利用不能突破保护红线》[①]的倡议,其中提到对文化旅游资源要进行保护性开发,并对当前部分自然旅游资源实行"谢客""限客""休林"的措施,强调人文类旅游资源应当跟进自然旅游资源保护的步伐,适当开启季节性、时段性的"限客""轮休"形式的保护措施。

（二）行业协会的环境监管措施

行业协会自律是一种"联合组织的自律"[②],是指行业协会为了实现协会成员的共同利益,而实行的一种自我约束、自我管理。行业协会自律包括两方面的内容:一是行业协会及成员对于国家法律以及相关政策的遵守和执行;二是行业协会自身制定的一些非强制性规则,如"行业自律公约、行业质量技术标准、行业服务承诺、行业协调维权等"[③],并加以遵守和执行。具体而言,行业协会自律主要包括四方面内容。

一是为企业制定行为准则,并监督企业遵守。行业准则既包括关联企业经营收益的经济性规则,也包括环境保护、劳动安全等社会性规则。不同行业协会根据自身行业的不同,制定不同的行业准则。

二是规范行业市场竞争机制和竞争规则,保障行业市场竞争秩序的公平与稳定。例如,密室逃脱类项目作为文旅新业态项目,具有广阔的市场发展前景,诸多文旅企业开始涉足这一领域,企业为了争夺市场和消费者,在缺乏监管的情况下很容易出现无序竞争或者恶性竞争的情况,这就需要行业协会通过市场竞争机制和竞争规则的制定与监管,维护市场秩序和行业健康发展。

三是行业协会制定行业标准,为企业的运营和市场行为设置准则。行业协会为行业企业设置标准,要求企业生产的产品或服务必须达到最低标准。这种最低标准的设置有助于行业内部的良性发展,也有助于保护消费者的权益,减少假冒伪劣产品的泛滥。当前,密室逃脱类项目作为新兴的文旅产品,其场景布

---

① 王德刚. 旅游资源开发利用不能突破保护红线[EB/OL].[2018－06－11]. http://www.chinata.com. cn/info/9288.

② 高重迎. 行业协会的反垄断法规制[M]. 北京：中国政法大学出版社,2016：90.

③ 张良. 行业协会工作实务[M]. 上海：上海交通大学出版社,2014：55.

局、剧本、受众体验和服务质量良莠不齐,这就需要行业协会规范企业的行为,保障消费者获得优质的场景和服务体验,并且及时淘汰劣质服务。

四是,行业协会制定行业准入规则。市场准入规则的制定又可分为两方面:市场主体进入普通市场活动所需要遵守的条件和程序;特殊市场活动所需要遵守的条件和程序。这种准入规则的制定有助于净化市场环境,减少劣质产品或者服务进入市场。

(三) 行业协会监管的非强制性

行业协会是除了政府和市场之外的第三方治理组织,其目的在于弥补政府治理和市场治理的不足,维护行业内部企业的有序竞争,维护公平的市场秩序。但是行业协会监管存在着"弱型治理"[①]的特征,即行业协会在监管过程中的强制性较弱。因此,行业协会监管的有效执行更多依靠制度、道德、社会层面的约束而非强制性手段。文旅行业协会对于密室逃脱类项目的监管更多依靠制度、社会、道德层面的约束,通过柔性监管的方式构建健康的行业市场秩序。

三、文旅行业协会的服务监管

文旅企业服务质量的高低对于文旅企业的可持续发展具有重要的影响,行业整体服务质量的高低也对文旅行业的口碑具有重要的影响。因此,行业协会需要对于文旅企业服务质量进行有效的监管。行业协会需要根据政策规范、文旅企业的发展态势和游客的反馈等政策和市场信息,制定详细的服务质量标准,从而从宏观层面规范和监管文旅企业的服务质量,并且在行业规范的具体实践过程中,根据行业市场发展态势进行修正、完善。同时,要落实行业协会的监管职能,还需要建立组织机构,成立监管小组,对协会成员定期检查和监督。

第五节　游客(消费者)主体的监督

一、游客(消费者)对旅游目的地环境和服务质量的监督

旅游目的地城市、集镇或乡村的自然环境、气候水文、历史文化、交通住宿、景区(点)场所、场景空间的信息发布、基础设施、拥堵情况、卫生条件、安全措施

---

① 张良. 行业协会工作实务[M]. 上海:上海交通大学出版社,2014:55.

和相关灾难事故等,与游客的生命健康、旅游体验息息相关,是游客(消费者)主体监督、投诉的主要内容,较多涉及地方政府、文旅企业和其他游客主体。游客(消费者)的监督投诉是否得到及时回应和处理,当地政府和企业的反馈、改进和服务措施是否到位,关涉游客的旅游获得感和满意度、关涉文旅舆情和旅游目的地声誉和口碑,也是文旅新业态项目健康可持续发展的关键环节。

二、游客(消费者)对文旅产品和服务质量的监督

文旅产品和服务质量虽然受到政府法律法规、行业协会的监管,以及企业自身的自律性监管,但是游客(消费者)作为文旅企业产品和服务的直接参与者、体验者,应当拥有监管文旅企业产品和服务质量的权利与责任。通过打造"面向游客、适应旅游市场发展需求的监管框架",充分发挥游客的主体性监督自觉。[①]游客是文旅活动过程中的切身体会者,游客体验的好坏直接决定了文旅企业市场业绩的好坏。游客在旅游过程中最能真实感受到文旅产品与服务中的优缺点,因此,游客对文旅企业服务质量和能力的监管十分必要。通过游客对于文旅企业服务中的问题反馈,以及对于文旅企业运营过程中不良情况的举报,能够有效规范文旅企业市场运行过程中存在的问题。有利于提高文旅企业的服务水平,有利于保护旅游地的文旅资源,有利于促进文旅市场的进步与发展。

三、游客(消费者)主体的自律性监督

游客(消费者)自身在旅游体验过程中可能会出现不文明的语言和行为,这种不文明的语言和行为会对文化旅游目的地产生负面影响。按照影响的严重程度划分,可以将游客的不文明行为划分为普通的不文明行为和违法行为。普通的不文明行为包括:随地吐痰、乱丢垃圾、大声吵闹、乱刻乱画、不尊重当地风俗习惯,等等。旅游过程中的违法行为则包括:损毁公共设施,不良用火行为造成火灾,违背社会良序,严重伤害民族情感、地方文化情感,等等。

对于游客不文明言语和行为的监管,不仅需要依靠法律规范的强制执行,或是文旅企业工作人员的监督执行,更需要游客主体的自律性监督。首先,游客需要提高自身的道德文化修养,提升自觉遵守文旅规范的道德意识,在旅游过程中避免出现破坏文化旅游的环境和不文明行为。其次,游客需要主动了解有关旅

---

① 邹爱勇. 旅游市场监管与法制风险防范[M]. 北京:中国旅游出版社,2018:9.

游地的文化背景、风俗习惯,做到心中有数,从而减少在旅游过程中违反当地旅游地习俗和生活规则的行为。再次,游客如果已经说或做了不文明的言语和行为,并且损害了文旅企业的利益或者损害了其他游客的利益,需要及时止损,自觉遵守法律规范,接受相应的处罚。游客主体的自律性监管,可以减轻文旅企业和政府的监管负担,有效提高其监管效率。

第六节　媒体主体的舆论监督

不少时候,社会公众对文旅行业尤其是文旅新业态法律规范不太熟悉,抑或没有认知;对文旅新业态项目的内容价值缺乏一定的认知度,甚至没有明显的主体性监督意识。因而,文旅新业态企业和项目设置、项目运营、市场秩序、安全保障的规范性要充分动员媒体舆论的主体力量,运用报刊、电视、广播、音像等传统媒体,以及网络媒体和 QQ、微博、微信等社交媒体进行立体化、网络化的全方位宣传与知识普及。在传播内容和形态上,力求与时俱进,文字、符号、音频、视频与解说等传播形态多样化,传播内容生动形象,传播形态喜闻乐见;在传播语言上,可用普通话和英文、韩文、日文等多种语言形态进行宣传普及。此外,还特别需要在以下几方面着力进行宣传推广。

一、文旅新业态主题形象的提炼与宣传推介

从文化旅游的角度来说,主题文化形象是密室逃脱类的文化特色识别和文化价值理念的集中体现,其贯穿于文旅新业态产品设计、宣传定位、包装推介、文化形象、营销服务等经济活动中,可将主题体验内容的潜在价值转化为现实的文化价值,构建密室逃脱类文旅项目的主题文化形象。项目主题形象需要有文化意蕴,能反映项目内容和场景的文化特色和个性,体现其审美、艺术和娱乐价值。同时,其文化主题形象要集中有力、琅琅上口,便于受众记忆。

二、强化安全监管,保障文旅新业态安全性

为了保障文旅新业态项目的安全性,应开展适应于青少年群体并针对潜在消费群体的普遍性安全教育培训。一方面,在青少年群体内心深处植入文旅新业态安全知识,提升其安全防护的主体性自觉;另一方面,加强密室体验和消费者互动参与的基本知识技能教育,提升他们的安全意识和监督自觉。目前,文旅

新业态行业有组织、有计划、操作性强、效果明显的安全保护教育活动不多，民众参与度有限，需要进一步加强和提高。

三、加强文旅新业态不良现象的舆论监督

近年来，不少文旅企业尤其是新业态企业在项目拓展性建设中，为追求新开发产品或服务的产业效益、商业利润而忽视项目所在地的长期社会效益、生态效益；同时，一些地方政府和民众的文旅场景设施安全、生态环境安全、社会公共安全意识不强，破坏原有文化生态资源，仿制、伪造、占用和不尊重文化原貌和韵味等不良现象时有发生。针对这些不良现象，媒体主体（各类媒体平台）需要充分发挥自己的舆论监督力量，通过主流媒体、网络媒体、社交媒体平台等多媒体形态予以报道和舆论监督，宣扬和激发文旅新业态健康有序发展的舆论正能量。

第七节　各治理主体的协商共治机制

文旅新业态治理成功与否，关键在于以政府治理主体为"元主体"，调动其他治理主体的参与积极性，促成各治理主体协商共治的运作机制。多中心治理的核心运作机制是各主体合作机制，这种机制的运作规则在三个层次上展开。

一是认同。对传统单一的政府治理主体来说，它在获得公共性的同时也获得了合理性；对其他治理主体来说，则是获得了其治理主体的地位，多个治理主体在治理关系的相互认同中获得了关系的互建。需要强调的是，在多中心治理体系中，需要有牵头的、引导性的治理主体带动其他治理主体参与治理，没有牵头的、有组织的治理容易陷入扯皮推诿的低效率状态，而政府治理主体在有组织、引导性的治理过程中承担着"元主体"的角色。

二是尊重。多元治理主体并不是一个"子系统屈服于另一个系统"，而是多主体拥有相对均质的治理权力（权利），由此建立的是自主、能动与互相依赖、平等协商、合作共治的关系，在对治理事务的讨论中，"不是从共相的有效性中，而是从诸多殊相的反思性调试中得到总体系统的合理性"。

三是，多中心治理的合作制度是一种相互承诺的信任机制。

"多个治理主体依据公共服务的伦理精神，建构一种合作型政府信任关系，

与现代流行的分工协作合作关系不同,这是一种'差异互补'的高级合作形态。"①

对于密室逃脱类文旅新业态项目的治理,政府、企业、行业协会、消费者及媒体等治理主体以监督和服务为导向,基于相对独立、平等和自愿、互信的原则建立合作关系。政府在多中心治理体系中承担着一种"元主体"治理责任。政府首先需要维护一个良好的多主体治理秩序,在保证自身治理功能的同时,还需要从程序、制度、政策上保障其他主体的治理权力(权利),强化各治理主体对文旅行业的监管主体意识与监管主体自觉。

同时,在内容、技术、质量等层面为监管提供规范和标准。自主治理是多中心治理模式中的另一关键要素。自主治理需要民众(尤其是消费者)的积极参与。企业通过对项目内容的安全性、合法性等自律性监管实现自主治理,游客(消费者)通过对自身行为的自律和对项目场景、内容、技术、安全的监督实现治理自觉。行业协会在发挥组织监管与行业监管的同时,实现了企业与政府的积极沟通。媒体作为一种更为广泛的舆论监督,为各治理主体提供对话交流的渠道。在合作机制下,政府、企业、行业协会、消费者、媒体等治理主体在参与具体治理过程中,可以参考法国治理专家皮埃尔·卡兰默提出的三大步骤,即"渐入清晰""进入对话"与"导入方案"参与治理。"渐入清晰"即各治理主体打破体制的界限,依据各自的专业知识与信息资源进行"共同诊断";之后,对各自的意见观点进行真诚公平的交流与对话;再者,集体协商制定出一个符合整体系统利益的方案,然后进入具体的治理实践过程。

多中心治理模式是从"中心—边缘"传统社会治理模式向服务型社会治理模式转变过程中生成的一种结构—功能治理体系。它强调从单一的政府治理主体向多中心、多角色互动的治理主体结构转变。在多中心治理模式下,政府不再是单一的治理主体,企业、行业协会、消费者以及媒体等主体,都获得了差异化的治理主体地位,这五大治理主体及其治理职能应相互承认、相互尊重、互信承诺,构建合作共治的网络结构关系,并依据一定的操作程序,在冲突、对话、协商、妥协、合作中实现最优的治理责任分担与决策制定。多中心治理模式在文旅新业态治理过程中能够发挥重要作用。

在多治理主体的合作机制下,密室逃脱类新业态项目治理来自社会、市场、

---

① 孔繁斌. 公共性的再生产——多中心治理的合作机制建构[M]. 南京:江苏人民出版社,2012:63-166.

行业内部等多层面的监督。政府宏观政策、项目内容以及技术层面的监督,企业自律性的监督,行业协会的组织监督与行业监督,消费者的批评建议式或举报性监督,以及来自媒体的宣传引导与舆论监督,共同构成了多维度的市场监管体系,促进密室逃脱类文旅新业态在内容、形式、技术、场景等各方面的高质量发展。而五大治理主体之间的互相监督则维系着整个多中心治理合作机制的良好运转,并在相互磨合、协商、合作与利益互惠的过程中形成了一个完善的信息沟通与反馈机制,最终促进密室逃脱类文旅新业态朝着公共利益最大化的方向发展。

第八章
政府主体的具体监管措施

随着人们物质生活水平的提高,精神文化需求也日益增多。一些新奇有趣的文化休闲娱乐活动应运而生,密室逃脱类文旅新业态项目以其沉浸式体验感强、锻炼智力、提升人际沟通协作能力的特点,成为备受青少年群体青睐的新的文化娱乐方式,此类项目能够缓解工作、学习和生活压力,满足人们猎奇探险、寻求刺激、获取精神愉悦等消费需求,但同时也存在着内容故事、技术、安全、设备质量、宣传舆情等方面的问题和潜在风险,需要政府主体(文化与旅游部门、市场监督部门、公安部门等)进一步加强治理,提升监管能力。政府部门的具体监管措施如下:

第一节　完善政策法规,构建文旅
新业态发展的长效机制

作为文旅融合发展的新业态,密室逃脱类项目的发展离不开中央、省(市)、区(县)多层级的政策支持与保障,形成推动密室逃脱类文旅新业态健康可持续发展的长效机制。

第一,加快建立适应密室逃脱类文旅新业态发展的法律规范、管理规范、考核体系和产业统计体系等制度,为此类新业态项目发展创造良好的法治环境。

第二,出台相关办法举措,给予密室逃脱类文旅新业态企业在资源、技术、人才、市场等方面予以重点关注和支持。

第三,制定《促进文旅新业态项目高质量发展的指导意见》,明确密室逃脱类文旅新业态发展的指导思想、目标、原则、任务、方式、保障,建立此类文旅新业态发展的长效机制。

第四,加大财税金融政策对密室逃脱类项目的支持力度,可设立文旅新业态项目专项资金,引导金融机构加大对此类文旅新业态示范项目、重点项目的信贷投放,增强此类企业的发展活力。

第二节　审核剧本内容,确保价值观导向正确,保护知识产权

第一,文旅新业态项目剧本故事的知识产权保护,进一步健全、完善知识产权法律规范,制定细致严谨的侵权标准,使剧本故事著作权人、改编权人在维护自己的著作权益时有法可依,对于此类项目剧本内容的侵权行为,加大惩处力度。

第二,出台剧本审批制度,各级文化旅游部门成立剧本审批小组,加强剧本故事内容审核。尤其是针对当前密室逃脱类文旅新业态项目以海外剧本故事内容居多的现象,加强海外剧本故事的意识形态及价值观念审核,确保剧本故事符合我国主流意识形态和社会主义核心价值观,有利于青少年身心健康发展。

第三,加强此类项目场景设计符号和剧本内容中的恐怖、惊悚、色情、暴力等内容审核,必要时设立内容分级制度,禁止未成年人接触恐怖、暴力、色情等题材的密室逃脱类项目。综合考虑不同年龄段、不同层次受众的消费需求和接受能力,针对夹杂凶杀、暴力、恐怖、鬼怪、灵异等场景和剧本内容,颠倒真假、善恶、美丑价值取向的剧本及相关场景情节,以及血腥暴力、过度恐怖的相关场景、背景音乐和声音效果等,予以否决或删除。

第三节　鼓励数字技术与文旅深度融合,把控技术安全风险

密室逃脱类文旅新业态项目是互联网、AR/VR、人工智能等多种技术的有机融合和综合运用,带给消费者数字场景、可沉浸式的服务体验。政府一方面要鼓励和支持场景新技术与文旅内容产业的深度融合,另一方面要加强技术风险的把控和技术安全的监管。加大数字场景技术的监管力度,市场运行机制下的数字技术容易受到资本力量的控制产生正负外部性的双重影响。因此,政府应引导新技术应用方向,严防技术被不当使用;出台鼓励性措施,提高数字技术的

创新能力。

建立健全技术产权保护制度,加快出台数字技术知识产权保护的相关法律法规;坚持公平竞争原则,鼓励技术创新的同时,推动技术质量标准化、规范化;加快出台技术人才引进和培育方案,聚焦新技术与文旅内容产业融合发展需要的中高端人才,加快构建层次分明的人才引进政策和人才激励机制,在自主培养数字技术与文旅内容融合领域人才的同时,应面向全球吸纳高端人才,为全球顶尖人才的集聚搭建平台,充分调动创新型技术人才的积极性;设立数字技术与文旅内容融合领域的研究机构和高端智库,增强核心技术自主研发能力,为数字技术与文旅内容融合的高质量发展提供技术支持。

第四节 构建立体化安全保障体系,
做好场所安全防护措施

安全是密室逃脱类项目的生命线,是消费者的第一诉求。密室逃脱类文旅新业态项目本身的特性——体验性、刺激性、挑战性和风险性,要求把安全作为发展此类项目发展的第一要义。因此,政府主体应采取强有力措施,提升密室逃脱游戏类项目的安全管理水平,做好安全防护与保障措施。

第一,疫情安全防控方面,加强密室逃脱类项目场所的日均客流量限制,避免人群拥堵,监管此类企业经营场所的日常消毒、游客信息登记、体温测量、健康码扫描等工作的落实力度。

第二,建立项目风险评估制度,对此类项目场所、场景和设备的安全实施风险评估,预判风险概率、划分风险等级。建立密室逃脱类项目市场准入制度,对项目申报、技术人员培训、资质认证等方面进行质量控制。尽快出台专项政策法规,明确项目组织、运营、参与各方的责任权利,明确项目安全质量标准,确保有法可依、有法必依。

第三,构建风险预警预报体系,督促企业加强和改进密室内监控体系建设,加强对危险、刺激、恐怖系数较高地方的监控和巡逻力度。

第四,强化安全保险保障体系建设,积极引导商业保险企业涉足密室逃脱类项目;鼓励和引导保险公司扩大保险范围,适当提高保费,开发相应的人身意外险和其他专项保险。

第五,加强密室探奇类项目场所、场景设备安全巡查力度,要求不符合质量

和安全标准的场所、场景及其设备设施（如电路老化、照明设施故障等）限期整改,场景惊险之处要及时安装护栏设备、张贴警示标语,为尖锐物件包上防撞贴,为玩家配备护手护膝等防护物,保证场所内部光源的合理亮度,等等。

第五节　加强场景设施质量监管,保障场景技术设备安全

密室探奇类项目场景设备和游乐设施质量直接关系到消费者的生命安全,政府有关部门应加强场景设备、设施质量的监督管理。政府部门应出台关于《文旅新业态场景设备设施安全质量监督管理规定》等,保障密室逃脱类项目设备设施质量监督管理有章可循,规范化管理。针对此类项目设备设施进行严格审查;对此类项目场景设备设施的操作规程、管理制度及现场运行的质量进行定期排查。

制定和完善密室逃脱类项目设备和相关设施的质量管理细则,向企业下达质量、安全、目标管理责任书,建立项目设备和相关设施质量安全档案卡,对不合格、不安全、手续不完备的场景设备设施予以撤停并转;对项目大型设备设施的安全性能和质量,定期维护,定期保养,对操作、运行、维修人员进行定期技术培训,以保障密室逃脱类文旅新业态项目的场景设备设施质量安全标准。

第六节　监管场景和剧本内容的恐怖指数,确保惊悚刺激适度

现代社会生活节奏快,人们的学习、工作压力大,惊险、恐怖、刺激的密室主题场景和内容故事为人们提供了一条情绪宣泄和精神减压的通道。相较于其他探奇类文旅新业态而言,以惊险、恐怖、刺激为主题的密室探险类项目门槛较低,见效较快,不少玩家将恐怖的场景故事与幽暗的密室画上等号。由于市场准入门槛低,大量企业涌入后,不少商家摒弃了以场景、剧情、故事、气氛渲染逐步激发玩家体验愉悦感的做法,而直接采用简单直白的幽暗恐怖环境、恐怖背景音乐、扮鬼尖叫等方式刻意营造阴森恐怖的氛围,甚至为了场景和剧情设计更简单,一些恐怖主题的密室体验项目已经"去谜题化",异化成了不折不扣的"鬼屋"。

不容乐观的是,由于市场同类恐怖主题的密室逃脱项目同质化严重,为博取

眼球,吸引客流量,个别商家刻意提高恐怖、惊悚和暴力程度,不考虑不同年龄层次、不同接受能力消费人群的心理承受能力。为此,政府部门应制定项目恐怖指数参考标准,加大此类项目的场景、故事内容恐怖、惊悚指数的监管力度,综合考虑不同年龄阶段消费者的接受能力,将此类项目的密室幽暗、恐怖、惊悚指数控制在合理适度的范围之内。

第七节 多元主体参与,强化项目宣传推介内容的审核监督

目前,密室逃脱类项目的宣传推广主要存在线上与线下两种模式,随着此类项目的发展繁荣,越来越多的企业运用全媒体和户外广告方式进行立体化宣传推广。一方面,加大宣传推介活动有利于更多消费者认知和接触此类数字技术与文旅内容产业融合的新业态项目,拉动消费。另一方面,密室逃脱类项目有其特殊性,存在幽暗、恐怖、惊悚、暴力等元素,因此,政府主体要加强此类项目宣传推介内容的审核监督,避免出现不合理甚至违法的宣传推介内容。

首先,健全密室逃脱类项目宣传推介内容与行为的监管政策。当前与此类项目宣传推介内容监管相配套的政策法规还处于空白状态,需要以法律规范形式界定企业相关的宣传推介内容与行为,加强此类项目宣传推介内容的监管力度。

其次,强化"以政府主体为龙头、多元主体协同治理"的理念。发挥文旅市场监管部门的牵头作用,联合政府相关职能部门齐抓共管,提高内容审查和联合整治力度。尤其在密室逃脱类项目的线上线下宣传推介广告制作、发布、内容审核方面,给予相关企业更多的指导、建议,督促此类项目企业规范市场经营行为,促进行业健康可持续发展。

最后,构建多元社会主体共同参与监督机制。在政府文旅市场管理部门的主导下,将新闻媒体、行业协会、消费者等社会主体的监督治理功能有机结合,推动行业协会建设,加强行业自律,发挥媒体的舆论监督作用,鼓励消费者和市民群众参与监督,构建政府、企业、行业协会、媒体、消费者"五位一体"的综合监督体系,提升密室逃脱类项目宣传推介内容和活动的监督与治理能力。

第九章
文旅新业态高质量发展的理论逻辑与实现路径

在习近平新时代中国特色社会主义思想的指引下,中国经济社会发展由高速增长阶段迈向高质量发展新阶段。为顺应新时代潮流,文旅新业态转向高质量发展成为应有之义。"旅游是文化的形和体,文化是旅游的根和魂"[①],文化、科技和旅游的融合是产业转型升级、实现高质量发展的内在要求,也是满足人民美好文化与旅游消费需求的路径选择。现阶段,文旅新业态通过文化赋能、创新驱动、生态护航、企业助推、品牌赋魅,推动文化、科技和旅游融合走深走实,以"以文促旅、以旅彰文"促进高质量发展,实现文旅产业发展提质增效。

第一节 文旅新业态高质量发展的理论逻辑

文旅新业态高质量发展的理论逻辑要素体现在:一是文化内涵赋能文旅新业态高质量发展,二是文旅产业发展驱动文旅新业态高质量发展,三是绿色生态环境护航文旅新业态高质量发展,四是企业组织创新助推文旅新业态高质量发展,五是文旅创意品牌赋魅文旅新业态高质量发展。

一、文化内涵赋能高质量发展

文化(包括符号、元素及其组合和 IP 等)是文旅新业态发展的核心和灵魂。每个人都拥有好奇心、休闲放松心态、恋地情结和审美情怀,地域性、审美化、特

---

① 周晓薇. 生活、场景、内容:苏州地方戏曲、曲艺与旅游融合发展的理论逻辑与实践探索[J]. 艺术百家,2020(01):78-84.

色化的本土和异域文化与旅游成为游客们的精神依托。以乡村旅游为例,无论是农耕技术、生活习俗还是民间工艺等,均蕴含着深厚的地域传统文化,承载着特色化的文化符号元素,具有明显的地方性、区域性、民族性特色。[①] 文化、科技与旅游的融合正是维护与传承原乡性、可体验性、审美性、娱乐性,充分挖掘旅游地的独特文化价值和文化魅力的重要途径。文化、科技与旅游融合传承与创新了在地化的文化底蕴和民俗风情,通过创造内心的体验,唤醒人们的文化记忆,代入人们的文化想象,满足游客的精神需求。

二、产业创新驱动高质量发展

产业创新是文旅新业态走向高质量发展的重要突破点。目前的文旅新业态发展中存在的问题主要体现在:一是陷入文旅产品与服务高度同质化、缺乏创新和特色的困境中;二是产业链短且不稳定,市场竞争优势薄弱;三是数字技术应用不成熟,文旅产品与服务的可展示性、可体验性尚未得到充分开发,难以满足游客多层次的消费需求。为此,全局谋划和延伸文化旅游新业态价值链,多层次创新产品与服务,推进一、二、三产业融合,融5G、VR/AR、大数据、人工智能、数字场景等新技术、新体验于产业链上下游,逐渐补齐文旅新业态的短板,丰富文旅产业产品、服务、模式,促进产业结构优化和效能提升,助力文旅业态转型升级,打造文旅精品品牌。

三、绿色生态护航高质量发展

文旅产业与生态环境具有天然的同构关系,良好的生态环境是文旅新业态高质量发展的支撑。早期的旅游资源开发常常无视绿色、健康、可持续发展,重经济效益、轻生态环境保护,过度消耗和严重破坏旅游资源,造成的环境污染和生态破坏短时间内难以恢复,难以实现高质量发展。进入新时代后,"绿水青山就是金山银山"和"山水林田湖草的生命共同体"理念为文化旅游发展提供了生态遵循,文化旅游新业态只有践行绿色发展理念,构建生态经济新模式,才能实现文化、产业、数字科技、社会和生态的协调统一。

四、组织创新助推高质量发展

企业组织创新是推进文旅融合的经营载体。文化、科技与旅游产业通过组

[①] 于法稳,黄鑫,岳会. 乡村旅游高质量发展:内涵特征、关键问题及对策建议[J]. 中国农村经济,2020(08):27-39.

织协同创新,促进文旅产业化组织功能转型升级,优化资源配置。例如,文化、科技与旅游企业之间进行文化与技术、产业经营交流与合作,实现信息互通,预测市场不确定因素,减少企业经营风险,特别是在场景文化资源、技术、设备层面优势互补,实现互利共赢。文旅企业联盟把新的经营方法、手段、模式、管理要素与要素组合融入企业组织创新,更有效地实现组织目标的行为过程。通过企业组织创新,整合组织资源,可以实现文旅产业组织的集约化、专业化、组织化、社会化、网络化,深度融合文化、数字科技与旅游,推动文旅新业态高质量发展。

五、创意品牌赋能高质量发展

文化 IP 与文化创意的结合是文旅新业态高质量发展的新亮点。文化 IP 具有超强渗透力,可以通过多种形式与旅游产业融合,提升文旅产业中以创意为核心的要素比例,构建文化价值系统,塑造文旅创意品牌。特别是通过数字科技、文化灵韵、品牌创造力的有效嫁接,改变各自的固有形态,实现文化 IP 与文化创意耦合的品牌延伸与升级,形成旅游文创产品与服务品牌。文化 IP 是文、旅、科技融合的纽带,它既能沉淀用户情感,将文化 IP 蕴含的文化与审美特色传递给更多消费者,又能够推进文化资源与技术、产业融合,延长文旅新业态生命周期及变现能力,创造更多的经济价值,达到创意品牌赋能高质量发展的实际效果。

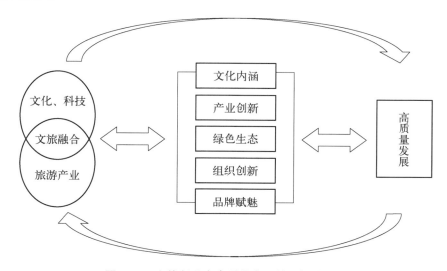

图 9-1 文旅新业态高质量发展的逻辑关系图

第二节　文旅新业态高质量发展的实现路径

尽管文游新业态具有广阔的市场前景,但在蓬勃发展过程中也面临着一些问题和挑战。鉴于文旅新业态产品与服务业态较新,同质化现象明显,需要转换思维、释放要素潜能、创新发展之道,在保护当地生态环境的基础上,加持数字化技术,构建场景空间,赋值文化内涵,增强体验性、互动性和消费者黏性,实现高质量发展。

一、深入挖掘地方文化内涵,打造特色文旅品牌

(一) 重视文化"灵韵",凸显其意义和价值

我国历史文化资源丰厚,历史文脉传承性强,各地拥有内涵丰厚的传统文化资源和地域文化,也是文旅新业态的文化内容优势。在文旅新业态场景构造和故事内容中注入传统的或地域的特色文化内涵,减少简单的文化符号消费,向市场和社会传递文化符号背后的意义和价值,营造人文气息浓郁的文旅环境,给予消费者更多的文化体验,用文化灵韵滋养人的心灵。比如,坐落于巫山余脉与武陵山余脉交汇处的武陵山区利川村,具有得天独厚的自然资源和地域文化资源优势,在政府政策引导下,充分活化当地自然和文化资源,以地域民俗文化为核心,发展特色村寨民宿旅游,留住地方文化根脉,为即将消亡的当地民俗文化注入新的活力。[①]

以湖北省利川市的利川村寨为例,文旅新业态可以充分活化地方传统文化资源,打造文化品牌。其一,在场景构建上融入地方特色风土民俗元素,以本真与现代、数字化与场景化相融合的方式呈现。其二,文化活动中融合本土生活方式、民俗文化,注重参与度与体验感,减少游客与景点(景区)的文化距离。其三,演艺表演活动中注重游客的感官审美与互动体验,吸引消费者审美注意力和营造现场沉浸度。其四,在文旅纪念品、民俗产品与服务的制作与包装设计方面,注入地方文化符号元素,增加产品与服务的纪念价值和审美价值。总之,让地方文化符号、文化特色充分渗透到文旅新业态供应链、产业链、价值链各环节中,打

---

① 李忠斌,刘阿丽. 武陵山区特色村寨建设与民宿旅游融合发展路径选择——基于利川市的调研[J]. 云南民族大学学报(哲学社会科学版),2016(06):108－114.

造特色文旅品牌,提升文旅新业态产品和服务软实力。

（二）借鉴优秀实践案例经验,在地化孵化 IP

在内容为王的文旅新时代,IP 是活化特色文化资源、促进传统文旅产业现代化转型的新动能。比如,日本熊本县原是一个名不见经传的弹丸之地,也是一个传统"农业大县",当地巧用"熊"文化元素与当地观光农业、生态农业相融合,创造了"熊本熊"这个憨态可掬的吉祥物,经过周密的创意设计与宣传营销,迅速打造熊本县的名气,使一个经济发展落后的农业县摇身一变为国际知名的文旅新景区,产生了巨大的经济效益、社会效益和生态效益。[①]

如今,我国不缺少可以转化为特色 IP 的优质文化资源,但缺少懂得创意开发的文化思维。针对文旅新业态缺乏超级 IP 的现实,结合 90 后、00 后新消费者的消费特点,文旅企业可采取以下措施孵化 IP:一是依托专业团队设计传统或地方文化特色鲜明、形象讨喜、简约易记的 IP 或吉祥物,建构既能让新消费者眼前一亮的地方或景区文化形象;二是丰富 IP 内容,赋予一系列贴近新消费者需求的文化故事、剧情故事、连环动漫、娱乐游戏等,让新一代消费者产生心理共鸣和文化共情;三是加大营销推广力度,如在社交媒体平台上推出相关表情包、相关趣味文化活动,增强文化亲近感,将其融入消费者群体的日常生活中;四是设计精美的文化创意产品和服务活动,举办线下市集,扩大文旅新业态产品的知名度。在借鉴优秀实践案例经验的基础上,以地方文化为本,量身定做独一无二的特色产品,在地化孵化 IP,催生文旅融合新形态,形成特色文化品牌。

二、促进多元化创新,延长文旅新业态生命周期

（一）融文旅新业态要素于人们的日常生活

当前,以"吃、住、行、游、购、娱"为主的传统旅游业逐渐拓展至"商、养、学、闲、情、奇"等新业态,在后续发展上需逐步扩展各文旅要素之间的融合程度,大力发展文化商务旅游、文化养生旅游、文化研学旅游、文化休闲旅游、文化情感旅游、文化探奇旅游,把文旅新业态融入人们的日常生活之中,成为人们的日常生活方式。比如,苏州地方戏从生活、场景、内容三个维度与旅游深度融合,带动新一波"戏曲热",让更多年轻人浸染昆曲、苏州评弹的魅力。

---

① 王志纲工作室. 一个超级城市 IP 是如何诞生的[EB/OL].[2018－09－04]. https://www.sohu.com/a/251888269_642245.

将文旅新要素融入人们的日常生活方式中,需要充分释放文旅新业态要素活力:一是注重艺术生活化、生活艺术化。在周末和节假日增加文旅产品或服务展演活动次数,让文化活动走进人们的日常生活,使文化艺术"生活化"。二是强调场景特色化、演艺审美化。比如,苏州当地在沧浪亭、狮子林、拙政园等古典园林举办游园特色文化活动,在园内各亭、厅、堂、斋、阁布置富有江南文化特色的评弹、丝竹演奏等演艺节目,让曲艺与景区旅游交相辉映,产生审美"溢出效应"。三是强化思维创意化、内容 IP 化,基于文化艺术创作、充分挖掘 IP 含量丰富的文旅新业态产品与服务,延伸文旅产品与服务的供应链、产业链。

(二)拓展文旅新业态产品或服务价值链

构建文旅大数据平台,整合文旅新业态资源,通过共享数据拓宽新业态发展渠道,增强各文旅机构、企业之间的交流与合作,突破现有的发展瓶颈,合理配置文旅要素。例如,文化养生旅游借大数据平台和社交媒体数据平台,与地方特色文化融合,宣扬健康养生文化理念,推出健康养生和体验消费,如温泉文旅度假区、水文化综合康养区等,打造文化+养生文旅新业态小镇;以"中医药养生文化"为核心,培育特色中医药养生产品品牌;以"健康生态文旅"为消费理念,聚力原生态的本真文化资源,吸引人们返璞归真;以"美丽乡村"为主题,将绿色环境、生态农业、观光农业与农村特色民俗文化、地方艺术创生融为一体,并赋予场所精神,将传统农居转变为别具文化特色的演艺场所、民宿、农家乐等,集演艺、住宿、餐饮、游玩、深度体验于一体,艺术介入带动乡村文化创生,延伸乡村文旅新业态价值链。

因此,需构建科学、合理、系统的文旅新业态产品开发体系,营造全面、立体、多层次的文旅宣传营销体系,优化文旅新业态创新价值链,力求进一步提升文旅新业态产品与服务的附加值。

(三)推进不同文旅业态之间的融合创新

以"文旅+"发展战略为主、"文化+""互联网+"为辅,促进不同类型文旅产业间的要素融合,创新发展模式,构建层次丰富、产业链完整、体系健全的文旅新业态,实现跨越式发展。当前,作为文化遗产涵养地的乡村,其文旅业态亟须转型升级。在乡村振兴战略指引下,乡村文化资源可以在核心层建立物质与非物质文化遗产档案和数据库,为特色文化资源存档,保护其原真性、特色性和完整性;在形态层改善传统文化设施,丰富文化活动表现形式。例如,浙江桐庐的"乡村图书馆＋民宿”“书店＋演艺”模式[①]，升级乡村公共文化场所功能，采用数字化手段，线上线下结合，创新乡村菜系文化、民俗音乐纪录片，提升乡土特色文化资源的利用率；在附加层搭台京东、淘宝、拼多多等电商平台，助力民俗风情文旅产品营销推广。[②]

随着受众文旅消费需求逐渐多元化、个性化，文旅行业应突破原有的传统模式，吸收文创、资本、科技和人才，创新表达形态，开拓文化空间和视域。在数字科技高歌猛进的数字经济发展态势下，VR 主题公园、VR 文博展览、AR 场景和灯光秀层出不穷，将逐步成为游客偏爱的文旅新业态场所。

（四）数字科技赋能，激活新业态市场

当前，单纯“看山看水看风景”的传统型文旅产品与服务已经很难留住游客。文旅新业态与新科技、新创意结合，线上线下融合，铸造场景新形态。比如，贵州的屯堡文化数字博物馆，“充分利用真实感角色生成技术、动作绑定技术、场景生成技术等情景建模及行为控制技术，再现屯堡文化的三维场景”。[③]

“科技＋”赋能文旅新业态主要体现在：首先，构建文旅大数据中心，让“文旅大脑”和“智能云”共造智慧文旅，实时展现城市和乡村消费活跃度，在文旅旺季根据数据系统分流人群，改善游客体验环境，提升文旅体验质量；其次，依靠5G、VR/AR、人工智能等数字技术手段创新场景空间和互动体验方式，比如游客站在文化遗产面前，眼前立马呈现出古代工匠打磨、铸造、抛光文物的栩栩如生的动态画面；再次，开发“夜游经济”，通过绚丽多彩的灯光秀、灯会、游园文化活动，点亮夜间消费场景，营造轻松闲适的夜生活氛围，再结合线下人情味浓厚、特色产品频出的小摊、市集，刺激游客释放消费需求。创意文旅与数字科技碰撞出的新体验让文旅“活”起来，变得可品、可触、可闻、可听、可观，改善消费者感知体验和审美愉悦，延伸产业链。

三、以人为本，筑牢文旅新业态各参与主体的社会责任

（一）坚持社会和生态效益优先，实现文旅新业态可持续发展

社会效益作为文旅新业态的重要考量标准，可细分为休闲游憩效益、文旅就

① 陈锋平，朱建云. 文旅融合新鉴：桐庐县“公共图书馆＋民宿”的实践与思考[J]. 图书馆杂志，2020(03)：107－112.

② 潘颖，孙红蕾，郑健明. 文旅融合背景下的乡村公共文化发展路径[J]. 图书馆论坛，2020(10)：1－11.

③ 肖远平，王伟杰. 全域旅游视角下贵州屯堡文化综合数据库建设路径研究[J]. 贵州大学学报(社会科学版)，2017(4)：102.

业效益、脱贫致富效益、文化传承效益、环境生态效益等。坚持社会效益优先,确保文旅新业态以人为本、健康可持续发展,为经济社会发展注入更多"人性的温暖"。一方面,文旅公共空间要增强社会责任意识,美化自然和人文环境,改善基础服务设施,发挥文旅产品服务功能,可通过招募志愿者的方式扩大文旅服务的宣传推广效益,以公共文化服务存量带动增量供给,做到公共文化服务体系与文旅新业态服务体系双管齐下,双效并举;另一方面,社会文化机构和文旅企业要积极营造美好的自然和生态环境,拓宽特色化产品经营思路,举办地方特色化、专题化、精品化展览、演出、场景体验等文化活动,力争打造当地的"文化地标",延伸产业价值链,提升社会影响力,在促进文旅新业态行业发展的同时带动周边地区经济社会发展。

(二) 树立整体观,注重经济、社会和生态效益间的平衡

在文旅新业态发展过程中,经济、社会、生态效益要实现和谐统一,需要为文旅融合注入新动能。首先,政府主体需要进一步完善相关政策法规,树立正确生态价值观,营造健康向上的社会环境,激励文旅企业在开发经营过程中增强社会责任意识、生态保护意识。其次,文旅企业在开发、运营文旅新业态项目时,要重视事前调研环节,对项目开发运营前期、中期、后期可能对周边民生环境、生态环境、文化遗产造成的影响做风险评估,根据评估结果合理调整后续发展方向,最小化项目风险。再次,行业协会在文旅新业态开发运营过程中,要发挥政府、企业和民众之间的桥梁和纽带作用,一方面助力政府出台、完善政策法规,担负行业监管责任;另一方面加强协会与企业以及企业之间的交流合作,监督企业履行主体责任,捍卫企业合法权益,防范市场风险。最后,当地居民要有监督意识、信息及时反馈意识,构建友好和谐的文旅新业态氛围需要多方主体共建、共治、共享。

四、建立健全企业联盟,抵御文旅新业态市场风险

目前,我国文旅新业态行业组织发育不成熟,没能充分发挥其应有的治理主体作用。为此,亟待建立企业联盟,助力文旅新业态行业健康发展:一是优化技术合作。文旅新业态依托于数字技术的运用,新业态发展壮大离不开大数据、数字技术、虚拟场景技术的迭代升级。当今科技进步不是单个企业能独当一面,技术之间相互交叉融合,形成一个个技术域,在技术域框架下催生文旅新业态。企业之间联合、分工与合作,可以最大限度地实现文旅场景新技术的革新突破。二

是减少文旅企业经营风险。在企业联盟中，企业之间信息互通共享，共同研判市场不确定因素，抵御市场风险。文旅企业联盟，可以实现技术、人力、设备设施共享，降低项目更新换代成本，实现资源的最大化利用。三是减少企业过度竞争。同类企业的过度竞争会伤害企业自身利益，造成"伤敌一千、自损八百"的现象。当前，文旅新业态企业存在同质化竞争倾向，如在 IP 开发和内容故事方面模仿侵权、在场景构建和文化赋值方面雷同等。构建企业联盟，有助于保护知识产权，防止同质化甚至恶性竞争。四是促进企业资源互补。在竞争市场中存活下来的企业有其生存发展的合理性，不同企业之间有其特色和优势。当企业联盟建立后，企业之间可以在场景技术、内容资源等方面有效互补，实现互利共赢。

五、考量异质文化的适应性，提升在地化转化质量

文旅新业态注重差异化、特色化的文化体验，需要采取各种措施，加强项目本身与新消费者、与地方特色文化、与社会主流价值观和整个文化环境之间的适应性。当前，一些文旅新业态项目尤其是密室逃脱＋智力闯关游戏等探奇类项目，常常移植国外母公司的剧本杀故事，以惊险、恐怖、刺激为追求，没有充分考虑其文化价值观导向和内容故事的本土适应性，值得引起重视。

（一）鼓励扶持国产原创 IP 开发

目前，一些文旅新业态项目依托于国外成熟的 IP 化经营理念和管理运作，但国外 IP 难以实现本土化转换，以致出现水土不服的文化不适应现象，如造成消费者心理不适、过度惊吓和不太理解内容故事等问题，而国内文旅企业 IP 开发程度还不高，市场竞争力较弱。为此，文旅新业态企业可以在内容故事征集与创作阶段，在原创性 IP 资源开发方面发力，塑造特色鲜明的 IP 形象、独特的场景设计和空间布局、科学的体验程序设置、合理的文化想象空间，以及相应的市场推广和营销手段，提升原创 IP 的文化品质、审美效果和知名度、美誉度，以文化内涵、艺术审美、文化品牌赋予 IP 丰富的内容价值与吸引力。

（二）坚持正确的内容价值观导向

文旅新业态的新消费群体多是 80 后、90 后和"Z 世代"人群，他们人生观、世界观、价值观容易受到各种外界因素的影响。文旅新业态企业要增强文化责任感，在项目内容和数字场景空间设计上，尽可能选择那些具有优秀价值观导向的剧本故事、表达风格，提高内容故事的文化含量和正能量品性，逐渐改变社会民众对娱乐游戏体验项目的"文化品质不高"刻板印象。此外，文旅新业态企业还

应当照顾年轻人网络社群集聚的特点,提高新媒体、社交媒体平台宣传推介内容的文化品质、表达技巧和推送频率,更好地传递项目内容故事灵韵,充分体现文化内容价值的引领性,以优质、健康的内容质量吸引受众进行体验消费。

六、强化标准化建设,完善产品与服务质量监管体系

(一) 注重文旅新业态产品与服务质量保障

文旅企业是文旅新业态产品和服务质量的主体。要引导和激励 A 级旅游景区、星级饭店、旅行社、在线旅游经营者、各等级旅游民宿等市场主体将提升文旅产品和服务质量作为增强市场竞争力的重要手段。旅行社要规范经营内容和行为,防范系统性经营风险,加快理念、技术、产品、服务、模式和业态创新,实现数字化转型。星级饭店和各等级旅游民宿要全面提升管理水平和服务质量。A级旅游景区要落实"错峰、预约、限量"要求,依法落实最大承载量核定要求,完善流量控制制度,实现国有旅游景区门票网上预约全覆盖,进一步提高景区线上预约便利度。在线旅游经营者要提高专业服务能力;鼓励旅游购物企业建立完善旅游购物无理由退货制度,切实保障游客旅游购物权益。各类文旅市场主体应针对老年、儿童、残疾等特殊群体,有效提升文旅产品和服务的便利性。

(二) 培育优质文旅新业态产品与服务品牌

做强、做优、做大骨干文旅企业,稳步推进规模化、品牌化、网络化经营,培育一批大型文旅集团和有国际影响力的文旅企业,建设一批富有文化底蕴的世界级文旅景区和度假区,打造一批文化特色鲜明的国家级文旅休闲城市和文旅街区。在各类旅游目的地创建中,提高文旅新业态产品和服务质量要求,树立一批优质文旅服务品牌,打造上海文旅产品和服务品牌新形象。完善文旅新业态产品和服务品牌培育和评价体系。进一步完善文旅产品和服务质量分等定级方式,加大旅行社、民宿企业等级评定和推广力度。发挥高星级饭店、高 A 级旅游景区、国家级旅游度假区、文明旅游示范单位的示范带动作用,引导文旅新业态企业树牢品牌意识,健全品牌运营管理体系,让服务优质的文旅新业态企业脱颖而出。支持地方政府、行业协会和第三方机构开展旅游产品和服务品牌培育和评价工作,建立优质文旅新业态产品和服务商名录,树立行业标杆和服务典范。

(三) 进一步强化文旅新业态人才队伍建设

文旅人才是提升文旅产品、内容和服务质量的重要支撑。要贯彻尊重知识、尊重人才、尊重创造、尊重技术、尊重服务的思想,提高文旅人才的内容创意质量

和服务能力,激发文旅人才的创新创造活力。将文旅新业态产品和服务质量培训纳入高级经营管理人才培养、高质量产业人才培养扶持、专业人才培养及乡村文化和旅游能人支持等各级各类培养项目中,加强对艰苦边远地区和基层一线文旅人才的内容创意和服务质量培训,提升中小城市、乡村文旅人才的新业态文旅产品创新、服务意识和专业化水平。建立鼓励文旅景区和景点聘请专业技术人员担任义务讲解员制度。实施更加开放的文旅人才引进政策,鼓励各地制定有利于推进文旅新业态产品和服务质量人才引进的政策措施。

（四）推进修订文旅新业态产品与服务标准

完善文旅标准化体系,强化文旅新业态产品和服务标准化体系建设推动各层级的文化和旅游标准协调发展。提升文旅产品质量和服务标准修订水平,增强文旅服务标准的科学性、先进性、有效性和适用性,对接国际规则体系,不断提升文旅标准的国际化水平。重点加强文旅新产品、新业态、在线旅游服务、旅游服务质量评价等领域的标准制定工作。在具备一定发展基础、形成一定规模和可复制、可推广经验的基础上,有序制定涉及文旅新业态、新模式等方面的标准。在《旅行社等级的划分与评定》《导游服务规范》《旅游饭店星级的划分与评定》《旅游景区质量等级的划分与评定》《旅游度假区等级划分》等国家标准及相关行业标准、地方标准的修订中,进一步突出文旅新业态产品和服务质量方面的标准化要求。支持和引导市场主体和各类社会机构积极参与文旅新业态产品和服务标准制定,鼓励行业协会、社会团体等完善标准,激发文旅企业制定和发布标准的积极性。

（五）强化文旅新业态产品与服务质量监管力度

构建高效协同的文旅新业态产品和服务质量监管体系。加强文旅新业态产品和服务质量基础理论研究。推动文旅新业态产品和服务质量监管立法研究。加快制定文旅服务质量监管目录、流程和标准。依法实施文旅新业态产品和服务质量监管,强化产品和服务质量源头管控。开展不合理低价游的综合治理行动。此外,还要加强综合执法工作,围绕侵害游客合法权益、影响游客体验和满意度的突出问题,进一步加大文旅新业态市场执法监管力度。常态化开展"体检式"暗访评估工作,加强对各类在线旅游经营者、互联网平台等的日常监测,及时处置监测发现的各类问题。落实"双随机、一公开"制度,开展跨部门联合执法,严厉打击"不合理低价游"、未经许可经营旅行社业务等违法违规行为,为促进上海文旅新业态高质量发展提供有力保障。

第十章
艺术介入地方创生，促进地方文旅产业高质量发展

　　艺术介入乡村文化建设、艺术与乡村现代化建设的融合是地方创生语境下改造乡村景观、美化乡村文化空间、捍卫乡村特色文化、促进乡村振兴的新策略。从 20 世纪 40 年代以来西方文学领域的"艺术介入"说，到艺术介入的在地性，从段义孚的恋地情结、乡土依恋与逃避论断，到西方学者的"地方感"学说，再到泰勒的"空间/地方紧张"论说，并衍生出地方创生理念，是艺术介入地方创生的理论进路。在艺术介入乡村现代化建设实践中，存在着多主体利益争端；村民话语权旁落，村民前期缺少主动性、后期缺乏能动性；艺术审美同质化，地方创生后劲不足；艺术介入地方创生的产业化转化不够，经济效益变现能力不足；地方村民艺术修养不够；产品与服务的消费人气不足；等等问题。为此，需要树立地方意识、重振乡村特色文化，挖掘在地性文化、构建地方艺术场景，艺术融合乡村文旅产业，提升艺术创新活力；赋权地方居民主体，实现村民自治理；优化乡村治理结构，推进各方协同共建；培育与引进乡村艺术人才，提升村民艺术素养。

　　在国家"乡村振兴"战略和"美丽乡村""特色小镇"建设带动下，艺术介入地方创生问题的关注热度持续升温。基于文化共生理论，探讨艺术介入与地方创生的共生关系、共生发展及其实践路径，具有明显的理论价值和现实意义。艺术介入与地方创生所构成的共生系统以艺术家、地方政府、企业、地方居民、游客等主体作为共生单元，根据"在地化"实践可划分为点共生或间歇共生、连续共生、一体化共生三种共生模式，其发展逻辑包含生态、场景、文化、产业、体验五个维度，五维一体共同维系艺术介入与地方创生之间的共生系统。在具体实践过程中，艺术介入与地方创生的共生发展需要进一步强化各共生单元间的关系，创造更多的共生界面，提供良好的共生发展环境和发展路径，以实现更高质量的共生

发展，激活地方文旅产业发展活力。

第一节　艺术介入地方创生的理论
进路与实践省思

近年来，在东亚、东南亚特别是日本和我国台湾地区兴起的地方创生计划是促进乡村振兴的一项重要举措，是城乡统筹协调发展、乡镇社区营造和乡村现代化建设的新理念和新实践。地方创生涵括"人、文、地、景、产"等诸多维度和层面，是资源节约型、环境友好型和以绿色发展为目标的新型地方经济增长模式。[①] 它强调活化地方文化艺术、生活美学、服务设计等，培育地方特色文化产业，促进地方经济社会焕发出新的活力。地方创生的主要内涵是"培育和建构人与所在环境的相互关系，并通过广泛且专注地经营地方品质，打造地方的共享价值、社区能力、跨领域合作"。[②] "地方创生"强调地方自然景观和人文环境空间改造、地方特色文化艺术资源的发掘与产业化转化。地方艺术与乡村现代化建设的结合，有利于实现地方创生目标。

一、研究文献回顾

近两年来，我国一些乡村积极开展艺术乡建实践项目，为艺术介入地方创生提供了生动的实践案例，但学术界关于地方创生现象的研究相对滞后。现有的研究成果侧重于艺术介入地方创生实践案例分析。比如，尹爱慕列举了 21 世纪以来诸多乡村艺术介入项目，并提出艺术乡建要结合当地特色，发展乡村产业。[③] 李沁分析了云南元阳的艺术介入乡村建设案例，认为元阳艺术乡建过程中的"哈尼娃"创作，体现了艺术介入的在地性，因而可以激发村民的情感，获得村民的认同。[④] 孙志浩阐释了日本能登岛博物馆建筑艺术介入地方经济建设的实践经验。[⑤] 赖燕琳考察了台湾桃园大溪地区和新北市三峡地区的案例，提出台湾乡村振兴的成功之处在于自下而上的村民参与，强调艺术介入地方创生不

① 向勇. 创意旅游：地方创生视野下的文旅融合[J]. 人民论坛·学术前沿，2019(11)：64-70.
② 百度百科. 地方创生[EB/OL]. [2020-11-30]. https://baike.baidu.com/item/地方创生/50879470?fr=aladdin.
③ 尹爱慕. 艺术介入乡村建设多个案比较研究与实践[D]. 长沙：湖南大学博士论文，2017-05.
④ 李沁. 云南元阳乡村公共艺术的启示[J]. 公共艺术，2017(03)：42-46.
⑤ 孙志浩. 日本能登岛玻璃博物馆：玻璃艺术介入乡村公共空间[J]. 公共艺术，2019(05)：100-105.

仅要改善乡村环境景观,更要发展乡村文化产业。① 我国台湾地区学者高千惠的《当代艺术生产线:实践与社会介入的案例》一书将艺术家及其创作环境看作一种生命链,认为社区改造运动越来越成为艺术以及美学的一种实践形式,作者提出分析了视觉艺术的当代性和地域性。家进行艺术乡建活动提供理论支撑。② 叶洪图、田佳妮认为,我国艺术乡建存在文化性缺失、商业化和同质化严重的问题。③ 孟凡行、康泽楠指出强制性艺术介入会遮蔽乡村文化,认为艺术不仅仅要介入乡村建设,还要与乡村建设相融合,实现由介入到融合的飞跃。④ 葛荣玲在《景观的生产:一个西南屯堡村落旅游开发的十年》一书中从人文地理学的社会景观生产角度,分析了贵州屯堡的开发过程,引发了学界对传统村寨改造中如何重塑地方感以及村民的地方认同感的思考。⑤ 王南溟《乡建、艺术乡建与城乡互动中的几种理论视角》一文从生态、艺术以及商业的视角,分析了艺术介入乡村建设的三种基本类型:生态演化的乡建、艺术教育的乡建、城乡商业的乡建,认为艺术介入乡村既可以引进资本又能够保护乡村环境,是实现乡村建设的最佳类型。⑥

　　以上研究成果为艺术介入乡村现代化建设提供了案例研究样本,分析了目前地方艺术创生存在的问题以及解决路径。但多数研究局限于现状描述和具体案例分析,结合"地方创生"这一概念和内涵,深入探讨艺术介入乡建的理论进路,探讨艺术介入乡村文旅产业发展实践与实现路径的研究文献则付之阙如。本章基于地方创生的问题域,深入探讨艺术介入地方创生的理论脉络、实践类型,分析艺术介入地方创生实践中的现实偏差,并提出相应的解决路径,对于丰富我国艺术介入地方创生理论,发掘、传承、创新乡村特色文化,并融入乡村居民日常生活中,赋能乡村文化产业振兴,对促进乡村振兴高质量发展提供理论和实践思考,具有明显的理论价值和现实意义。

二、从艺术介入到地方创生的理论进路

　　探讨艺术介入地方创生的理论脉络,离不开对艺术介入地方和人(包括

① 赖燕琳. 产业空间联动——当代台湾乡村振兴经验及启示[J]. 景德镇学院学报,2019(06):96-99.
② 高千惠. 当代艺术生产线——实践与社会介入的案例[M]. 中国台北:典藏艺术家庭股份公司,2019.
③ 叶洪图,田佳妮. 乡建——浅议中国当代艺术介入社会的一种可能性[J]. 美术大观,2018(08):106-107.
④ 孟凡行,康泽楠. 从介入到融和:艺术乡建的路径探索[J]. 中国图书评论,2020(09):8-23.
⑤ 葛荣玲. 景观的生产:一个西南屯堡村落旅游开发的十年[M]. 北京:北京大学出版社,2014.
⑥ 王南溟. 乡建、艺术乡建与城乡互动中的几种理论视角[J]. 美术观察,2019(1):24-26.

艺术家、地方居民、消费者等）的地方情感以及地方性理论的把握。艺术介入地方创生关乎人的恋地情结、地方依恋、地方感，并将其融入地方艺术创生实践中，融入乡土居民日常生活中。艺术介入地方创生的理论进路体现在以下方面。

（一）从介入到"艺术介入"

"介入"一词最早出现在文学领域。1947 年，萨特《什么是文学》一书探讨了作家的"艺术介入"的问题，指出"介入"是指作家通过参与其事、介入其中，批判和反思现实，达到揭示生活、干涉人生的目的。萨特认为："当一个作家努力以最清醒、最完整的方式意识到自己卷进去了，也就是说当他为自己，也为其他人把介入从自发、直接的阶段推向反思阶段时。他便是介入作家。"[①]19 世纪 60 年代后，萨特将"介入"看作是文学和艺术的本质，认为"作家是最出色的中介人，他的介入就是起中介作用"。[②] 20 世纪 70 年代，随着现代艺术的发展，艺术与现实的关系问题受到关注，德国学者西奥多·阿多诺批判地继承和发展了萨特的介入理论。一方面，阿多诺批判"艺术介入"之说，认为作为自律的艺术应该具有真理性和意识形态属性，艺术要想发挥批判社会的作用，必须具有自律性；另一方面，阿多诺没有全盘否定萨特的介入理论，他强调艺术具有社会性，认为一味追求艺术的自律性也是危险的。"如果艺术抛弃自律性，它就会屈就于既定的秩序；但如果艺术要固守在其自律性范围之内，它同样会被同化过去，在其被指定的位置上无所作为。"[③]阿多诺肯定了艺术的自律性和社会性双重属性，将介入的概念从反思批判领域延伸到艺术的意识形态和社会领域，开辟了艺术介入理论的新视角。

2002 年，德国学者彼得·比格尔在阿多诺的"艺术介入"思想基础上，提出让艺术介入生活、改造生活的观点，并强调艺术中政治介入的地位和艺术体制的作用，认为"通过历史上的先锋派运动，艺术中的政治介入地位得到了根本性的改变"。比格尔反对阿多诺的艺术自律性主张，认为自律使艺术离开现实生活，而先锋派艺术则使艺术回到现实。[④] 2005 年，法国学者卡特琳·格鲁在《艺术介入空间》一书中论述今天的艺术家如何构思展示在时间和公共空间中的作品，以

---

① ［法］让-保尔·萨特. 什么是文学［M］. 施康强，译. 北京：人民文学出版社，2018：71.
② ［法］让-保尔·萨特. 什么是文学［M］. 施康强，译. 北京：人民文学出版社，2018：71.
③ ［德］西奥多·阿多诺. 美学理论［M］. 王柯平，译. 成都：四川人民出版社，1998：406.
④ ［德］彼得·比格尔. 先锋派理论［M］. 高建平，译. 北京：商务印书馆，2002：169－170.

及艺术家的主张如何在日常生活中创造出情感与精神的新感受,倡导一种接触公共空间的介入型艺术,以介入艺术家和受众的日常生活中。① 2013 年,美国学者阿诺德·贝林特提出"审美介入"的概念:"它主张连续性而不是分裂,主张语境的相关性而不是客观性,主张历史多元论而不是确定性,主张本体论上的平等而不是优先性。"②该概念"不仅扩展了美学的词汇和视野,还带有批判性的含义,因为审美介入的观念直接挑战了已经确立的审美无利害之说,它代表审美理论的一个崭新的方向"。③"审美介入"的主张在环境美学、建筑美学、生活美学和美的艺术中,以及在人们对美的欣赏经验中都具有适用性和启发性。这样,"介入"既成为一种有效的审美经验方式,也成为当代美学理论的解释原则,"艺术或审美介入"逐渐成为当代艺术发展进程中的一种主导性潮流。

中国学者探讨"艺术介入"的问题始于 20 世纪 30 年代,当时以梁漱溟、晏阳初为代表的学者倡导乡村建设运动,强调艺术对乡村建设的道德引领和社会涵养作用。他们将艺术看作维系乡村公序良俗和道德伦理的重要工具,认为艺术以礼乐的形式,发挥艺术"美育"的功用,实现教化民众的效果,达到"人生社会艺术化"的终极状态。④ 近年来,艺术介入乡村建设实践越来越多,涌现出渠岩、左靖、欧宁等一批艺术家将艺术创作、艺术作品介入乡村建设的实践者,艺术介入乡村建设的意义不在于艺术介入本身,而在于建立艺术与乡村之间的融合关系,以一种新的方式践行艺术介入乡村建设,促进乡村振兴。⑤

（二）艺术介入的在地性

近年来,随着艺术在日常生活实践的不断发展,艺术介入理论的内涵和外延也不断拓展,不少学者越来越关注艺术的在地性和关系性特征在艺术介入地方实践过程中发挥的重要作用。艺术的在地性指艺术家通过具体的场所和空间进行创作,强调艺术的特定地点和地方运用。⑥ 而根据爱德华·泰勒的说法:"一个地方的人们共享的价值观综合体就是文化。"⑦"在地性"最初是作为批判只能

---

① [法]卡特琳·格鲁. 艺术介入空间——都会里的艺术创作[M]. 姚孟吟,译. 桂林:广西师范大学出版社,2005:5-9.
② [美]阿诺德·贝林特. 艺术与介入·前言[M]. 李媛媛,译. 北京:商务印书馆,2013:3.
③ [美]阿诺德·贝林特. 艺术与介入·中文版序[M]. 李媛媛,译. 北京:商务印书馆,2013:2.
④ 梁漱溟. 梁漱溟全集(第三卷)[M]. 济南:山东人民出版社,1992:751.
⑤ 渠岩,王长百. 许村艺术乡建中的中国现场[J]. 时代建筑,2015(3):44-49.
⑥ [日]福武总一郎,北川富朗. 艺术唤醒乡土:从直岛到濑户内国际艺术节[M]. 李临安,等译. 北京:中国青年出版社,2017:52.
⑦ 周尚意. 恋地情结·中文版序[M]. 志丞,刘苏,译. 北京:商务印书馆,2019:3.

存在于博物馆中的艺术形式,倡导艺术要突破地点的限制,走出博物馆。"在地性"用于强调地域性和地方文化认同,试图以在地性的文化反抗西方殖民主义文化。20世纪中后期,艺术的在地性被置于全球化语境中,"在地性"更强调艺术作品与地方环境、地方文化空间、地方文化特性和地方人群的融入度和融合关系。在地性艺术促进了地方文化资源发掘、文化环境塑造和文化空间利用,让艺术创作、艺术展示与地方文化脉络、文化特色的联系更加紧密,开辟了艺术介入地方创生的新向度。

1998年,巴黎国立高等美术学院院长尼古拉斯·伯瑞奥德将艺术家和参与者共同创作作品的在地性与参与性耦合的艺术创作模式称为"关系艺术",强调艺术在与不同地方、不同人群接触时的在地关系。"关系艺术将人类互动及其社会脉络所构成的世界当作理论水平面,而不限于只是宣称某种自治或私密的象征空间。"①尼古拉斯·伯瑞奥德认为,艺术创作不再是单纯地模仿现实,而演变成为一种生活方式和行为方式,用以创造情感关联,艺术越来越成为一种社会中介,成为突破闭合的物化关系、重塑人际关系的纽带。他指出:"艺术实践的本质坐落在主体间关系的发明上,每一件特殊的艺术品都是居住到一个共同世界的提议,而每个艺术家的创作,就是与这世界的关系飞梭,而且会如此这般无止境地衍生出其他关系。"②艺术介入地方创生就是要连结艺术与地方生活,在地性艺术创作目的就是使艺术家与地方之间、艺术与地方居民之间、艺术与地方生活之间发生关联,使艺术摆脱高高在上的说教、启蒙等传统定位,让艺术家深入地方、社区、乡村现场进行创作,与地方居民和其他参与者共同合作,将艺术带入特定的地方场域,用艺术构建人与地方、人与艺术、人与自然的关系中介,实现乡村经济发展、生态文明建设、艺术形式创新、村民素质提升的"四赢"。

由此可见,艺术介入的实质是艺术与社会的关系,艺术介入在地性的实质是艺术与地方社会的关系问题。当下我国艺术介入地方的关键在于艺术向地方、向地方居民社会生活拓展,这意味着艺术家需要转变现代主义的个人化形式追求,更加注重与地方社会主体的融入和共生。

(三)恋地情结与地方感

美籍华裔人文地理学家段义孚提出:"恋地情结是关联着特定地方的一种情

---

① [法]尼古拉斯·伯瑞奥德. 关系美学[M]. 黄建宏,译. 北京:金城出版社,2013:6.
② [法]尼古拉斯·伯瑞奥德. 关系美学[M]. 黄建宏,译. 北京:金城出版社,2013:17.

感。"①他从视觉反应、美学鉴赏以及身体接触三个角度分析人类对于环境反应的特征,探讨了人们健康程度、熟悉程度与恋旧程度与恋地情结的关系,认为"农民的恋地情结里蕴含着与物质界的亲密关系,他们依赖于物质,同时也蕴含着大地本身作为记忆与永续希望的一种存在方式"。② 当今现代化和城镇化快速发展带给人们生活意义缺失的时候,人们开始转而关注自然质朴的乡村。艺术介入改造乡村环境,赋予乡村田园丰富的意象,在带给人们感官刺激的同时,激发人们的地方情感。但段义孚也指出,虽然乡土环境为恋地情结提供了意象,但并不代表地方环境对于恋地情结具有直接的决定性作用。每个人对于地方环境或者"家乡"的感受是不一样的,每个人对地方环境的品位不同,因此,当艺术介入地方创生时,要因时而异、因地而异,深入挖掘地方文化内涵,打造蕴含艺术性和独特性的乡村文化环境,让人们具有真实的"地方情结"。

英国学者爱德华·瑞尔夫(Edward Relph)借助于段义孚的"恋地情结"概念,结合地方空间的概念,提出了"地方感"之说。他认为:"我们可以感受得到或能够说明空间,空间为地方提供脉络,却从地方衍生出内涵。"③爱德华·瑞尔夫从现象学视角出发,主张地方具有"本质"的基本意义,它决定了我们的经验,人之所以为人的唯一方式就是"安居其位"。④ Agnew J.以三分法定义"地方",认为地方即"有意义的区位",⑤地方有三个基本概念:区位、场所、地方感。区位指地理位置;场所指带有视觉、听觉等感觉形式的实体物质环境;"地方"除去"位置"和"物质环境"以外,还需要有"人"的因素,地方感既是人对地方的主观依附和归属,也是一种观察和体验世界的方式:以感性化经验的视角,感知人与人之间的情感关联,人与环境之间的复杂互动关系。

段义孚的恋地情结、爱德华·瑞尔夫的地方感之说,从不同的视角阐释了地方环境、空间与人的关系,为"地方"理论奠定了基础。地方之所以为地方,是因为人赋予了地方意义,意义使得冰冷的"空间"变成有温度的"地方"。中国传统农耕经济环境下的安土重迁思想,使人们对于土地有着深沉的情感。

---

① [美]段义孚. 恋地情结[M]. 志丞,刘苏译. 北京:商务印书馆,2019:173.
② [美]段义孚. 恋地情结[M]. 志丞,刘苏译. 北京:商务印书馆,2019:147.
③ Edward Relph. *Place and placelessness*. London:Pion Limited,1976,pp.8.
④ [英]蒂姆·克雷斯韦尔. 地方:记忆,想象与认同[M].王志弘,徐苔玲,译. 中国台北:群学出版有限公司,2006:40.
⑤ Agnew J. *Place and politics:The geographical mediation of state and society*. Winchester,MA:Allen and Unwin,1987,pp.14.

城镇化的发展让人们或主动或被动地离开乡村，但现代城市（镇）带给人们乡土意义和归属的缺失感，使得人们产生重返乡村的意愿。这为艺术介入乡村创生提供了良好契机，艺术介入乡村文化建设丰富了乡村环境的意象，激发着当地人和外来游客的恋地情感；同时，在地性的艺术介入乡村文化建设契合了爱德华·瑞尔夫的"地方感"中"观察和体验世界的方式"，增强村民和游客主体的参与性、互动性，"使得艺术介入地方创生成为一种不仅包括电影、音乐、文学、艺术、美学等文化活动在内的，更体现为日常生活的文化实践——日复一日看似平常的生活"。①

（四）地方依恋与"地方—空间紧张"

1989 年，威廉姆斯 Williams 首次提出"地方依恋"术语，用以探索个人与有意义的地方产生情感和象征联系。不久，这一概念成为学术研究热点，被应用于国家、城市、城镇、乡村、公园等语境中，成为跨领域探讨人地关系的核心议题。威廉姆斯 Williams 把"'地方依恋'分为地方依赖和地方认同。前者的依赖是功能性的，与地方提供的特定物质设施或实体功能有关"，②"后者则属精神层面，即'我相信我是地方的一部分'的自我认同和归属感"。③ 斯坎伦 Scannells 等学者从人、地方和心理过程三维度解释"地方依恋"现象，④被认为是比较完整地理解地方依恋结构。其中，人作为依恋的主体，强调依恋的程度；地方作为依恋的客体，描述其自然、文化和社会特征；过程作为心理演变状态，关注依恋如何影响情感、认知及行为。阿历山德里斯 Alexandris 等学者认为，物理环境、互动质量、产出成果是地方依恋三大因素。⑤ 斯马尔多内 Smaldone 等学者则将其归纳为地方的可感知与不可感知属性，如物理实体、情感联系、文化艺术、社会联络等因素。⑥ 总体而言，可以从供给和需求两方面理解大致"地方依恋"，"供给"指地

① Agnew J. *Place and politics: The geographical mediation of state and society*. Winchester, MA: Allen and Unwin, 1987, pp.133.

② Lewicka M. Place attachment: How far have we come in the last 40 years? [J]. *Journal of environmental psychology*, 2011, Vol. 31(3), pp.207 – 230.

③ Williams DR, Vaske J J. The Measurement of Place Attachment: Validity and Generalizability of a Psychometric Approach. *Forest Science*, 2003, Vol. 49(6), pp.830 – 840.

④ Scannell L, Giford R. Defining place attachment: A tripartite organizing framework[J]. *Journal of Environmental Psychology*, 2010, Vol. 30(1), pp.1 – 10.

⑤ Alexandris K, Kouthouris C, Meligdis A. Increasing customers' loyalty in a skiing resort: the contribution of place attachment and service quality. *International Journal of Contemporary Hospitality Management*, 2006, Vol. 18(5), pp.414 – 425.

⑥ Smaldone D, Harris CC, Sanyal N. The role of time in developing place meaning. *Journal of Leisure Research*, 2008, Vol. 40(4), pp.479 – 504.

方的因素,既包括区位环境因素、地方基础设施、建筑物、服务水平等,又包括社会因素如社区关系、文化艺术因素、文化价值与意义等。"需求"既包括依恋主体的人口统计学变量,如居住时间、年龄、受教育程度、收入等,也涉及人的心理感情,如故土怀旧、恋乡情结等。

费孝通曾说:"乡土社会在地方性的限制下成了生于斯、死于斯的社会,常态的生活是终老是乡。"[①]中国传统农耕经济社会让我们骨子里对地方存有依恋。随着城镇化的发展,这种人地之间的联系变得薄弱,然而人们对于地方的情感却随着"城市病"的出现越发强烈,艺术介入地方创生重新赋能乡村发展活力,强调艺术的在地性,将艺术融入乡村的重建和改造,提升乡村的文化氛围,完善基础设施;强调艺术的参与性,让村民在积极参与艺术乡建的同时,提升自身的文化艺术修养,从供给和需求两方面重建个人与地方的情感耦合,创造艺术意象,形成村民与外来游客的地方依恋。

20世纪90年代,英国地理学家彼得·泰勒提出了"地方—空间紧张"学说。他指出,任何一个特定区域都具有"空间"和"地方"两重性,"空间生产者"和"地方创造者"之间构成了"地方—空间紧张(place-space tensions)"关系。[②]彼得·泰勒认为:"现代化进程显著的特点是理性化与无差别的空间过程,以及空间法则作用于地方社会与文化脉络,使得原本各具特色的地方不断地同质化,导致其文化意义的消解,影响了个人和社会团体基于地方的身份认同。"[③]

彼得·泰勒的"地方—空间紧张"学说对某些艺术介入地方创生的实践案例隐含批判色彩。一方面,在我国城镇化进程中,一些乡村被拆迁,乡村公共空间遭到某种程度的破坏,乡村原有的文化空间和文化意蕴被消弭,人与乡村的情感随着老房子的拆迁也被割裂,乡村不再是充满记忆的地方;另一方面,随着乡村振兴战略的提出,我国特色小镇、乡村改造运动兴起,但在建设和改造过程中,盲目跟风、抄袭模仿现象屡见不鲜,造成"千村一面"的结果。同质化的地方建筑与文化空间,结构原本的"地方"意义,使得人们很难形成身份认同和地方依恋。彼得·泰勒的"地方—空间紧张"理论为我们的艺术介入地方创生实践敲响了警钟,在艺术介入乡建的过程中,要立足于地方文化特色,凸显地方的独特性和创

---

① 费孝通.乡土中国[M].南京:译林出版社,2020:5.
② 郑少雄.草原社区的空间过程和地方再造——基于"地方—空间紧张"的分析进路[J].开放时代,2013(6):193.
③ Peter J. Taylor. Places, spaces and Mac's: place - space tensions in the political geography of modernities. *Progress in Human Geography*, 1999, Vol. 164(1), pp.41 - 45.

新性，发挥艺术介入、融入地方，促进地方创生的积极效果。

（五）地方创生与艺术介入乡村文化实践

在当前乡村振兴语境下，乡村现代化建设需要维系地方的历史记忆、文化寄托、情感联系和生活空间载体，地方性艺术可以将乡村富有特色的人文历史、地理风貌、特色农产品、手工艺品等文化艺术资源赋予创意和再生，关注"地、产、人"，基于地方、艺术、产业与人才的循环发展考量，引导地方性艺术服务乡村建设，挖掘独具特色的地方艺术资源，培育和塑造地方"本真文化"，发展具有地方文化艺术内涵的特色产业。基于在地化的"本真文化"，传承、形塑和建构乡村文化艺术价值观，以政策推动和艺术创作、艺术审美实践活动解决乡村文旅产业、农副特色产业发展的瓶颈问题，对于推动在地性艺术深度介入乡村、融入乡村生活，促进地方创新性发展，助力乡村振兴具有重要的社会实践意义。

地方性公共艺术属地方民众参与的在地性艺术，体现于在地性的居民日常生活中，是地方居民共建共享的地方特色艺术。中华五千年农耕文明扎根于乡村土壤中，中华艺术的根脉和基因在乡村，这是中华艺术在地化发展的源泉。21世纪以来，我国致力于城镇化、乡村现代化改造，但出现了千城（镇）、千村一面的同质化现象。不少地方的乡村建设举措缺乏明显的"地方性"特色，比如，各地的特色小镇建设一哄而起，相互模仿复制，缺乏地方艺术特色；地方性农副产品种植推广、包装设计和营销模式大同小异，没有被赋予在地化的特色艺术灵韵及其审美力量，等等。

如今，日常生活实践的"文化化"和"美学化"成为人们社会生活的常态。[①] 近年来，随着"地方创生"概念的提出，日本、中国等不少地方开始将"地方创生"理念融入乡村创意与再生实践，探讨艺术介入乡村文化创意产业实践、促进乡村再生性生长的具体路径。比如，日本北川富朗在越后妻有创办的"大地艺术节"，将艺术创作与越后妻有地方的自然和人文环境相融合，其艺术创作内容源自该地的文化遗产以及民间风俗，大地艺术节的开放式展览，让游客全方位了解越后妻有地方的整体文化风貌。地方性艺术的介入使得越后妻有又一改原来的老龄化严重、经济衰弱的窘境，重焕发展动力，成为全球热门的文旅景区。又如，北京市顺义区赵全营镇的兴农天力大地艺术节，作为探索乡村艺术推动乡村振兴的新

---

① 江凌. 品牌基因理论视角下特色小镇文化品牌建设——以乌镇为中心的考察[J]. 贵州大学学报（社会科学版），2019（5）：83-92.

路径以及艺术乡村的试验田,将艺术融入乡村景观改造与文化再生中,凸显地方艺术乡建的京味特色,塑造"都市农夫"的形象,其规模化的油菜花海和现代化的农业机械,成为标志性的意象符号,建构人们对该地方的文化认同感。当前,艺术介入地方创生的理念越来越成为推动乡村经济发展的新引擎。立足于乡村的地方性文化特色,融入艺术审美元素,创造独特的意象符号,赋予"地方"意义,使得艺术乡建具有"地方感",建构人们的地方文化认同和心理归属感,成为艺术介入、融入地方(乡村)和推动地方创生的实践路径。

三、艺术介入地方创生的三种实践模式

艺术介入地方创生的运营模式多种多样,根据参与主体的主导性,可以将其划分为外部"输血"、内部"造血"以及内外部协同三种模式,通过三种模式的比较分析,便于深入探讨艺术介入乡村建设的实践路径。

（一）外部"输血"模式

外部"输血"模式是一种自上而下的政府或者外来的社会企业机构主导型模式,其主体包括政府和社会企业两类:一方面,中央、地方政府通过政策法规的颁布和艺术项目的支持推进,引导乡村文化建设,调动社会各主体力量,协同参与艺术介入地方创生实践。比如,国新农村建设项目,特别是少数民族地区项目,如云南拉祜风情园项目等,采取这种模式,由政府部门作为主要投资人,委托国资企业负责项目运营,资金的投入、运营过程与后期追踪由政府主体监管。另一方面,社会企业主导的艺术介入乡村建设项目,主要由社会精英、慈善机构、社会企业及艺术教育机构等社会主体主导,与社会不同主体合作,推动艺术介入乡村文化建设,如借助乡村独特的地理风貌和人文环境举办的地方摄影节、电影节、艺术节,地方艺术产品展览,等等。外部"输血"模式是艺术介入乡村模式中应用较为广泛的形式,在这种模式下,政府或企业专业团队在完成项目之后,一般会逐渐从乡村中撤离,加之村民缺少参与性、能动性及自主性,项目的持续性、与地方及其居民的融入性较差,导致此类模式下的艺术介入乡村建设收效不高。

（二）内部"造血"模式

内部"造血"模式是一种自下而上的运作模式,一般由乡村农民以及民间艺术家为主导,依靠自身的艺术创造、艺术审美与乡村内生发展。这种类型的艺术介入地方创生模式比较接地气,村民的参与主体性意识和参与度较高,与乡村文化空间和居民日常生活的融入度高,是民间艺术家、艺术爱好者与乡村居民共同

参与的乡村改造，从项目的发起、实施、空间设施、资金筹集投入、运营管理等，都由村民自己决定，乡村艺术家和村民在这一过程中占据主导地位。

内部"造血"模式是村民自发的，以提高经济收入、改善生活条件为目的的地方艺术活动，其主要目的是以本地特色文化和艺术资源为本，发掘和活化在地化的文化艺术，改造乡村人文风貌，发展乡村特色产业，让乡村村民受益。例如，甘肃石节子村的村民把自己家做成展馆，让整个村庄形成了一座天然美术馆，每一户人家都是一个展览厅，房屋、家具、农具、废弃物等都是天然艺术品，将村民的日常生活变成一种艺术。[①] 这种模式通常前期资金来源不稳定，资金规模较小，筹资渠道不畅，当项目进展到一定阶段或初具规模之后，当地政府或企业认同项目的建设理念和发展方向，才会扶持或参与到项目建设中来，这对项目的可持续发展带来了一定的挑战。

（三）内外部合作模式

这种模式强调以艺术家、企业为代表的外部力量与以村民为代表的内生力量结合，将艺术融入乡村文化建设，将乡村建设项目表现为地方居民参与的在地性艺术实践，实现了艺术与乡村、艺术家与村民、企业与村民的多重融合，丰富了在地化艺术的表现形式，增强了村民的参与主动性和能动性，赋能乡村文化建设，为我国地方创生、乡村振兴提供了极具价值的实践路径。

近年来，在乡村振兴战略的号召下，我国部分艺术家开始关注乡村文化建设，探索艺术与地方景观、文化空间（场所）的耦合，促进乡村创意产业发展。村民不再是艺术描绘的客体对象，而转变成了艺术创作和艺术活动的参与主体，外来的艺术家和企业参与乡村的艺术创生建设实践，把村民的乡村生活状态转化成艺术创意作品或艺术活动的内容。外来的艺术家、社会企业成为地方创生的组织者或带动者，但他们对乡村创生实践的干预性降低，村民的主体性得到提升。外来艺术家和企业直接介入到乡村场景现场，与当地村民合作共建乡村艺术空间、共同进行文化艺术创意活动，发展乡村艺术创意产业，促进乡村经济振兴。例如，2007年，当代艺术家渠岩发起的许村计划，提出用艺术修复乡村，以每两年一届的艺术节接续乡村文脉，每届艺术节都有来自海内外的诸多艺术家参与许村的艺术乡建活动，在该计划项目中，村民和艺术家一起，共同创作贴近日常生活、简单朴实的艺术作品，无论是艺术取材还是工具，都源于村民的日常

---

① 李莉，刘琪. 艺术介入乡村的必要性及形式——以石节子村为例[J].艺术品鉴，2019(10Z)：76－77.

生活,都是村民生活中随处可见的。[①]

四、艺术介入地方创生实践的现实偏差

"地方创生"的地方逻辑和理论脉络,为艺术介入地方创生实践提供了行动指南和发展方向,但纵观我国艺术介入地方创生实践的发展态势,不论是在地文化艺术资源的挖掘,地方意象符号的形塑,还是在抵制同质化,构建地方归属感,都存在着有待优化之处。目前,我国艺术介入地方创生实践还没有完全汲取地方感、地方创生理论的精髓,并将其应用到实践活动中,仍存在诸多问题亟待解决。

(一) 脱离村民艺术诉求,与乡村特色文化脱节

随着城市现代化的高速发展,城市与乡村的二元对立矛盾凸显,一些艺术家借鉴国内外艺术乡建的经验,试图在特定的乡村地区将艺术融入地方创意经济建设,促进乡村再生,探索具有地域特色的艺术乡建道路,但有的艺术家在地方创生项目实践活动中,往往以自身的艺术标准、艺术审美、艺术眼光审视乡村文化,只关注于开展艺术节庆展览活动,将乡村空间作为其艺术作品内容创作和展示的载体,以自身的艺术理想,以一种居高临下的态度俯视乡村文化,从而忽视了乡村村民以及村民参与艺术所带来的创生活力,忽略作为乡村居住者的村民的主体性地位。[②] 事实上,村民才是乡村艺术建设的真正主体和中心,村民的精神文化需求才是艺术介入地方创生的根本目的。艺术介入、融入地方创生实践过程中,如果村民主体性地位缺失,那么村民对艺术介入乡建实践活动便不会形成认同感,难以对艺术乡建重构的空间产生地方感,也缺乏参与的主体能动性。忽视村民的文化艺术诉求及其主体地位,艺术乡建脱离当地的文化特色,无法融入当地居民日常审美生活实践,村民难以形成地方依恋感,甚至会造成村民对艺术介入乡村建设实践活动的误读。

的确,艺术家拥有较高的文化素养、艺术眼光和审美能力,能够以更深刻的艺术美学角度看待艺术乡建;但同时,艺术家作为外来的异乡人,无法完全站在村民的角度去思考他们的实际文化艺术需求,容易忽视村民的文化需求、艺术感受与接受能力,造成艺术介入无法融入乡建的问题,导致艺术家与村民之间的艺

① 张宛彤. 中国艺术乡建的基本模式——以"许村计划"为例[J]. 大众文艺,2020(10):149-152.
② 赵刚. 当代公共艺术介入乡村建设的路径与方法研究[D].兰州:西北师范大学硕士论文,2020:23-25.

术鸿沟扩大化，招致村民的抵触。地方依恋是文化的、艺术的供给和需求双重作用的结果，仅仅改善文化基础设施是不够的，艺术介入乡村再生，应充分依靠艺术的在地性，将艺术空间、艺术创作、艺术展示与当地自然风貌、风土人情融合，把艺术作品写在乡村大地上，实现艺术与乡土文化的和谐统一。

（二）村民话语权旁落，多主体利益争端凸显

艺术介入乡村建设作为地方创生、乡村振兴的一种手段，置身我国乡土社会的现实场域，涉及很多复杂且具有争议的问题。[①] 艺术乡建使得多方社会利益主体介入乡村再生，村民不再是唯一的权利主导者。在艺术介入地方再生实践中，各方利益主体之间产生矛盾和纠纷，村民话语权旁落，则大大削减了村民参与艺术乡建的积极性，甚至让村民产生排斥和抵触心理。艺术介入乡村建设实践过程中，牵涉到政府、艺术家、企业、村民等不同主体，他们之间存在着千丝万缕的利益和联系，容易产生利益的纠纷和矛盾冲突。政府推动艺术乡建，将乡村特色文化创意产业发展作为脱贫攻坚、乡村振兴政绩考核的指标，在政绩考核"锦标赛"的体制机制作用下，政府主体部门之间容易争利推责、扯皮推诿；企业主体则希望通过艺术乡建项目的投资和运营带来丰厚的利益回报，让自己经济利益最大化；村民关心乡村环境和艺术空间的整改建设、环境治理和内容创意、文旅产业发展的带动作用，但最终的落脚点是发家致富，增加收入。

艺术家和企业主体赋予乡村更多的艺术价值和个人理解，但在部分村民看来，不论是艺术家还是企业，只是一个短期的收入增长来源，这些候鸟型企业和艺术家留不住，因而无法真正认同和参与到艺术乡建实践中。实际上，"地方"除去"位置"和"物质环境"以外，还需要有"人"的因素。赋予生活在其中的人以地方感，让艺术在地化，才能带给他们依附感和归属感。然而，面对多方的利益纠结缠绕，要回到我们的初心，即艺术介入、融入乡建，促进地方创生的出发点是为了什么，要依靠什么，要达到什么效果。

（三）项目前期缺少主动性，后期缺乏能动性

段义孚的"恋地情结"理论认为，"任何场所环境之间是有情感联结的，恋地是人对场所的爱"，与场所空间亲密地接触与体验更能产生这种地方依恋。[②] 过去的记忆、故事是对一个地方产生情感的重要因素，尤其在城镇现代化背景下人

---

① 王孟图.从"主体性"到"主体间性"：艺术介入乡村建设的再思考——基于福建屏南古村落发展实践的启示[J].民族艺术研究，2019(6)：145-153.
② 唐晓峰.人文地理随笔[M].北京：生活·读书·新知三联书店，2005：73.

与人之间、人与环境之间疏离和各种"城市病"的反差中,人们侧重回忆和重返和依恋乡村,加重了他们的恋地情结。当人们的记忆、感受、价值等情感因素与景观环境之间产生情感意义上的互动时,个人就会产生对地方的依恋行为。[①]

然而,在艺术介入乡村建设的前期,乡村是发展落后甚至破败衰落的代名词,大量的乡村居民去城里务工或就业,赚取更多的劳动报酬,获得更好的城镇生活条件,因此在艺术乡建前期或者项目发起阶段,在地的乡村对其是否成功没有把握,在项目前期投资尚未收到效益之前,很多村民持观望态度,参与积极性不强,更遑论将其作为一种在地化职业全身心投入。

随着艺术乡建项目的进展,事实证明它能够为乡村经济和文化赋能,促进地方创生,村民看到乡村艺术实践活动为村庄带来实际效益后,主体能动性和参与积极性会有所提高,但是长久待在固定的地方艺术空间中,会使人产生劳动和审美疲劳,因而人们时常需要到开放的外部的场所空间寻找平衡,场所空间的人口自由流动和流动后的思乡、望乡情感,也会让人产生恋地情结,但是场所或空间流动的威胁性在于,会让大多数人产生逃避情绪。因而人们既需要回到故土家园寻求心灵安慰,还需要有不同的场所体验,这需要参与艺术的主体不断发挥主观能动性去开拓和丰富艺术创生内容,然而由于村民的知识内涵和艺术修养不高,抑或审美疲劳和缺乏新鲜感,在艺术乡建的后期很难发挥他们的主观能动性,继续推动乡村艺术创生实践活动。

(四) 艺术审美同质化,地方创生后劲不足

随着城镇化进程的加快,近年来我国大量的传统村落按照城市的审美要求和现代化标准拆除重建,套用或模仿城市建筑和景观,但因为其内在的生活理念、审美观念、软硬件设施和经济社会发展条件跟不上城市,仅仅实现外观上的城镇化,既没有城镇现代化的景观和文化内涵,又丧失了传统乡土文化的在地化特色,变得不伦不类,呈现出"千村一面"的景象。段义孚指出,环境会对人们的"恋地情结"提供意象,但并非所有的环境都能触发人们对于土地的依恋之情。彼得·泰勒的"地方—空间紧张"理论也指出,同质化的场所空间会造成意义的消解,难以使人们形成地方身份认同和地方依恋。

目前我国的艺术介入地方创生实践中,一些乡村建筑、空间和环境景观的改

---

① Yi-FTuan. Topophilia: *A Study of Environmental Perception*, *Attitudes*, *and Value*. Prentice-hall, New Jersey, ING: Englewood Cliffs, 1974, pp.260.

造或再造忽略了地方性风土民俗的文化特色。在外务工的和本地的村民受到城镇现代化观念、城市景观、审美标准等方面影响,也倾向于将原来的村庄绿化、住房建筑、公共场所空间等以城镇化标准重修重建,于是乡村的整体艺术审美和景观改造出现了同质化的倾向。乡村建设仿佛走进了模仿复制的怪圈,一个地方的乡建成功经验仿佛成为"美丽乡村"的标准化模板,艺术乡建出现格式化、模式化、一律化的倾向,而忽视了在地化、个性化和差异化,这种现象带来的后果是地方创生的后劲不足。前期艺术介入乡建,对乡村景观进行了改造或再造,使得乡村可以借助艺术的力量,发展特色文旅、内容创意等产业,实现地方创生。但由于艺术介入乡建的同质化现象,造成当地村民和消费者的劳动疲劳、审美疲劳,艺术本是为乡村经济社会发展赋能,由于缺少差异化和特色化,结果让艺术乡建项目前期投入与后期回报之间严重失调,艺术乡建的经济、社会和生态效益大打折扣,地方创生的效果难以实现。

（五）艺术介入不充分,产业效益转化能力弱

介入的实质是艺术与乡村的关系问题。[1] 艺术家、艺术空间、艺术作品参与到乡建实践中,为乡村增添再生活力,带来了新的生机,同时也为乡村发展带来更多的艺术、人脉资源和消费人气。乡村由原来的空心化变得热闹起来,村民的重新回归,激发了村民建设美好家园的热情。但是,在艺术介入乡建实践过程中,艺术介入与融入过程中艺术与乡村居民工作和生活的关系,以及村民的立场、利益及话语权缺失等问题,使艺术乡建实践出现了一些问题,特别是艺术与乡村特色文化、乡村村民日常生活的融合问题值得重视。尽管艺术创生也在努力地融入村民的风土民情、日常生活,但就目前国内的艺术乡建案例来看,艺术介入仍然是距离村民日常生活比较遥远甚至对立的概念,这一方面由于乡村村民的文化知识水平、艺术素养和审美能力不够;另一方面,源于艺术介入乡建实践中的在地化融入度不高,艺术与地方创生没有实现有机结合,可能仅仅是符号或意象的嫁接。

爱德华·瑞尔夫认为,地方感既是人对地方的主观依附和归属,更是一种观察和体验世界的方式,人们以感性化经验视角,感知人与自然、人与人之间的情感关联,以及人与环境之间的复杂互动。艺术与乡村传统特色资源都拥有丰富的文化内涵和广泛的活动外延,两者的简单相加,甚至为了艺术而改造乡村特色

---

[1] 王春辰."艺术介入社会":新敏感与再肯定[J]. 美术研究,2012(04): 27-32.

文化,不仅会使村民的日常生活脱离原来语境和风土习俗,使村民感到陌生,甚至还会导致村民失去乡村本真文化的认同感和归属感。简单的艺术介入与嫁接乡建方式,导致艺术介入乡建的可持续发展能力不足,艺术无法充分活化乡村特色文化资源和特色创意产业、文旅产业,艺术的经济效益转化与变现能力无法实现。

艺术介入地方创生实践,将艺术元素带到乡村环境与空间、意象的改造与形塑中,把乡村环境、空间再造与艺术结合,使得原来无人问津的小村落进入大众视野,借艺术的力量变成文旅景点或特色产业基地,原本落寞的乡村凭借内容创意、文旅、特色农副产品等产业经济社会得到了发展。回望一些艺术乡建的实践案例,即使强调了立足于乡村环境与文化特色、注重村民的文化艺术诉求,但依旧难以走出乡村景观、村民外部空间再生产的禁锢,遵循的依旧是经济发展差异化再生产的逻辑①,没有探索艺术介入乡村的本质,以及乡村艺术创意产业可持续变现的手段,因此,那些曾热闹一时的艺术乡村,一旦艺术家抽离或艺术脱离乡村居民生活,便失去了产业可持续发展和效益变现的能力。

(六) 村民艺术素养不高,地方消费人气待提升

目前,我国乡村居民的受教育程度和文化知识水平仍然普遍不高,自我国提出乡村振兴战略、建设美丽乡村的号召以来,国家层面大力普及乡村教育,但在城乡二元结构背景下,乡村人口大量迁移到城市务工,剩下大量的空巢老人和留守儿童居住,这些留守儿童大部分不能接受良好的教育。乡村居民的科学文化教育和艺术素质教育还处于比较落后的状态,虽然近几年的乡村建设使村民的经济生活水平有所提高,但面向乡村居民的艺术教育远未普及。要使一个地方通过艺术介入、艺术创生使人们产生地方依恋感,需要从供给和需求两方面考虑,仅仅靠艺术家和政府、社会企业推进是不够的,还需要契合村民的艺术审美和情感需求,以艺术带动村民共同参与地方创生。

村民艺术素养、审美能力的不足导致他们对文化艺术产品和服务的参与积极性不高,难以真正参与到艺术乡建实践中,甚至对艺术家走进乡村、艺术介入地方创生产生疏离和排斥心理,有的留守乡村的老龄人群,将艺术介入乡建看成一种打扰,将艺术看作一种高雅稀奇物什而难以理性认知,在具体项目实施过程中,艺术很难在短时间内磨合与融入,导致艺术介入乡建、促进地方创生之路变

---

① 孟凡行,康泽楠. 从介入到融和:艺术乡建的路径探索[J]. 中国图书评论,2020(09):8-23.

得艰难。同时，由于电视、网络新媒体、社交媒体占据村民的日常生活空间，村民对于传统特色文化活动诸如皮影戏、评书、地方戏曲、庙会等渐渐失去兴趣，导致乡村特色文化活动水波不兴。这反映了在手机媒体、电视媒体等冲击下，村民之间的物理联系和凝聚力逐渐淡薄，从而疏离乡村艺术产业的消费人气。当前，消费人气不足是艺术介入乡建的痛点，艺术乡建要在地性融合，实现地方创生，必须当地村民参与，艺术介入乡建所形成的特色产业需要有人观看和消费，提升消费人气是艺术介入乡建取得成效的关键。

五、艺术介入地方创生、促进乡村文旅振兴的实现路径

几千年的传统农耕文明形成了人们安土重迁的思想以及独特的地方情感，不论是恋地情结、地方感，还是地方依恋，都强调乡村现代化建设要注重在地文化的挖掘和乡村环境的美化、乡村空间的改造，泰勒的地方空间紧张学说，为艺术介入地方创生敲响了警钟。如何促进艺术创生朝着在地化、创新性和独特性的方向发展，如何实现艺术有效地介入地方创生是一个需要探讨的问题。

（一）树立地方意识，重振乡村特色文化

艺术介入乡村建设应根植于当地的自然环境和人文特色，综合考量乡村整体环境和地方特色。近年来，一些地方的乡村改造体现出一种"地方—空间紧张"趋势，部分乡村在规划建设过程中，不根据乡村实情，盲目抄袭模仿，造成"千村一面"的景象。乡村规划布局没有充分考虑乡村长期沉淀积累的自然和谐感和特色文脉，让农民失去了与传统农耕经济社会的有机融合。艺术介入乡村现代化建设需要树立地方意识，遵守自然和谐的规则，以保护原有的生态环境、乡土文化为基准，在保护中发展，在发展中保护，因应乡村自然景观和空间环境进行艺术创作和作品展示，应因乡村文化特色而创造性设计、创新性发展。例如，在自然山体的地方，依照山体地势起伏创作艺术作品；在河水湖泊的地方，将艺术创作融入水景中；在植被茂密的地方，依托植物颜色形状进行在地化设计，依托乡村自然与文化特色，做到艺术介入与当地特色的和谐统一。

由于地域与历史的因素，不同地方的历史发展脉络不同，乡土文化各具特色，艺术乡建需要尊重乡村的传统文脉、民间信仰、风俗习惯。村落建筑及民俗传统是必不可少的艺术设计元素，艺术介入乡村建设不是模板化、公式化的艺术表达，而是在原有乡村地形地貌、地方传统的基础上，创作和表达具有当地文化特色的艺术，并加以现代化的创新与改造，让人们领略到当地的自然特色与文化

魅力,提升地域知名度、美誉度。乡村所承载的景观风貌、生产生活方式、地方文化、风土民俗等包含在其独特的乡土文化中,因而,艺术介入地方创生首先要树立地方意识,立足于当地自然景观和特色文化,并通过一系列艺术融入地方创生的实践活动,重振乡村文化,打造具有"地方感"的乡村自然和文化景观,提升村民和外来游客的地方认同感和地方依恋度。

(二)挖掘在地文化,构建地方艺术场景

艺术介入地方创生实践,不仅要联合在地的自然和日常生活,而且要随着在地环境和空间的变化而适当改新。中国传统文化强调天人合一、和谐、和合的价值观,因而,"在地"注重艺术与地方特色景观风貌和风土人情之间的依存与和谐关系。艺术乡建要适应当地景观风貌,充分挖掘当地特色文化,将"在地"理念融入乡村艺术生活之中,构建地方艺术场景。

乡村环境空间改造中所创造的文化符号元素,会带给人们视觉和心理的冲击,让人们的乡土情感有所寄托,在艺术介入乡建实践活动中,如何打造具有"家园"感觉的艺术空间场景,如何根据地方自然特色,因地制宜地挖掘当地特色文化,重塑蕴含艺术性和独特性的乡村环境空间,让人们产生真实的"地方感"是值得重视的问题。因此,艺术乡建应依托地方自然环境和人文传统进行在地性的艺术内容创作,借助在地化自然环境和当地村民的生活习惯,让乡村成为艺术的有机载体,艺术活化乡村,乡村承载艺术,二者有机结合,共同营造特色鲜明的地方文化空间和艺术场景。

当地居民和外来游客是基于场景而感知乡村的自然、空间和特色文化,产生认同感和乡土依恋。在不同场景下,人们的感受和记忆不同,场景赋予乡村以特色化、生活化的意义。同时,在地性是艺术介入地方创生的显著特征,在地性艺术强调当地居民和外来游客的参与感和体验感,这要求艺术介入乡村现代化建设要回归地方特色,建构独特的艺术场景空间,建构给人以"地方感"的艺术场景,做到人、文、地、景、产和谐统一。

(三)艺术融合乡村产业,提升产业变现能力

在艺术介入地方过程中,在地性、地方感、地方依恋是地方创生的基础,而艺术介入地方的经济特性则是保证地方创生可持续发展的重要因素。对于地方村民来说,他们更关注艺术介入地方的经济收益。因此,艺术介入地方创生必须考虑艺术介入的产业变现和当地村民直接的经济诉求。基于艺术介入强化村落与外界环境在信息、资金、物质、文化层面的交流,通过村落文化的艺术化展示、民

俗艺术展示、艺术文化产业化等方式推动地方产业振兴。

艺术介入地方创生要充分考虑乡村的文化资源禀赋和村民的实际情况，提高村民的自主性和艺术产业变现自治能力。比如，文化旅游"将地方富有特色的地理风貌、风土人情、工艺技术等资源融合进行创意再生，艺术与旅游结合，对于开拓具有地方感的资源、挖掘具有乡土内涵的地方性产业具有重要意义"，[1]文化、艺术与旅游的融合构建了乡村文化经济新业态，乡村文化旅游资源开发带动乡村物质文化资源和非物质文化资源的挖掘，并进行产业化转换，文旅产业和文化创意产业为地方经济发展赋能的同时，也提升了文化艺术的创新活力。

地方自然景观和特色文化资源是文旅产业的核心要素，艺术与旅游融合应以地方文化特色为本，根植于地方乡土文化资源价值开发，创造独特的乡村文化风貌。艺术介入地方创生实践提升了乡村特色文化的体验价值，开拓了乡村文旅的新市场，文旅消费从被动式消费转向主动式消费，由观光式消费转向参与式、体验式的深度消费，从而激发二次和多次消费。地方创生语境下的艺术乡建与旅游融合是一种深度旅游，它以乡村为旅游目的地，以乡村环境空间和艺术产品、服务为载体，通过浸入式的现场体验，实现旅游者对于乡村自然景观和特色文化的价值分享和情感联结。

（四）赋权地方居民主体，实现村民艺术自治

艺术乡建的目的在于通过艺术介入地方，融入地方民众日常生活，并进行产业化转化，促进地方创生。乡村景观的艺术化改造和审美升级，让游客和本地居民重获乡土身份认同和心理归属感；艺术与乡村景观的在地性、参与性、体验性耦合，使外来艺术家、企业和游客亲身参与乡村现代化实践活动中，形成"地方依恋"。但是，当艺术介入乡村现代化建设变成单纯的艺术创作或作品展示时，其出发点便发生了偏离。"如果艺术乡建活动是出于实现艺术家的人生理想，而不是为了乡村和村民的幸福生活，那么艺术乡建将缺乏可持续发展的潜力以及内生的动力，陷入口号上促进乡村发展，但实际上乡村并不发展的窘境。"[2]在这种情况下，当艺术家从乡村抽离，乡村振兴便无从谈起。[3]

为此，艺术家和企业要不断地与村民沟通，融入村民的生产方式和日常生

① 向勇. 创意旅游：地方创生视野下的文旅融合[J]. 人民论坛・学术前沿，2019(11)：64 - 70.
② 陈雷. 梁漱溟乡村建设理论与实践新探[J]. 社会工作，2012(09)：4 - 7.
③ 于娜. 渠岩：乡建要基于"人心"而不是服从"审美"[EB/OL]. [2017 - 03 - 31].https://www.chinatimes.net.cn/article/66129.html.

活,要形成一种共识:村民是艺术乡建的真正主体,尽管当地村民存在艺术修养、艺术接受能力不足和小农思想等,但艺术乡建应授人以渔,赋权地方主体,实现村民自主治理。村民不是旁观者和缺席者,不能待到艺术家抽离后,让整个乡村重归落寞。在艺术乡建实践中,艺术家的贡献不仅在于创作出有价值的乡村艺术作品,还在于唤醒村民的个体价值感,让原本处于艺术边缘的弱势村民群体参与、体验、创作地方艺术,提升文化艺术素养,增强乡土文化自觉和文化自信。这样,村民就会主动参与到艺术乡建实践中,成为艺术介入地方创生的参与者、创造者和体验者。

(五)推进各方协同共建,优化乡村治理结构

乡村振兴迈入新时代,艺术介入地方创生在实践形态、机制创新、生成效应等方面均已呈现出多样化的态势,因此,需要转换艺术乡建思维,不能再将艺术介入乡村现代化建设看成一种简单的乡村艺术实践,而应拓宽视野,全方位、多角度地看待艺术介入地方创生实践。尤其是"外部输血式"和"内外协调式"艺术介入地方创生实践活动,强调外部力量的参与和内外部力量的结合,即便是"内部造血式"的艺术乡建形态,也需要村民不断地学习和接收外界艺术知识,参与外部渗入的艺术创作、艺术品展示等艺术活动,引进和吸纳外部人才。

随着艺术乡建实践的不断深入,政府和多元社会主体的参与,构成了多元主体结构,但多元主体结构不是解构村民的主体性。随着外界艺术主体介入乡村现代化建设,应在坚持村民主体性的基础上,优化乡村治理主体结构,构建政府、艺术家、企业、村民、游客等多元主体共建、共享的乡村治理共同体。特别要注重处理好村民与其他外部主体的关系,推进生成一个相互理解、相互认可、相互融入、相互依存的乡建共同体。只有充分调动村民的主体性自觉和主体性参与才能让艺术乡建融入地方文化特色,形成特色鲜明的乡村艺术空间、艺术创造和艺术审美,构筑具有"地方感"的乡村艺术环境,避免"千村一面"的同质化现象。同时,村民的艺术知识、艺术素养和实践经验是有限的,需要外界艺术家、企业、游客等主体力量加持,也只有外部艺术主体及其关联主体的介入,艺术乡建才能获得更多的人才、财力、消费等资源,带动乡村艺术创意、文化旅游和农副产品的产业化转化,促进乡村经济社会发展。

(六)培育与引进人才,提升村民艺术素养

首先,积极鼓励实践艺术乡建项目的艺术家、企业联合高校的艺术教育资源和力量,共同推进乡村现代化建设。例如,浙江嘉兴的许村项目发起人渠岩,曾

是山西大学美术学院和广东工业大学艺术设计学院的老师,2012 年夏天,渠岩牵头的"中国乡村运动与新农村建设"许村论坛,聚集了研究农村问题的专家学者、建筑与规划专家、艺术设计学者、政府文化部门的官员、世界遗产委员会的咨询专家来到许村实地考察,为许村的现代化建设分享自己的艺术扶持实践经验,丰富了我国在乡村改造运动与新农村建设的相关理论研究和案例经验。

其次,高校艺术学院的青年大学生是推进乡村艺术建设的重要力量,政府、企业主体推动乡村与高校合作,建立师生艺术实践训练基地、写生基地,将课堂开设在乡村大地上,鼓励学生与村民沟通交流,让学生融入当地居民日常生活实践中,借助高校艺术实践基地,向村民普及文化知识,提高村民的艺术修养,提升艺术乡建的主体性力量。

再次,鼓励学生从课堂走进田野,切身感受乡土文化,寻找创作源泉和现场活力。另外,政府、企业、高校、乡村要积极搭建人才平台,拓宽人才引进渠道,提高艺术人才引进力度,为我国艺术乡建事业提供源源不断的人才储备。

最后,培育乡土艺术家,让乡村非遗传承人、乡村艺术爱好者到艺术院校、艺术训练基地接受继续教育,提升他们的艺术创作水平和审美能力;同时,艺术乡建实践者应积极开班培训村民的文化知识水平和艺术素养,提升他们的艺术接受能力和参与能力,以全方位艺术人才的力量,从理论和实践层面推进我国艺术乡建的现代化进程。

第二节　艺术介入与地方创生共生发展,壮大地方文旅产业

在促进经济社会高质量发展、逐步实现共同富裕的新发展阶段,一个亟须解决的问题是逐步缩小日渐拥挤的现代化大城市与逐渐"空心化"的村落之间的二元结构失衡,而乡村振兴是缩小城乡贫富差距、走向共同富裕的根基所在。2018 年,国务院印发的《乡村振兴战略规划(2018—2022 年)》提出了"乡村振兴"战略。在"乡村振兴"战略和"美丽乡村""特色小镇"建设等国家战略和政策举措的指引下,一批艺术家开始走进乡村,尝试让艺术介入乡村现代化建设,以在地化艺术及其关联产业改变乡村落后面貌,促进地方创生。地方创生(place making)是 2014 年日本政府为解决大都市过于集中、地方人口减少等问题,促进日本经济发展整体活力所提出的一系列政策总和。这一经验后

被多个国家和地区采纳以促进乡村和地方发展。

一、研究文献回顾与问题的提出

地方创生根植于地方环境,唤醒传统文化生命力,并通过创新、创意、创业来创造地方文化经济新增长,推动人口回流与归属感再造,增强地方自主发展能力。艺术介入是实现地方创生、促进美丽乡村建设的重要方式。艺术介入既是艺术史上出现的一种观念,也是一种艺术表现形式。20 世纪 90 年代,美国学者阿诺德·柏林特提出了"审美介入"(Aesthetic Engagement)理论,将艺术从纯粹美学范畴扩展到个人和文化的经验的范畴中,强调"审美经验的积极特性及其本质上的参与性"。① 阿诺德·豪泽尔的《艺术社会学》②以及拉尔夫·史密斯的《艺术感觉与美育》③则跳出艺术介入本身的传统思维,论述了艺术介入的社会性及其所应承担的社会责任问题。从 19 世纪晚期开始的印象派、达达主义、抽象主义、观念艺术、表演艺术等艺术流派逐渐打破艺术与生活之间的界限,"介入"逐渐发展成为当代艺术的重要特征与表现形式,艺术介入特定的公共场合与群体,参与社会议题的阐述与讨论。艺术介入让"艺术已经成为一种建构社会的'关系性生产'",④介入公共空间与公共议题中进行某种对话。

一些国外学者关注艺术与城市之间的关系,并结合具体案例进行分析。如罗纳尔·李德·弗莱明 Ronald Leede Fleming 的《地方创生艺术》一书基于 20世纪 90 年代以来美国数十个城市公共艺术项目案例,论述公共艺术融入城市景观、历史诠释、街道设施,以及道路、走廊、壁画设计等,将艺术带入城市社区,改善城市公共空间,激发大众的艺术想象力和场所认同。⑤ 克里斯平·弗里曼 Christoph Michels 等学者通过分析柏林街道和广场的音乐干预,发现城市中的艺术介入能够营造出一种特殊的情感氛围,推动个体更加关注在组织空间内的感受与集体行动。⑥ 艺术介入与地方创生紧密相连,随着西方国家的地方

---

① [美] 阿诺德·贝林特. 艺术与介入[M]. 李媛媛,译. 北京:商务印书馆,2013:36 - 80.
② Arnold Hauser. *Soziologie der Kunst*. Annaburg:CH Beck,1988.
③ Ralph A.Smith. *The sense ofart:a study in aesthetic education* (First Edition). London:Routledge, 1989.
④ 周彦华. 艺术的介入——介入性艺术的审美意义生成机制[M]. 北京:中国社会科学出版社,2017:5.
⑤ Ronald Lee Fleming. *The Art of Placemaking:Interpreting Community Through Public Art and Urban Design*. London:Merrell Publishers Ltd,2007.
⑥ Michels C,Steyaert C. By accident and by design:Composing affective atmospheres in an urban art intervention. *Organization*. 2017,Vol. 24(1),pp.79 - 104.

现代化建设的推进，地方作为构建个体和集体身份关键因素的属性被加以重视。普莱奥.T Puleo.T 认为，个人、社会和空间中的物质现象与过程，以及个体和集体的地理想象融合在一起，创造出一个调和功能和意义的场所。① 普勒恩和琼斯 Ploner & Jones 指出，对于乡村或偏远地区，地方概念中的人与生活的定义维度，很适合捕捉地方空间的表演性、创造性与诗意，帮助培育地方居民的自豪感、身份认同感与归属感。② 王.M.Wang M.认为，艺术介入能够促进个体与地方之间关系的恢复与再生产，艺术介入地方建设不仅提供了一种带有批判性思考的艺术作品，还有助于建设具有艺术共情的地方基础设施，帮助乡村发展更具有合作性和社区性的社会关系，具备开拓公共空间与促进基层公共政治的潜力。③

在艺术介入乡村社会的关系性生产中，艺术介入与地方创生构成一种共生关系。"共生"关系现象广泛存在于生物界、工业、农业、经济、产业和社会生活的多个领域。1987 年，日本建筑师黑川纪章在《共生思想》一书中系统阐述了共生哲学的理念，认为它"包含着两项对立的、流动的、多样性原理的共生思想"，并强调"中间领域"是共生的"钥匙"，要保留异质性寻找共通性。④ 1998 年，国内学者袁纯清提出"共生包括共生单元、共生模式以及共生环境三要素，并存在寄生、便利共生、互惠共生、点共生、间歇共生、连续共生和一体化几种模式"⑤，共生系统的形成需要共生单元之间具备内在联系⑥，能够兼容并生成新能量，最终朝着对称性互惠共生模式进化。这一模型被广泛应用于产业经济、企业合作以及区域发展等领域，地方创生领域亦不例外。在地方创生领域，"艺术介入"体现了艺术参与社会生活的主动性，但"介入"也被认为带有"霸权的政治意味，寓意中隐含着救赎之企图，在无形中变成一种象征暴力"。⑦ 一些艺术介入地方创生的实践成为艺术家们抒怀艺术批判思想与建构艺术乌托邦的乡村实验平台，先锋前卫

① Puleo，T. Art-making as place-making following disaster. *Progress in Human Geography*，2014，Vol. 38(4)，pp.568 - 580.
② Ploner，J. & Jones，L. Learning to belong? "Culture"and "place making"among children and young people in Hull，UK City of Culture 2017. *Children's Geographies*，2020，Vol. 18(3)，pp.269 - 282.
③ Wang，M. Place-making for the people：Socially engaged art in rural China. *China Information*，2018，Vol. 32(2)，pp.244 - 269.
④ ［日］黑川纪章. 新共生思想[M]. 覃力，杨熹微，慕春暖，等译. 北京：中国建筑工业出版社，2008：69.
⑤ 袁纯清. 共生理论——兼论小型经济[M]. 北京：经济科学出版社，1998：6.
⑥ 袁纯清. 共生理论及其对小型经济的应用研究（上）[J]. 改革，1998(2)：103.
⑦ 刘姝曼. 艺术介入乡村建设的回首、反思与展望——基于"青田范式"的人类学考察[J]. 民族艺林，2017(4)：5.

的艺术形式与地方文化的割裂现象招致了很多批评。艺术介入与地方创生如何相融共生成为学界与艺术界共同思考的课题,这正是两者共生发展的方向。

艺术介入乡村现代化建设的最大特点是其对地方文化、情感记忆以及人与地方关系的构建。从"石节子美术馆""北许(村)南碧(山)"到"青田范式",我国艺术乡建致力于美丽乡村建设,如何让艺术介入更好地赋能乡村现代化建设,艺术介入地方创生实践如何实现在地化,如何充分调动地方居民的参与积极性,从而让地方创生具有持续发展活力,有学者引入"多中心"治理理论以及"主体间性"概念,导向一种多元主体之间密切协作、共建共享的发展模式,意图实现艺术介入与地方创生的共生发展。这彰显了运用共生理论指导艺术介入地方创生实践的适用性。艺术介入与地方创生具有共生性,共生关系是艺术介入地方创生的耦合纽带,共生发展是艺术介入地方创生的可持续发展目标。那么,艺术介入与地方创生的共生单元、共生界面及其内在机理是什么?两者的共生模式有哪些特点?两者的共生环境主要体现在哪些方面?实现两者共生发展的主要路径有哪些?本书基于共生理论,分析艺术介入地方创生的共生单元、共生模式、共生环境及其共生发展的主要路径,对于以艺术介入方式促进地方创生,实现乡村产业振兴,具有重要的理论价值和实践意义。

二、艺术介入与地方创生的共生关系分析

共生关系的重要判断依据在于共生单元之间是否具备质参量兼容(内在联系)以及新能量的生成,而共生界面的选择决定共生能量的生产和再生产方式。共生界面是"共生单元之间物质、信息和能量传导的媒介、通道或载体,也是共生关系形成和发展的基础"。[①] 艺术介入与地方创生具有共生关系,地方创生不仅意味着经济的复苏,更是地方特色、文化与人—地关系的重建,而艺术在唤起人的情感与感知上具有先天优势,艺术的生产能够调节认知领域与物质领域之间的关系,以可感知的形式重建人对地方的认知。地方创生重现地方生机与活力,而艺术介入则是通过艺术创作与表达,唤醒乡村艺术审美的力量,构建乡村美好生活,以相对柔和的艺术力量和艺术产业化举措,为地方创生赋予新能量。对当代艺术而言,"艺术介入乡村建设实践不仅是我国乡村振兴的一条新的尝试,更

---

① 曲亮,郝云宏. 基于共生理论的城乡统筹机理研究[J]. 农业现代化研究,2004(5):374.

是当代艺术中国化的必经之路。"①艺术是艺术介入与地方创生的共生界面。

（一）共生单元分析

共生单元是构成共生关系的基本单位，共生单位之间具有内在的联系，进行能量生产与交换，构成某种共生体。"地方创生是一个涉及主体多元、价值多元、利益多元等复杂要素的总体营造的生态系统……需要平衡政府、居民、旅游者、经营者等不同主体的利益诉求。"②艺术家、地方政府、地方居民、企业经营者、旅游者共同构成艺术介入地方共生系统的共生单元，各利益主体相互联系，相互作用，获取各自的利益。在艺术介入地方创生实践中，原有的利益主体关系被打破，不同利益主体之间存在着环境、理念、价值观与商业利益的冲突，各主体之间的利益共生关系交错共存。

1. 受情感和艺术双重驱动的艺术家

中国艺术介入乡村建设实践起源于艺术家对乡村没落危机的关注与责任。比如，许村计划的发起人渠岩称"回到家也找不到根……当遇见许村，觉得自己找到了精神家园"。③地方或乡村的意义，饱含着聚落传统、乡土文化的浓厚情感，地方所蕴含的价值因为离开、旅行和异乡而更加凸显。近几年来，艺术家介入地方创生者的身份越来越多样化，艺术家更多带领一个团队或机构介入其中，包括策展人、设计师、建筑师、作家、导演、音乐人以及艺术设计院校师生等，人类学、社会学、农村问题研究专家学者也作为"智囊团"提供专业知识辅助。艺术家扮演着创意理念的提出者、策划者、执行者，以及与其他主体的沟通者等多重身份，是艺术介入地方创生的主导者。

艺术家既可能自发建设乡村，也可能受邀政府或企业。因此，艺术家往往接受内外部的双重驱动，即以"恋地情结"为主的情感驱动以及借助乡村获取艺术创作灵感与展示空间的艺术驱动，又以酬劳为主的外部驱动。一方面，"恋地情结"让艺术家自发回归、回馈故里，以熟人与体验者的身份进行艺术介入；另一方面，带着自身的艺术理想与审美诉求，部分艺术家也希望借乡村生活远离城市的喧嚣，寻求艺术创作灵感，他们希望发挥自身的艺术才能，延续自身期望的乡愁和乡村宁静生活，以此来展现对于当下城市病与城市喧嚣生活的抵抗。此外，外

① 尚莹莹. 从"碧山计划"窥探我国艺术介入乡村建设现状[J]. 美与时代（城市版），2015(8)：10.
② 向勇. 创意旅游：地方创生视野下的文旅融合[J]. 人民论坛•学术前沿，2019(11)：66－69.
③ 梁莉. 精神返乡：渠岩与许村的故事[EB/OL].［2023－02－13］. https：//epaper. gmw. cn/sz/html/
　 2013-10/01/nw.D110000sz_20131001_7-10.htm.

部驱动则让艺术家从商人或企业家视角进行乡村艺术产业化实践,获得明确的经济收益。比如,艺术家牵头打造具有文艺气质和审美特色的乡村景点、民宿、酒吧、书店等。

2. 从旁观转向主动参与的地方居民

当前,艺术介入地方创生越来越重视地方居民从旁观者到参与主体的身份转变。随着地方居民的物质生活需求日益丰富,他们对于精神文化生活提出了更高的需求。党的十八大以来,党和国家积极推进地方物质和精神文化建设。如今,艺术介入与地方创生的共生实践让人们看到了"艺术生活化、日常生活审美化"从理论变为现实的可能性,承载着地方居民对乡村艺术、审美与情感的寄托,这也是满足地方居民对审美与艺术生活的新时代需求。其中,地方居民主要分为关注地方发展的乡贤与居住其中的普通村民,他们在艺术介入地方创生中扮演着被介绍者、被劝说者、场地与设施提供者、地方文化传承者和艺术乡建参与者的角色。一方面,提高经济收入、提高生活质量是他们首要关切的利益;另一方面,"地方依恋"让他们同样关切乡村文化遗产,如老宅、祠堂、文庙等,对艺术改造的态度相对保守抵触。

3. 其他利益相关者:政府、企业和游客

中国艺术介入乡村建设大体分为两种类型,艺术家自发发起或与政府、企业合作。随着政府与企业的参与,艺术介入乡村建设从一种自下而上的自发改造成为集合多方资源的产业升级。在其中,政府提供了政策保障、市场监管、招商引资、基础设施建造、文化保护等服务;村民通过改造自家住宅开展农家乐,或直接为企业提供场地与人力资源,从中获取政府的鼓励资金与旅游收益[①];企业则为产业改造贡献力量,利用当地文化生态资源,打造产业供应链与文化品牌,获取投资回报收益;随着乡村传统、记忆、历史、文化价值的再发现与服务升级,越来越多的社会公众被吸引,获取有关地方、乡村的精神与物质的双重体验。

政府主体在艺术介入地方创生实践中扮演着重要角色,他们是宏观层面的规划者、各种规制的制定者、政策扶持者、资金提供者和项目监督者。对政府主体而言,脱贫致富与乡村振兴既是贯彻国家政策、彰显政绩的体现,也是一种"造福地方"的责任感与地方情感驱动使然。目前,企业主体介入地方创生实践相对不足,他们具有明显的商业利益考量,参与艺术介入与地方创生的企业主要是文

---

① 冯淑华. 基于共生理论的古村落共生演化模式探讨[J]. 经济地理,2013(11):158.

旅集团、文化投资集团、文化创意企业等,来自其他行业的企业不多。游客作为参与者,旨在从本真的地方文化特色、异乡故事、乡村记忆和文化艺术景点中获得娱乐与地方情感的新体验。

4. 不同主体的利益共生关系分析

恋地情结和地方依恋作为一种情感纽带将这些利益主体联结在一起,形成直接或间接的利益共同体。这种情感驱动力既形成了各利益主体之间的利益共生关系,也产生了利益矛盾。作为利益共生体中最重要的两方,艺术家与地方居民所持有的恋地情结和乡土依恋具有较大的差异。对艺术家而言,无论他们是否生长于乡村,他们是基于对乡村的美好想象与对故乡的怀念自主回归乡村,而留守地方的村民则出于年龄、身体状况、经济条件、受教育程度等原因被动留下。

段义孚提出:"环境里所蕴含的价值始终是依托其对立面来定义的,因为干渴认识了水;因为海洋,认识了大地。离开旅行和异乡,家园就会变得毫无意义。"[①]艺术家从城市的喧嚣中回想起乡村,乡村的本真与质朴在其眼中多了一份浪漫色彩,他们对乡土的情感寄托于一种"异客"的凝视和美好的记忆想象中。这种艺术的乡村回归具有积极意义,它提供了新的视野与观念,成为乡土创生的触媒。

对村民而言,他们的故土情感和自身保有的地方生产与生活方式,成为艺术介入地方创生的实践基础,但其守旧传统、受教育程度不高、文化与艺术素养较低,带来了艺术沟通困难与参与度较低的困境。同时,由于城乡二元结构的长期对立,作为"乡下人"的村民对外来的"城里人"容易抱有敌意或排外的态度,而艺术家却容易从审视视角,将地方看作被艺术改造与征服的对象。这种艺术审美视角与村民生存视角的差异造成了两方利益主体之间的矛盾。因而,在艺术介入地方创生实践中,企业开发商反而更容易与村民达成一致,游客与艺术家之间也容易保持一致。"虽然资本的流动很容易超越国家和区域的边界,但同时也产生空间的压缩与去地化。"[②]

当地方创生因为"去地化"而千篇一律时,艺术介入地方创生的实践基础也将消逝,艺术家与游客主体希望获取的内在情感体验也随之消逝,没有地方文化特色的纯粹艺术视觉体验难以持久,最终损耗整个利益共生体。比如,艺术家欧宁和左靖在安徽徽州提出的碧山共同体计划,因一味提倡构建乡村"乌托邦"式

---

① [美]段义孚. 恋地情结[M]. 志丞,刘苏,译. 北京:商务印书馆,2018:69.
② 王丰龙,刘云刚. 空间的生产研究综述与展望[J]. 人文地理,2011(2):11.

的共同体,忽略了与地方居民、地方政府的协同合作而被叫停,导致他们的艺术介入地方创生计划受阻。再如,在福建省三明市建宁县溪源乡上坪古村复兴计划中,艺术家的情怀与地方居民的诉求产生了冲突,虽然艺术家的设计改善了村落环境,但没有给乡村产业振兴带来实际的经济与文化效益。因此,恋地情结所生成的态度、价值观是艺术介入地方创生共生能量生成的重要触媒之一,与艺术诉求、经济诉求等共同平衡维系不同利益主体的共生关系。

艺术介入地方创生的共生单元中,各主体扮演的角色、参与地方文旅产业建设的动机及其目标诉求,参见表 10-1。

表 10-1　艺术介入地方创生的共生单元分析

主　体	角　色	动　机	目标诉求
艺术家	创意理念提出者、策划者、执行者、沟通者等	情感驱动(恋地情结)、艺术驱动、利益驱动(酬劳)	艺术审美
游客	参观者、消费者	情感驱动(娱乐与地方情感体验)	
政府	宏观规划者、规制制定者、政策扶持者、资金提供者、项目监督者	政策驱动、情感驱动	
地方居民	被介绍者、被劝说者、场地与设施提供者、地方文化传承者、艺术乡建参与者	利益驱动(提高经济收入,提高生活质量)、情感驱动(乡土依恋)	生存发展利益回报
企业	项目投资者、开发商、产业化运营者	利益驱动(投资回报收益)	

(二) 共生模式分析

共生模式指"共生单元之间相互作用的方式或相互结合的形式,它不仅反映了共生单元之间作用的方式,还反映了作用的强度"。[①] 不同的共生模式具有不同的稳定性和能量生成方式,共生单元的主体关系紧密程度越高,共生体的稳定性也越高,也就更能各取所长、相互促进。恋地情结、地方依恋只是艺术介入地方创生的共生能量生成的情感触媒,艺术家不仅扮演着"启蒙者"的角色,还有

---

① 袁纯清. 共生理论及其对小型经济的应用研究(上)[J]. 改革,1998(2): 3.

"在地学徒""各种不同主体关系的协调人"和"当地居民的日常政治"，不同利益主体之间协商合作、共生共荣。^①在艺术介入与地方创生的利益共生体中，主体共生关系强度取决于将"恋地"转化为"在地"的程度。艺术介入地方创生需要将情感上的"恋地"转化为实际上的"在地"，让艺术介入与地方创生的各共生单元利益紧密融合。"在地"成了艺术介入与地方创生的准则。当前，艺术介入地方创生的"在地化"实践可分为三个不同层次。

1. 艺术家在场的点共生、间歇共生模式

在场是"一种空间性的'在地化'要求，这是最基本的介入方式，包含'身体在场'和'符号在场'两种方式"。^②艺术家要么短暂进入乡村，进行艺术创作、作品展示与地方交流，要么驻留乡村进行在地化艺术创作、展演与产业化转化。驻留乡村能够与当地政府、乡贤、村民之间构建更为良性的互动关系，目前这种方式被广泛采用。艺术家作为外来者，对于地方环境、资源、文化的审视首先是视觉层面，因此艺术首先是一种视觉性的"符号在场"。"当代艺术依然生存在现代主义和历史先锋派缔造的传统之中……前者拒绝庸俗、渴望纯粹，是一种美学前卫；后者介入社会、批判自律，是一种政治前卫。"^③

在视角层面，当代艺术多转向抽象艺术的审美，流动的线条、界限分明的几何、视觉冲击的色彩成为常见的艺术元素。这些元素在艺术介入地方创生实践中屡见不鲜。比如，靳勒在甘肃石节子村完成的作品《贴金》、2016年在浙江省龙泉市宝溪乡溪头村举办的国际竹建筑双年展中以"竹"为载体，体现传统与未来感结合的建筑设计，如双螺旋形状竹桥、造型形同青花瓷的艺术酒店以及竹编外形的青年旅社等。乡土的自然景观和建筑空间是艺术符号呈现的主要载体，艺术家们所带来的作品展示中心、民宿、咖啡店等现代化空间也成为艺术家身体在场的容器。

从共生模式来看，艺术家的"身体在场"或"符号在场"与地方构成的关系，是点共生或间歇共生。随着艺术家抽身离开或是乡村艺术节、建筑节、艺术展的谢幕，艺术介入地方创生所生成的共生模式随即中断或停滞。从行为模式上看，艺术介入与地方创生之间是一种偏利共生关系。一方面，艺术家前卫的视觉艺术

① 渠岩，杨小舟.渠岩反思艺术乡建：越了解乡村，才会越小心[EB/OL].[2022-02-13].https://www.thepaper.cn/newsDetail_forward_4049132.
② 刘祖云，李烨.在乡村振兴语境下培育"情感共同体"[J].江苏行政学院学报，2019(1)：114.
③ 周计武.什么是我们的当代艺术[J].文艺研究，2013(3)：26.

理念与作品呈现在与传统乡村观念的碰撞中,以强势的声音触发地方媒体舆论,掩盖了本地居民的真实声音;另一方面,当代艺术同样具有商业世俗性,艺术介入乡村的实践成为艺术家提高自我知名度的手段或自我标榜的品牌符号。作品展示中心、咖啡馆等城市文化的符号与艺术容器,因带有乡村闲适的氛围而吸引城里人短暂驻足,却与本地村民的生活毫无交集。不过值得注意的是,当代艺术的符号与审美更容易吸人眼球,而乡村文化的本真特色可能会被城市的现代化艺术符号所遮蔽。

2. 地方自觉被唤醒的连续共生模式

唤醒地方意识,增进共生单元中各利益主体的地方自觉,推进艺术的在地化转换是艺术介入地方、与地方共生的要义。恋地情结是一种人类普遍存在的情感。"人对环境的反应可以来自触觉,即触摸到风、水、土地时感受到的快乐。更为持久和难以表达的情感则是对某个地方的依恋,因为那个地方是他的家园和记忆储藏之地,也是生计的来源。"①但即便如此,在艺术介入地方创生实践中,村民很少主动参与,往往置身于事外。100多年来,城乡差距一直在拉大,城乡发展失衡现象凸显。村民眼中的城市具有优越感,而处于弱势地位的农村,处于被扶贫、被改造的状态,村民对自己所拥有的地方环境风貌、传统习俗、生活方式失去了自信,甚至失去改造乡村面貌的能动性。有些城郊村落,部分村民等待着被拆迁、被城市化,以获得新的房产或赔偿资金。

唤醒村民的地方意识、地方自觉,需要构建地方居民的"主体性",提升地方居民的艺术素养和文化知识水平,提升其参与地方创生的自信、自觉和能力。以福建南屏古村落为例,当地政府先是在漈下村进行文化创意项目试点,引进"人人都是艺术家"的公益油画教学项目,接着在双溪镇建立文创人才基地"安泰艺术城",其周边村落又选送30多位村民作为"文创—旅游种子"到双溪安泰艺术城学习油画与新媒体营销业务。这种"人人都是艺术家"的理念唤醒了当地村民的地方自觉,增强村民参与艺术乡建的信心,并使其成为地方创生的"主体",让他们以艺术的视角重新发现家乡之美。于是,当地村民对艺术家林正碌产生了信任感,主动集资改造乡村基础设施。其后,政府的艺术培训模式让村民有了艺术创作和文创产品推广营销的能力。

如今,乡村居民分散化现象比较突出,将分散的农户组织起来很难,特别是

---

① [美] 段义孚. 恋地情结[M]. 志丞,刘苏,译. 商务印书馆,2018:136.

需要集体行动协商时,分散农户的集体行动成本很高,很容易出现"搭便车"的行为,为艺术介入地方创生实践带来了挑战。艺术家花费大量心思建造的乡村博物馆、图书馆、美术馆等,建成后当地居民很少去,村民也没有产生多少艺术获得感。乡村公共空间作为村民自由聚集的场所,能够聚集地方居民参与的人气。为此,有的艺术家提出改造或重塑乡村公共空间的设想。比如,2015年开启的贵州雨补鲁村改造计划,总策划师吕品晶以村中闲置的老房子为基础,改造了陈氏宗祠,并以陈氏宗祠为核心营造村寨公共文化空间。

事实上,寺庙、祠堂作为地方公共空间,"发挥着构建亲缘与伦理性秩序的功能,成为传统村落社会最典型的制度化空间"①,具有文化与精神层面的内涵,可以归属乡村"集体记忆"空间,对提升地方居民的集体认同感具有重要作用。不少艺术介入乡建项目将修复村社祠堂作为重点,比如,艺术家渠岩为广东青田村设计的九方面改造模式中便涉及修复改造刘家祠堂、关帝庙堂,以恢复村社宗族凝聚力与忠义礼信的地方价值观。"艺术介入应成为集体记忆的强化载体,以增强当地居民对地方与本土文化的认同感与自豪感,并实现地方文化传承。"②当地方居民身处寺庙、祠堂空间内部,视觉上感受先贤的神像、灵位,嗅觉上感受香火的味道,身心沉浸在古朴的乡村建筑内部,容易产生情感共鸣,形成地方信仰、祭祀的敬畏感与集体记忆,从而强化其地方意识与地方自觉。

当地方居民的地方意识、地方自觉被唤醒后,村民参与艺术介入地方创生实践的主体性自觉也会被唤醒,在地文化的自信心与认同度增强,也会增进对艺术家的信任和认同感。此时,艺术介入地方创生的共生单元之间会形成一种更加稳定的连续共生模式。地方居民与艺术家、政府、企业等其他利益共生体容易形成互惠共生的行为方式。

3."艺术生活化"的一体化共生模式

艺术介入地方居民的日常生活是一种"艺术生活化"。这种艺术生活化意味着艺术介入地方创生不仅仅追求乡村公共空间、标志性建筑物的艺术化改造,而是追求融入地方居民的日常生活实践中。法国学者亨利·列斐伏尔认为,日常生活即"居民的生计、衣服、家具、家人、邻里和环境……如果愿意,可以称之为物

---

① 吴毅. 公共空间[J]. 浙江学刊,2002(2):93.
② 唐璐璐,向勇. 在地艺术的文化记忆重塑与权利话语重置——以日本越后妻有大地艺术节为例[J]. 福建论坛(人文社科版),2019(2):83.

质文化"。① 地方居民的日常生活往被认为是单一而乏味的,艺术介入地方创生实践常常将其忽略。法国社会学家米歇尔·德塞都提出了日常生活实践理论,他强调普通生活场景的生产性,将"日常生活看成一个在全面监控之下的宰制与抵抗的斗争场域"。② 人们无论在日常空间实践还是在日常消费中,常常会采取一种抵抗的手段,"挪用"符号,加入自己的记忆,经验与想象"改写",形成"文本盗猎"现象。人们在"再生产"中创造了属于自己的生活故事。因此,如果艺术介入地方未能融入地方居民的日常生活,艺术本身的创造性和审美价值就无法被调动起来。那么艺术融入地方居民的日常生活,与乡村传统经验与地方文化融为一体,更容易唤醒当地居民的地方意识、地方自觉,加深其对地方环境与文化的认知和理解,进而促进艺术家与村民、艺术介入与地方创生的一体化共生。

从艺术史角度来看,"当代艺术经历了三种形态,1.0 形态是'物象艺术',2.0形态是'行为艺术',3.0 形态是'行动艺术'……行动艺术是彻底地回归到生活的现场"。③ 可以说,艺术融入地方居民的日常生活是当代艺术回归生活现场的重要途径。渠岩提出,要做"艺术之外"的乡村实践,重要的是给村民营造一个幸福的家园。④ 在"青田范式"的艺术乡建实践中,除修复改造庙宇、祠堂、老宅外,渠岩还将艺术介入到青田村的桑基鱼塘,重塑人与农作的关系;介入物产工坊,通过工艺改造重塑人与物的关系;改变村规民约,改善乡村人际关系。他们在与地方居民充分交流后,修缮村里的石板路,重整道路空间;为了保留老树,将村口的停车场设计为环形;为村民房屋修建提出设计建议,让村里的整体环境更加和谐。

在这一系列改造过程中,艺术参与进村民的生活细节当中,让村民能够在鲜活的生活中感受到在艺术帮助下乡村的和谐舒适以及文化特色,让原本可能出现"千篇一律"的乡村改造模式更加生动化。同时,艺术融入地方居民日常生活,也营造居民生活的舒适感与幸福感。由此可见,艺术介入地方居民的日常生活,能够实现艺术家与村民、艺术介入与地方创生的一体化共生,各利益主体之间形成了一种互惠共生关系与一体化共生模式。

---

① [法]亨利·列斐伏尔. 日常生活批判[M]. 叶齐茂,倪晓晖译. 社会科学文献出版社,2017:7.
② 吴飞."空间实践"与诗意的抵抗——解读米歇尔·德塞图的日常生活实践理论[J]. 社会学研究,2009
(2):182 - 183.
③ 方李莉. 论艺术介入美丽乡村建设——艺术人类学视角[J]. 民族艺术,2018(1):26.
④ 渠岩. 艺术乡建:从许村到青田[J]. 时代建筑,2019(1):57.

艺术介入与地方创生的共生模式、在地化程度、主要特征、实践措施，及其利益和目标诉求见表10-2。

表10-2 艺术介入地方创生的共生模式

共生模式	在地化程度	特 征	实 践 措 施	利益诉求
点共生、间歇共生	在场	身体在场 符号在场	艺术节、展览 标志性建筑 民宿、咖啡、酒吧	旅游效益
连续共生	唤醒地方意识与地方自觉	主体性构建 公共空间营造 "集体记忆"	人人都是艺术家 公共空间、道路公共设施营造 祠堂、庙宇的修复	文化复兴
一体化共生	走进地方居民的日常生活	艺术生活化	道路系统、排水系统、电路、水系、饮食等的艺术改造	生活幸福

（三）共生环境分析

共生环境即共生体存在的外部环境，在艺术介入地方创生实践中，共生单元之外的元素构成外部环境。共生环境影响共生单元之间的相互作用机制与强度，导致共生系统的变异。当前，除了国家"乡村振兴"战略和"美丽乡村""特色小镇"建设等利好的宏观政策环境和乡村产业振兴的具体政策举措等政策环境外，艺术介入地方创生的共生环境还有如下方面。

1. 文化环境

"文化环境是人的存在和社会发展赖以依托的各种文化条件的总和。文化时间和文化空间是构成文化环境的本体论维度。"[①]从时间维度看，当前国家加大了对传统文化的宣传与保护，如确立非物质文化遗产传承人、设立"中国农民丰收节"等，重塑人们对乡土文化的认知，既夯实了艺术介入地方创生的地方文化土壤，又带动各利益主体在地化参与的正当性与积极性。

从空间维度来看，互联网、大数据、VR/AR、AI技术的高歌猛进催生虚拟文化空间的繁荣，衍生出诸多网络流行文化。虚拟文化空间为艺术介入乡村建设提供数字传播载体，各种利益主体需要切换实体文化空间与虚拟文化空间、地方文化内容和文化传播形态，赋予地方传统文化以新的文化符号元素和艺术表达

---

① 苗伟. 文化时间与文化空间：文化环境的本体论维度[J]. 思想战线，2010(1)：101.

形式。在羊磴艺术合作社的创生实践中,艺术家焦兴涛看到了当地村民对抖音短视频的热情,带领专业团队去拍摄艺术家与村民们的艺术创作,村民也在自我展示与传播点赞中获得了自我认同。地方政府要顺应地方文化传统,与有实力的企业联姻,让艺术家能够以新的艺术表达方式书写和展示地方文化,在丰富当地居民的精神文化生活的同时,为游客提供良好的旅游审美体验,提高文旅产品的触达率。

2. 市场环境

乡村文化旅游和特色文化产业正成为地方创生的产业杠杆,并带动地方其他关联产业发展。一方面,国家层面出台了文化与旅游融合发展的宏观政策,推动企业与投资者加盟,促进文化资源整合和产业结构调整,推动文旅产业高质量发展。一些文化投资基金加入地方创生实践,为艺术介入地方创生带来了资金支持和市场活力。比如,福建武夷山市五夫镇探索建设的"文化生态银行",在政府、企业和村民的共同运作下,整合分散的自然资源和文化资源,提炼文化IP,通过市场化的运作将其转变为经济收益。目前该镇已经发展出"籍溪草堂""五夫里文创工作室"等8个文旅(文创)项目和"朱子佳酒""熹柳镇农特产品馆"等12个农旅项目,带动地方的文化旅游收入。① 但需注意,由于资本的急功近利,资本过度介入容易导致艺术介入地方创生的各利益主体形成非对称性互惠共生模式。

另一方面,在新冠疫情防控大背景之下,本土游的需求持续增加,越来越多消费者开始挖掘小众目的地。携程平台显示,2021年3月与乡村旅游相关的预订量较2019年疫情前水平相比增加了3倍多。② 此外,伴随着人们生活水平的不断提升,以及快速城市化带来的紧张焦虑和巨大竞争压力,休闲放松又能够感受静谧乡村风光和体验特色乡村活动与传统美食的乡村旅游受到越来越多的消费者追捧。在国潮、传统文化的潮流之下,乡村与乡村文化的价值认同感也在逐步提升,既夯实了艺术介入乡村建设的文化环境,也进一步吸引了多元的社会资本进驻乡村,带动乡村的创新型发展。

3. 社会环境

在艺术介入唤醒地方居民的地方意识、地方自觉过程中,一批有文化知识素

---

① 海峡舆情. 武夷山"文化生态银行",推动生态资源价值转化[EB/OL]. [2022 - 02 - 13]. https://new.qq.com/rain/a/20201224A0CJF200.

② 携程集团与世界旅游及旅游业理事会(WTTC). 2021年旅游流行趋势洞察[EB/OL]. [2022 - 02 - 13]. http://www.199it.com/archives/1351251.html.

养、地方名望或经济能力的乡贤已开始介入地方经济社会发展。比如,在"许村计划"中,时任山西省晋中市和顺县政协主席的范乃文看到了艺术家渠岩在山西一带的摄影作品,便邀请渠岩在许村开办艺术工作室;①广东省溪南村的乡贤顾问团队,启动了系列乡村建设实践活动,在乡贤团队的努力下,2014 年,溪南村成为第二批中国传统村落保护单位。2018 年,同济大学退休教授林家阳回到温岭乡村创办"大师奖"博物馆,在展览由他主办的全国设计"大师奖"历届获奖作品的同时,也将博物馆作为在家乡培养设计师的平台,邀请电影、绘画、音乐等各方面的艺术家入驻,来解决地方农特产品以及其他产业的设计问题,帮助提升企业的原创力。②

　　这些乡贤对地方环境和文化传统有着深刻的体验与记忆,他们的参与为艺术介入地方创生提供良好的社会环境,既为艺术介入地方提供了必不可少的乡土知识,也减少了艺术家与地方居民的沟通障碍。同时,社会舆论也在正向引导艺术介入地方创生实践。早期的艺术介入乡村的实践更倾向于艺术创作的乡村实验,引发了激烈的舆论讨论,经历了这种舆论大讨论,社会对艺术乡建有更多的认知与思考,并提出有价值的对策建议。如今,社交媒体成为艺术介入地方创生实践的社会关注窗口,为艺术介入地方创生提供社会交流平台和乡村艺术产品与服务交易通道。值得注意的是,在数字化时代,传统村民的"数字鸿沟"的问题需要引起重视。

　　艺术介入与地方创生的共生环境、共生单元与共生环境之间的作用性质,参见表 10 - 3。

表 10 - 3　艺术介入与地方创生的共生单元与共生环境之间的作用关系

共生环境	作用性质	共生单元
文化环境	正　向	政府、企业
市场环境	正向中性	政府、企业
社会环境	正　向	地方居民、游客

① 杨小舟. 渠岩反思艺术乡建:越了解乡村,才会越小心[EB/OL]. [2022 - 02 - 13]. https://www.thepaper.cn/newsDetail_forward_4049132.

② 童健,赵静. 同济大学退休教授林家阳回温岭乡村建起博物馆——出发是为了更好地回归[EB/OL]. [2020 - 09 - 23]. https://tz.zjol.com.cn/xw18022/sh18033/202009/t20200923_12313392.shtml.

三、艺术介入与地方创生的共生发展逻辑

共生系统的稳定运行与发展有其内在逻辑,厘清和把握艺术介入与地方创生的共生发展逻辑是共生实践的前提。对于较高层次的共生系统来说,保证系统的稳定发展需要形成连续的因果性兼容,不断生成共生能量,各共生单元间的组织化程度逐渐提升,形成日渐均衡的共生能量分配,最终达成一体化共生和互惠共生的可持续发展目标。[①] 对于我国当前的艺术介入与地方创生共生系统来说,生态、场景、文化、产业和体验逻辑五位一体,推动着艺术介入与地方创生的共生发展。

（一）生态逻辑

良好的生态环境和良性的生态循环既是艺术介入地方创生的基础条件,也是艺术介入与地方创生共生发展所要实现的目标。地方性生态是由当地居民所生存的自然和人文环境空间、所依赖的物质和非物质的资源、所参与的日常性生产活动、所生产的地方性知识等构成的有机系统,既提供了地方可持续发展的自然环境与生态资源,也孕育了当地的文化传统和人文生活,遵循着自然生态和人地关系和谐共生的准则。

艺术介入地方创生基于地方性生态而发展,并以发展地方性生态为目标,因此,其共生发展首先应遵循生态和谐共生的逻辑,与地方性生态融合,将共生能量中原有的艺术优势转化为艺术与地方经济社会发展、艺术与地方居民生活质量提升相互促进的良性生态循环系统。场景、文化、产业、体验作为艺术介入地方创生共生系统的方面,都依托生态发展,影响生态发展,其一体化互惠共生逻辑必然要基于地方性生态系统,以艺术审美的力量助力绿色发展和产业振兴,引导地方居民高质量生活,实现五位一体,形成良性生态循环。

（二）场景逻辑

场景是艺术介入与地方创生共生系统的作用界面,也是共生发展系统中多元主体互动的重要平台,从艺术借助地方场景,重塑地方场景,到再造地方场景,艺术介入以"场景"为平台助推地方创生。在艺术介入与地方创生的共生发展系统中,场景需要适应艺术家和艺术工作者、地方政府、企业、社会组织、地方居民等多元主体的审美化需求而不断改造升级,帮助各共生单元之间的均衡博弈与充分参与。

---

① 苗伟. 文化时间与文化空间：文化环境的本体论维度[J]. 思想战线, 2010(1)：101.

传统意义上,作为自然物理空间的地方场景在联结政府、艺术家、企业、当地居民等共生单元时相对较弱,各主体参与和互动形式相对单一,需要构建、重塑、再造实体或虚拟的地方场景以激发地方创生活力,在这一过程中,地方性文化与场景之间迸发出双向赋能潜力,文化为场景创造提供内容,场景创造为文化再生助力。比如,日本新潟县在每年丰收季后举办瓦拉艺术节(Wara Art Festival),根据地方农业文化,利用收割的稻草创造巨大雕塑,吸引世界各地游客前往观看。2019 年,我国台湾地区创建了 TESAS(Taiwan Economics Society Analysis System)地方创生大数据资料库,以线上地图的形式实时更新各地方的人口、经济、自然资源、旅游观光、文化社会活动等数据场景。当然,场景不局限于共时态的自然物理或虚拟数字空间,也可以从历时态的时间轴层面挖掘不同历史时段的地方场景,赋予艺术介入地方创生的历时态共生能量。

（三）文化逻辑

文化是区分艺术介入与地方创生共生系统的独特标志。地方依托当地自然与人文环境孕育出不同的历史传统和文化特色,地方性文化包括地方建筑、公共空间、民居、方言、民间信仰、居民生产和生活习俗、生活习惯、节庆娱乐活动等,是艺术介入与地方创生共生发展的精神纽带,赋能艺术介入与地方创生共生系统。

当今时代,在人们的物质生活逐渐丰盈之后,文化娱乐消费的需求迅猛增长,艺术介入借助文化构建地方创生内核的内驱力,找准地方的文化特色,赋予地方审美艺术的力量,并与时代价值相融合,"乡村文创的故事母题往往孕育于乡村文化资源和文化遗产之中,散落于民间传说、历史神话、民俗生活、名人逸事等乡野四处,并与更为宏大叙事的殿堂艺术、国族历史相对照,进而寻找到故事母题的文化坐标和时代价值",[①]借助艺术形式诉说地方情怀,活化地方文化资源,重构地方文化场景,促进地方产业振兴,实现艺术介入与地方创生共生发展。

（四）产业逻辑

产业化是支持艺术介入与地方创生共生系统持续发展的"硬"动力,维系着共生系统中地方性文化资源挖掘、地方性知识生产与再生产、地方性场景营造、地方性场景体验与互动,以及地方性生态改造与美化的循环发展。以艺术介入为契机,赋能地方创生以艺术审美的力量,促进地方农业、旅游业、娱乐业与特色产业及其关联产业的发展,助力地方居民生产、生活和地方自然与文化资源、地

---

① 向勇. 新发展阶段乡村文创的价值逻辑、行动框架和路径选择[J]. 北京舞蹈学院学报,2021(4)：85.

方性知识、地方文化娱乐活动等实现产业化发展,为地方居民创造美好生活体验和新的就业岗位,吸引地方的外出打工人员回流,甚至吸引外来人口流入,最终为地方文化的保护与再生输入经济活力,为体验经济创造全方位场景,实现地方经济社会的良性循环。

在"新通道项目"中,湖南大学设计艺术学院带领师生在湖南通道侗族自治县和隆回县调研当地非物质文化遗产侗锦和挑花,并建立中国侗锦传承创新基地、孵化半公益性质的服饰类品牌梭说,探索侗锦市场化生产的技术,帮助本土产业更好地发展和解决地方就业问题,"仅挑花一项预计 2016 年产值可以达到300 万元左右,其中绣娘劳务约 100 万元,创造 50—80 个就业岗位";[1]在莫干山计划中,河北省馆陶县寿东镇将"粮食画"作为特色支柱产业,规划建设独具特色的"粮画小镇",以"旅游＋手工"的双产业驱动地方经济发展,实现地方创生。

(五)体验逻辑

在如今现代主义与后现代主义消费交织、实体场景与虚拟场景交织的时代,以个性化、差异化、特色化、体验性为特征的体验经济、体验消费蓬勃兴起。差异化、特色化的地方性场景体验是艺术介入地方、促进地方创生的消费驱动力和地方创生反哺与激发艺术介入活力的关键要素。日本策展人椹木野衣提道:"艺术作品不应仅仅是放在漂亮的美术馆里面展出的,还应是回到大地和宇宙中去的,艺术这种行为也不仅仅是艺术家和评论家的事情,是要跟社会各界人士联合起来做,才能重新获得新生。"[2]

在体验逻辑中,体验者发挥了重要的联结与转译作用,"所有参与体验者,都是行动者和场景意义(符号、地方性知识、价值等)的转译者,行动串中的每个点都是分支、事件或转化的新起点",[3]艺术家、游客、地方村民在互动体验中融入各自的生活经验与情感想象,共同实现了艺术作品的意义生成。越后妻有艺术祭中的一个代表作品《梯田》便是由农田、农田的主人、完整的农耕劳作过程、做农活劳动的人共同构成的动态作品。在羊蹬艺术计划,木雕艺术则是直接由地方手艺人和艺术家合作完成的作品。体验将生态环境、地方文化、场景创造、产业发展联系起来,多主体在依文化而建的场景中体验,在地方性产业中消费,艺

① 张朵朵,季铁. 协同设计"触动"传统社区复兴——以"新通道·花瑶花"项目的非遗研究与创新实践为例[J]. 装饰,2016(12):29.
② 方李莉. 论艺术介入美丽乡村建设——艺术人类学视角[J]. 民族艺术,2018(1):27.
③ 杜丹. 共生、转译与交互:探索媒介物的中介化[J]. 国际新闻界,2020(5):22.

术介入地方创生在体验经济中释放能量。

　　在生态、场景、文化、产业、体验五个维度的共生发展逻辑中,生态是共生发展的基础条件与实现目标,场景是共生发展的作用界面与共生单元的互动平台,文化是共生发展的内容要旨和精神纽带,也是区分艺术介入与地方创生共生系统的独特标志,产业则是维系共生发展、促进地方经济社会良性循环和实现地方创生的标度,体验则赋能共生发展的地方性知识生产、再生产与传播的力量。五种逻辑之间互相联结、互相促进,共同维系艺术介入与地方创生之间的共生系统,达到良性循环状态,实现艺术介入地方创生的高质量发展。艺术介入与地方创生共生发展的生态逻辑、场景逻辑、文化逻辑、产业逻辑、体验逻辑之间的关系,如图 10-1 所示。

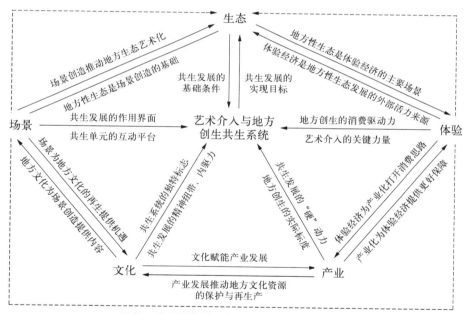

图 10-1 艺术介入与地方创生的共生发展逻辑关系图

四、艺术介入与地方创生共生发展、促进地方文旅发展繁荣的实践路径

　　在艺术介入与地方创生构成的共生系统中,各共生单元之间的组织化程度

逐渐提升,形成日渐均衡的共生能量分配。相较于艺术唤醒"地方意识"与艺术的"在地化","艺术介入地方生活"与"地方创生"是一种更为深层次的共生关系,这几种在地化共生模式可能被分别采用,也可能被组合使用,需根据不同地方的地理区位、环境、文化特色、经济发展状况以及当地发展目标需要,采取更适合地方创生的利益共生模式。当前,在我国艺术介入地方创生实践中已生发出多元化的在地化共生路径,但要保持健康可持续的共生发展模式,还需要进一步增进各共生单元之间的强关系,创造更多的共生界面,提供良好的共生发展环境和发展路径,实现更高质量的共生发展。

（一）引导多方主体参与,提升共生单元的黏合度

艺术介入地方创生实践需要各利益共生主体合力参与,共同促进互惠共生格局的生成。当前,艺术介入乡建与地方创生的主要利益主体之间并没有建构起一种和谐稳固的共生关系。很多时候,艺术与地方、艺术家与地方居民之间呈现出一种二元矛盾结构,而掌握更多社会资源的政府主体和商业资源的企业主体并没有真正有效地参与艺术介入地方创生实践中,游客与乡村艺术之间也缺乏积极有效的互动。当前参与艺术介入乡村建设的企业大多为文旅企业、文化投资基金以及其他文创类企业,从某种程度上,这些企业更多以一种为艺术乡建提供资金支持,有效参与度不高,艺术介入地方创生的在地化、产业化路径仍局限于文旅产业,依赖乡村美术馆、博物馆、民宿等文旅产业创收,而企业解决地方就业与收入问题、促进资源与人口回流的能力被浪费。

艺术介入与地方创生的共生发展还需要充分调动各方利益主体力量。政府主体应充分发挥统筹协调优势,促进艺术介入地方创生的跨部门、跨行业资源整合,协调多部门资源共同参与艺术介入地方创生实践。同时,多措并举,积极提供优质营商环境,鼓励引导社会企业入驻乡村,采取有效措施激励社会企业投资、赞助或捐赠艺术介入地方创生实践,鼓励企业、艺术家和地方乡贤认养乡村,强化在地企业产品和服务营销力度,打造地方特色艺术品牌;政府、企业、艺术家主体需要互相携手,联袂为地方居民提供艺术培训教育,提高地方居民的艺术修养与地方文化认同感,从而进一步提升地方居民的参与度与参与能力。政府、地方居民、艺术家和企业主体要积极为游客提供更优质的场景空间、作品创作与展示等服务,与游客充分互动,调动游客的主体能动性,共同提升共生单元各主体的黏合度和参与度。

（二）完善精细化服务平台,构建人—地强关系

有意义的公众参与能够确保地方创生规划的有效性与成果质量,维护社会

个体的认同感和归属感,而认同和归属被认为是地方可持续发展的关键因素。当前艺术介入地方创生实践中,地方创生规划往往强调投资者的雄心和艺术家、建筑师、设计师的专业技能上,艺术家虽然作为地方"不同利益主体关系的协调人",通过调查访谈等方式从政府、企业、地方居民、游客主体了解各方的权益和消费需求,但很少将地方居民、游客的实际需求纳入规划设计与执行阶段,或没有为他们提供创造性参与途径,只是将地方艺术改造方案通知给地方居民。

荷兰居民曾抱怨某一处公园的持续性艺术化改造造成了他们生活的不便,政府则提供一个电子机器帮助公园管理员和市民从高处以不同角度观察公园,帮助市民理解利益相关者的不同诉求与职能。[①] 这种地方居民亲身参与体验能够使他们跳脱出自身的思维框架,考虑长远的发展前景。在艺术介入地方创生实践中,应畅通当地居民和企业、游客等社会主体参与渠道,为他们提供创造性参与的服务平台,如线上网站、公众号、小程序等,让艺术家、企业、地方居民、游客等主体的实际需求得到充分反馈与沟通协调,更好地激活艺术介入的人地关系黏合度,让社会参与主体切实感受到亲身参与带来的地方创生效果,增强认同、归属感与接纳意愿,成为艺术介入地方创生的促进者与捍卫者。

（三）深耕地方特色文化,形成多样化共生局面

地方文化为艺术创作及其展示形态提供丰富的灵感来源,在当前艺术介入形式缺乏创新的情况下,深耕地方特色文化能够避免艺术介入地方创生实践中的同质化现象。地方文化特色包括地方山水景观、特色物产、历史建筑,以及地方居民的方言、耕作生产方式、饮食、神话故事、民俗习惯、生活方式等,这些都可以作为艺术介入地方创生实践的物质载体。比如,河北省馆陶县寿东村以"粮食画"作为特色支柱产业,规划建设独具特色的"粮画小镇",带动乡村文旅产业发展,以"旅游＋手工"的双产业带动,实现脱贫致富。[②] 地方创生是为了发掘地方可持续发展的动力,激活地方经济社会发展活力,这种动力和活力深深根植于地方特色文化土壤中。艺术介入地方创生实践中的各利益主体需要充分挖掘地方文化资源,精心凝练地方特色文化,融合在地化艺术的审美力量,塑造地方特色文化品牌,从而形成独具地方特色的共生发展模式。

---

① Cilliers E. J.& Timmermans, W. The importance of creative participatory planning in the public place-making process. *Environment and Planning B: Planning and Design*, 2014, Vol. 41(3), 413-429.
② 方志邯郸. 全省推广馆陶县粮画小镇产业扶贫防贫经验[EB/OL]. [2020-12-24]. https://www.thepaper.cn/newsDetail_forward_9235903.

（四）扩大社会化传播途径，营造正向共生环境

地方居民在面对艺术介入地方创生实践中常常遇到双重挑战：一是在长期经济社会发展失衡甚至停滞后，缺失本地文化自信和文化自觉，造成在地居民主体参与度低的现象；二是面对互联网时代纷繁多样的城市文化、新潮文化冲击，艺术介入地方创生在地方缺乏社会化传播效力。为营造艺术介入与地方创生的正向共生环境，需要发掘地方文化资源和特色文化内涵，树立当地居民的文化自信，唤醒其文化自觉，同时为艺术介入地方、融合地方文化、提升地方居民参与度，扩大社会化传播途径。

首先，要逐渐消除城乡之间不平等的话语权与话语环境，营造全社会尊重地方文化的社会文化氛围；其次，通过政策引导、数字化传播技术、丰富的内容传播形态和传统媒体、网络媒体、社交媒体等全媒体传播方式，为艺术介入地方创生实践提供更高的社会关注度与讨论度。如日本高崎市通过创意海报、维护地方网站、YouTube 上传视频等方式为很多"后继无人"的老饭店寻找传承人，还将该项目起名为"绝餐名簿"以吸引年轻人的注意力。[①] 地方文化并非缺乏吸引力，更多是缺乏创造吸引力的社会化传播途径。再次，艺术介入地方创生不应该仅仅局限在国内，还应该扩展到国际舞台，为地方传统文化打造国际声誉。相比国内游客，文化背景迥异的国际受众更能体会到异域地方文化的独特魅力。

（五）数字化赋能互惠共生模式，促进共生发展

党的十九届五中全会做出了数字技术赋能文化产业的战略部署，未来数字技术将成为文化产业向更高质量方向发展。艺术介入地方创生也应该引入数字技术，包括大数据、云平台、APP、小程序，以及 VR、AR、AI、物联网等，以数字化手段赋能和创新艺术介入与地方创生的互惠共生模式，促进共生发展。一些地方在乡村文化治理中推行"积分制"，通过打造数字化平台将乡村文化治理中的具体事项细化分类、赋值量化、打分考核，通过量化绩效评价促进乡村善治。

今后，各地政府可将艺术介入乡村建设的评估方式与效果纳入积分制考核体系，激励当地居民更好地推动艺术介入与地方文化的共生发展。此外，数字化技术还能赋能在地化艺术介入以新的创作与表达形式，扩展盈利渠道，如"在线创作""云端展览""在线拍卖"等。同时，艺术介入地方创生的数字化创作表达、

---

① ETtoday. 地方创生成功的高崎市"绝餐名簿"打响美食名号[EB/OL]. [2020 - 12 - 24]. https://travel.ettoday.net/article/1103514.htm.

数字化运营能够激活艺术介入地方创生的"带动效应"，以"滚雪球"方式吸引更多的艺术家、社会企业、地方政府、当地居民和外来消费者积极投身于艺术介入地方创生实践中。

（六）注重艺术介入在地化，保护地方文化"圣域"

艺术介入地方创生实践已吸引更多年轻人群瞩目。如果完全去掉艺术介入中的前卫与异质元素，很容易在地方创生的"一派和谐"中"泯然众人"。从内生角度来看，介入性艺术是为了进一步发挥地方艺术的力量与独创性，实现在地化艺术的"自律"与"他律"。艺术介入与地方创生的互惠共生表现为双向互动，地方艺术本身需要获得外界创新的激励与动力。

艺术"在场"、艺术唤醒"地方意识"与"艺术介入地方生活"的在地化不是一种完全具备时间序列的演进方式。艺术介入地方创生要留住地方文化中神圣不可侵犯的"圣域"[①]。地方所孕育的文化都具有自己的禀赋和特色，需要被尊重、被认可和保护传承。在艺术介入地方创生实践中，要挖掘地方文化的"圣域"，通过艺术的力量呈现、保护与传承，为地方文化"圣域"的艺术审美表达营造政策、社会与文化与社会环境。

---

① "圣域"由黑川纪章在《新共生思想》中提出的一个核心概念，指独立存在于个体之外、不可被外部完全理解的事物特性。具体到地方文化领域，指地方文化的特性。在艺术介入地方创生的各主体关系中，要互相认可彼此的文化"圣域"。

第十一章
结论与展望

一、结论

　　近年来，文化与旅游相融合渐成主流，文旅行业在蓬勃发展的同时，衍生了许多新兴形态。本书通过阐释业态、新业态和文旅新业态的相关概念，分析新冠疫情之后和 2023 年以来上海乃至全国文旅新业态发展态势、市场亮点、存在的问题与未来走势；深入考察上海市近两年兴起的密室逃脱类项目及其发展态势，研究其背后的生成机制、发展逻辑与监管体系，并针对部分快速发展中的问题提出了解决措施；同时，以密室逃脱类文旅新业态项目为案例，分析上海文旅新业态高质量发展的理论逻辑和实现路径，以求促进密室逃脱类文旅新业态项目绿色、健康、可持续、高质量发展。

　　从生成机制上看，政府的政策支持为密室逃脱类文旅新业态的发展创造了良好的政策环境，技术创新与新技术的运用、新消费者的市场需求、行业内部竞争、社会文化发展机制共同驱动了这类文旅新业态的生成。从机制之间的逻辑关系看，政府政策支撑机制是政策保障，技术创新驱动机制是技术基础，消费需求驱动机制是发展动力，行业竞争驱动机制是内在支撑，文化发展推动机制是内容创新的根本，五种生成机制形成"五位一体"，合力驱动和促成密室逃脱类文旅新业态的快速发展。

　　从市场发展态势来看，以密室逃脱类文旅新业态项目为案例，目前上海文旅新业态项目存在诸如专业人才缺乏、技术创新难度大、项目成本投入高、运营难度大，以及门店或场地租金、水电费用、员工费用开支、设备维护等经营成本提高等问题，且部分消费者对这类项目的态度持有"三分钟热度"倾向、担忧此类项目不稳定性强、存在经营和安全风险，但由于此类项目发展得到了政府的政策扶持,且自身特色鲜明,场景的沉浸式体验和新奇剧本故事受到消费者喜爱,因此,随着受众范围不断扩大、参与人数的不断提升,整体发展态势呈现积极向好的局面。

文旅新业态具有明显的发展逻辑,包括生态、文化、技术、场景、体验、在地化逻辑,6种逻辑相辅相成,相得益彰,共同促进文旅新业态绿色、健康、可持续发展。其中,生态逻辑是立足之本,良好的生态环境是文旅新业态可持续发展的基石,能够产生生态型经济发展的多重正向效应;文化逻辑是内核和灵魂,具有统领作用,它是激活文化旅游新业态"地方性特色",传承与活化地方叙事、地方记忆和地方想象、地方认同的"灵韵";技术逻辑是创新发展的驱动力,技术与文化之间存在着映射与同构的辩证耦合关系,技术赋能文旅新业态文化资源、文化特色、文化活动等文化内容场景化、数字化、可视化、审美化、体验化表达的活力;场景逻辑关联文旅新业态的外在形象和外在表征,是生态、文化、技术、消费者体验的中介载体,它塑造了文旅新业态的价值共创与消费空间,是引导消费者行为与体验的重要载体空间,同时也是一个开放交互的意义生成、体验与记忆场所;体验逻辑是文旅新业态的发展目标,它创造消费者具身性体验价值,是文旅新业态价值实现的外在体现,也是建构游客与地方之间的关系纽带,通过生产和再现游客的地方感知、地方情感、地方想象、地方记忆,拉近游客与地方的距离;在地化逻辑是支撑点和主线,贯穿文旅新业态发展的生态、文化、技术、场景、体验各逻辑环节中,共同服务于地方文旅新业态建设;文旅新业态的持续发展既需要把握经济效益,更需要注重社会效益和生态效益,保护地方原生态环境,在场景、空间、数字化技术改造中以"在地化"为原则,尊重地方特色和文化个性,注重地方性体验,唤醒文旅新业态、新产品、新服务的"在地化"发展活力。

由于密室逃脱类文旅新业态项目起步较晚,发展尚且不够成熟,因此存在着较多的"成长中的烦恼"。较为显著的问题有:知识产权问题、项目安全问题、受众范围较小的问题、运营成本高的问题和外来异质文化的适应性问题。针对这些问题,可以通过改进项目内容、切实维护知识产权、扩大受众消费范围、构建企业联盟、扩展文化适应性空间,加大国产IP内容资源开发等举措加以缓解。

从监管体系上来看,文旅新业态的监管主体趋向多元化。政府治理主体通过政策法规对密室逃脱类文旅新业态项目进行政策宏观调控层面和技术层面的监管。文化旅游企业自身则出于道德和经济利益等因素进行自律性的监管。文旅行业协会对文化旅游环境以及文旅企业进行监管。游客(消费者)对文旅企业的服务和环境进行监管,并自觉地进行自律性监管。媒体主体(各类媒体平台)是密室逃脱类文旅新业态项目建设和运营全过程的监督者,此类新业态项目建设、行业内部的动态走向、企业的市场运作,都需要接受社会舆论监督。政府、文旅企业、文旅行业协会、消费者、媒体等治理主体形成一种"多中心"的结构—功能治理体系,在以政府治理主体为"元治理"主体前提下,企业、行业协会、媒体、市民群众等治理主体之间平等、协商、合作、共治,克服此类项目"没人管"、不好管的现象。

文化、科技和旅游的融合是产业转型升级、实现高质量发展的内在要求,也是满足人民美好文化与旅游消费需求的路径选择。现阶段,文旅新业态通过文化赋能、创新驱动、生态护航、企业助推、品牌赋魅,推动文化、科技和旅游融合走深走实,由"以文促旅、以旅彰文"转向健康可持续的高质量发展,实现文旅产业整体提质增效。下一步,需要转换思维,释放要素潜能,在保护当地生态环境的基础上,加持数字化技术,构建数字化场景空间,赋值文化内涵和文化灵韵,增强消费体验性、互动性和消费黏性,实现文旅新业态高质量发展。

尽管密室逃脱类文旅新业态项目能够缓解工作、学习和生活压力,满足人们猎奇探险、寻求刺激、获取精神愉悦等消费需求,但同时存在着内容故事、技术、安全、设备质量、宣传推介等方面的问题和潜在风险,需要政府主体(文化旅游部门、市场监管部门等)进一步加强监督管控。政府主体需要在以下方面出台监管政策法规,提升监管能力:一是制定和完善政策法规,形成此类文旅新业态发展的长效机制;二是审核剧本故事内容,确保价值观导向,保护知识产权;三是鼓励数字技术与文旅产业深度融合,把控技术安全风险;四是构建立体化安全保障体系,做好场所安全防护措施;五是加强场景设施质量监管,保障场景技术设备安全;六是监管项目场景和剧本故事内容的恐怖指数,确保恐怖、惊悚刺激的适度性;七是多方主体参与,加强项目宣传推介内容的审核监督。

文化、科技和旅游的融合是文旅业态转型升级、实现高质量发展的内在要求,也是满足人民美好文化与旅游消费需求的路径选择。现阶段,文旅新业态通过文化赋能、创新驱动、生态护航、企业助推、品牌赋魅,推动文化、科技和旅游融合走深走实,由"以文促旅、以旅彰文"转向健康可持续的高质量发展,实现文旅产业整体提质增效。进一步,我们需要转换思维,释放要素潜能,在保护当地生态环境的基础上,加持数字化技术,构建数字化场景空间,赋值文化内涵和文化灵韵,增强消费体验性、互动性和消费黏性,实现文旅新业态高质量发展。

　　为此,需要从以下方面推进文旅新业态高质量发展:第一,深入挖掘地方文化内涵,打造特色文旅品牌。包括重视地方文化特色和"灵韵",借鉴优秀实践案例经验,在地化孵化 IP。第二,多元创新,延长文旅新业态生命周期。包括融文旅新要素于人们的日常生活方式中,拓展文旅新业态产品或服务的供应链价值链,推进不同文旅业态之间的融合创新,以数字科技赋能,激活文旅新业态市场。第三,以人为本,筑牢文旅新业态各主体社会责任。包括坚持社会和生态效益优先,实现文旅新业态可持续发展,以及树立整体观,注重经济、社会和生态效益间的平衡等。第四,建立健全企业联盟,抵御文旅新业态市场竞争风险。第五,考量异质文化的适应性,提升其在地化转化质量,包括鼓励扶持国产原创 IP 开发,坚持正确的内容价值观导向,将主流价值观融入异质文化。第六,建立健全文旅新业态产品和服务质量标准化体系,强化文旅新业态人才、内容创意、产品和服务质量监管体系建设,树立文旅新业态产品和服务的品牌意识,提振品牌建设力度,促进文旅新业态高质量发展。

　　在推进乡村振兴、促进乡村文旅产业发展的时代背景之下,以艺术介入推动地方创生发展成了乡村文旅产业发展繁荣的重要路径。本书基于共生理论,在辨析艺术介入、地方创生概念、共生理论内涵、解释艺术介入地方创生实践的理论适应性基础上,分析艺术介入与地方创生的共生关系和共生发展逻辑,并提出我国艺术介入地方创生实践的在地化实现路径。艺术家、地方政府、企业、地方居民、游客等主体作为共生界面,在共生单元中呈现一种"主体间性"关系,具有三种"在地化"共生模式。他们以"身体或符号在场"实现点共生或间歇共生,或以艺术介入的形式"唤醒地方意识与地方自觉",形成连续共生,或以艺术"走进地方居民生活"为主要方式实现一体化共生。

　　国家出台的乡村产业振兴系列政策为艺术介入地方创生提供了利好的宏观政策环境,而文化、市场与社会则呼吁艺术介入与地方创生实现相融共生。因此,需要从生态、场景、文化、体验、产业五个方面把握艺术介入与地方创生的共生发展逻辑,促进共生逻辑主体之间互相联结、互相影响、共生共进,共同维系艺术介入与地方创生的共生系统,达到良性循环状态。当前,我国的艺术介入乡村现代化建设的零星实践为地方创生发展积累了经验,但尚处于探索阶段,需要鼓励多方主体共同参与,充分调动社会资源价值,深耕地方特色文化,扩大社会传播途径,运用数字技术,在注重艺术介入的"在地化"的同时,尊重、保护与传承地方文化的"圣域",促使"艺术生活化、生活审美化"走进乡村,为振兴乡村文化产业发展、建设美丽乡村、满足各方主体的美好生活需求提供新动能、新路径。

二、研究展望

总体上看,密室逃脱类项目是一种文旅新业态,虽然起步和发展过程中存在着一些问题,但其符合Z世代消费者的消费需求和新的数字科技发展态势,因此有较大的市场前景和发展潜力。目前,关于上海乃至全国新兴的密室逃脱类文旅项目等文旅新业态企业、项目、设施、景区(点)的高质量发展问题,学术界关注力度不够,研究成果很少,具有广阔的研究空间。

本研究重点局限于上海市的密室探奇类项目,研究对象和范围需要进一步扩展,一方面延展到低空旅行、体育文旅、音乐(演唱会、音乐节)文旅等文旅新业态实践;另一方面,从上海到长三角,到全国的城市和乡村,调研和研究范围不断拓展,力求得到更丰富的调研、访谈数据,进行更全面系统的研究。下一步,笔者将在以下几个方面着力:一是将深入探讨文旅新业态的内容创意问题,在项目的文化内涵、文化特色和内容创意,以及文化IP融合方面下功夫研究;二是在人工智能、虚拟现实、数字仿真等数字科技与文旅新业态的融合、表达、呈现方面下功夫,探讨文旅新业态企业、项目和人才的新质生产力发展问题;三是在文旅新业态产品和服务的质量标准化、治理和监管体系建设方面进一步探索,促其在全国范围内得以落地实践;四是将国内文旅新业态项目与国外同类文旅项目进行比较分析,为国内文旅新业态项目的高质量发展提供决策参考。

参考文献

（以作者姓名拼音为序）

一、书籍文献

（一）中文书籍

［1］阿诺德·贝林特. 艺术与介入［M］. 李媛媛，译. 北京：商务印书馆，2013.

［2］埃莉诺·奥斯特罗姆. 公共事务的治理之道——集体行动制度的演进［M］. 余逊达，陈旭东，译. 上海：上海三联书店，2000.

［3］奥斯特罗姆，帕克斯，惠特克. 公共服务的制度建构——都市警察服务的制度结构·序言［M］. 宋全喜，任睿，译. 上海：上海三联书店，2000.

［4］鲍勃·麦克切尔，希拉里·克罗斯. 文化旅游与文化遗产管理［M］. 朱路平，译. 天津：南开大学出版社，2006.

［5］彼得·比格尔. 先锋派理论［M］. 高建平，译. 北京：商务印书馆，2002.

［6］布莱恩·阿瑟. 技术的本质：技术是什么，它是如何进化的［M］. 曹东溟，王健，译. 杭州：浙江人民出版社，2018.

［7］戴伦·J. 蒂莫西，斯蒂芬·W. 博伊德. 遗产旅游［M］. 程尽能，主译. 北京：旅游教育出版社，2007.

［8］丹尼尔·亚伦·西尔，［美］特里·N. 克拉克. 场景：空间品质如何塑造社会生活［M］. 祁述裕，吴军，刘柯谨，等译. 北京：社会科学文献出版社，2019.

［9］蒂姆·克雷斯韦尔. 地方：记忆，想象与认同［M］. 王志弘，徐苔玲，译. 台北：群学出版有限公司，2006.

［10］段义孚. 恋地情结［M］. 志丞，刘苏，译. 北京：商务印书馆，2019.

［11］菲利普·科特勒，约翰·T. 保文，詹姆斯·C. 麦肯斯. 旅游市场营销（第6版）［M］. 谢彦君，等译. 北京：清华大学出版社，2017.

［12］福武总一郎，北川富朗. 艺术唤醒乡土：从直岛到濑户内国际艺术节［M］. 李临安，等译. 北京：中国青年出版社，2017.

［13］黑川纪章. 新共生思想［M］. 覃力，杨熹微，慕春暖，等译. 北京：中国建筑工业出版

社,2008.

[14] 亨利·列斐伏尔. 日常生活批判[M]. 叶齐茂,倪晓晖,译. 社会科学文献出版社,2017.

[15] 卡特琳·格鲁. 艺术介入空间——都会里的艺术创作[M]. 姚孟吟,译. 桂林:广西师范大学出版社,2005.

[16] 迈克尔·博兰尼. 自由的逻辑[M]. 冯银江,李雪茹,译. 长春:吉林人民出版社,2010.

[17] 迈克尔·麦金尼斯主编. 多中心体制与地方公共经济[M]. 毛寿龙,译. 上海:上海三联书店,2000.

[18] 梅勒妮·K.史密斯. 文化旅游(第3版)[M]. 徐瑾,等译. 大连:东北财经大学出版社,2021.

[19] 尼古拉斯·伯瑞奥德. 关系美学[M]. 黄建宏,译. 北京:金城出版社,2013.

[20] 让-保尔·萨特. 什么是文学[M]. 施康强,译. 北京:人民文学出版社,2018.

[21] 西奥多·阿多诺. 美学理论[M]. 王柯平,译. 成都:四川人民出版社,1998.

[22] 约翰·弗莱彻,等著. 旅游学:原理与实践(第4版)[M]. 石芳芳,译. 大连:东北财经大学出版社,2019.

[23] 约瑟夫·派恩. 体验经济[M]. 毕崇毅,译. 北京:机械工业出版社,2012.

[24] 保继刚. 城市旅游——原理·案例[M]. 天津:南开大学出版社,2005.

[25] 保继刚,楚义芳. 旅游地理学(第3版)[M]. 北京:高等教育出版社,2012.

[26] 董礼胜. 中国公共物品供给[M]. 北京:中国社会出版社,2007.

[27] 范钦栋. 旅游区景观规划与设计研究[M]. 北京:地质出版社,2019.

[28] 费孝通. 乡土中国[M]. 南京:译林出版社,2020.

[29] 高重迎. 行业协会的反垄断法规制[M]. 北京:中国政法大学出版社,2016.

[30] 高千惠. 当代艺术生产线——实践与社会介入的案例[M]. 台北:典藏艺术家庭股份公司,2019.

[31] 葛荣玲. 景观的生产:一个西南屯堡村落旅游开发的十年[M]. 北京:北京大学出版社,2014.

[32] 李冰强,侯玉花. 循环经济视野下的企业环境责任研究[M]. 北京:中国社会出版社,2011.

[33] 梁漱溟. 梁漱溟全集(第三卷)[M]. 济南:山东人民出版社,1992.

[34] 梁学成主编. 旅游管理学前沿著作选读[M]. 北京:中国经济出版社,2013.

[35] 林军,杨齐. 企业公民理论与我国企业管理变革[M]. 兰州:甘肃民族出版社,2009.

[36] 凌善金. 旅游景观设计与欣赏[M]. 北京:北京大学出版社,2015.

[37] 刘世宽. 知识产权理论与实践[M]. 兰州:甘肃人民出版社,2007.

[38] 骆高远编著. 中国文化旅游概论[M]. 杭州:浙江大学出版社,2017.

[39] 骆高远. 休闲农业与乡村旅游[M]. 杭州:浙江大学出版社,2016.

[40] 孔繁斌. 公共性的再生产——多中心治理的合作机制建构[M]. 南京:江苏人民出版社,2012.

［41］ 石碧涛. 中国行业协会的转型与治理研究［M］. 北京：冶金工业出版社,2018.

［42］ 史占中. 企业战略联盟［M］. 上海：上海财经大学出版社,2001.

［43］ 唐晓峰.人文地理随笔［M］. 北京：生活·读书·新知三联书店,2005.

［44］ 汪秀英. 基于体验经济的消费者行为模式研究［M］. 北京：首都经济贸易大学出版社, 2012.

［45］ 吴必虎,俞曦. 旅游规划管理［M］. 北京：中国旅游出版社,2010.

［46］ 肖星编著. 旅游资源与开发［M］. 北京：高等教育出版社,2019.

［47］ 徐萍. 消费心理学教程(第 4 版)［M］. 上海：上海财经大学出版社,2012.

［48］ 袁安照. 企业联盟——规制结构理论导论［M］. 上海：上海人民出版社,2002.

［49］ 袁纯清. 共生理论——兼论小型经济［M］. 北京：经济科学出版社,1998.

［50］ 张良. 行业协会工作实务［M］. 上海：上海交通大学出版社,2014.

［51］ 周贵平. 中国旅游景观［M］. 北京：国防工业出版社,2015.

［52］ 周彦华. 艺术的介入——介入性艺术的审美意义生成机制［M］. 北京：中国社会科学出版社,2017.

［53］ 邹爱勇. 旅游市场监管与法制风险防范［M］. 北京：中国旅游出版社,2018.

(二) 外文书籍

［1］ Adorno，T. W. *The culture Industry: Selected Essays on Mass Culture*. London：Routledge，2001.

［2］ Agnew J. *Place and politics: The geographical mediation of state and society*. Winchester，MA：Allen and Unwin,1987.

［3］ Arnold Hauser. *Soziologie der Kunst*. Annaburg：CH Beck, 1988.

［4］ Bauman，Z. *Culture in a Liquid Modern World*. Cambridge，UK：Polity Press，2011.

［5］ Candida-Smith，R.(ed). *Art and the Performance of Memory: Sounds and Gestures of Recollection*. London：Routledge，2002.

［6］ Diekmann，A. and Smith，M. K.（eds）. *Ethnic and Minority Cultures as Tourist Attractions*. London：Routledge，2015.

［7］ Edward Relph. *Place and placelessness*. London：Pion Limited，1976.

［8］ Hartley，J.（ed）. *Creative Industries*，Oxford：Blackwell，2005.

［9］ Ralph A.Smith. *The sense ofart: a study in aesthetic education*(First Edition). London：Routledge，1989.

［10］ Reisinger，Y.（ed）. *Transformational Tourism: Tourist Perspectives*. Wallingford：CABI，2013.

［11］ Richards，G.（ed）. *Cultural Tourism: Global and Local Perspectives*. New York：Haworth，2007.

［12］ Richards，G. and Palmer，R. *Eventful Cities: Cultural Management and Urban*

Revitalisation. London：Routledge，2010.

[13] Ronald Lee Fleming. *The Art of Placemaking：Interpreting Community Through Public Art and Urban Design*. London：Merrell Publishers Ltd，2007.

[14] Smith，M. K. and Richards，G.（eds）. *The Routledge Handbook of Cultural Tourism*. London：Routledge，2013.

[15] Yi-FTuan. Topophilia. *A Study of Environmental Perception，Attitudes，and Value*. Prentice-hall，New Jersey：Englewood Cliffs，1974.

二、期刊论文

（一）中文期刊论文

[1] 陈锋平，朱建云. 文旅融合新鉴：桐庐县"公共图书馆＋民宿"的实践与思考[J]. 图书馆杂志，2020(03)：107－112.

[2] 陈建南. 开发修学旅游浅议——以厦门集美区为例[J]. 福建论坛（经济社会版），1998(09)：45－46.

[3] 陈雷. 梁漱溟乡村建设理论与实践新探[J]. 社会工作，2012(09)：4－7.

[4] 陈黎琴. 企业联盟的类型及概念探析[J]. 兰州学刊，2008(08)：81－84，77.

[5] 陈素平，梅雨晴.近20年我国研学旅游研究综述[J]. 湖南工程学院学报（社会科学版），2017(03)：16－21.

[6] 杜丹. 共生、转译与交互：探索媒介物的中介化[J]. 国际新闻界，2020(5)：22.

[7] 方李莉. 论艺术介入美丽乡村建设——艺术人类学视角[J]. 民族艺术，2018(1)：26.

[8] 冯淑华. 基于共生理论的古村落共生演化模式探讨[J]. 经济地理，2013(11)：158.

[9] 桂良发. 新时代体育消费新业态的生成机制与培育路径[J]. 广州体育学院学报，2019(01)：36－39.

[10] 郭峦. 旅游新业态的演进规律[J]. 沿海企业与科技，2011(07)：60－63.

[11] 江凌. 品牌基因理论视角下特色小镇文化品牌建设——以乌镇为中心的考察[J]. 贵州大学学报（社会科学版），2019(5)：83－92.

[12] 赖燕琳. 产业空间联动——当代台湾地区乡村振兴经验及启示[J]. 景德镇学院学报，2019(06)：96－99.

[13] 李莉，刘琪. 艺术介入乡村的必要性及形式——以石节子村为例[J]. 艺术品鉴，2019(10Z)：76－77.

[14] 李沁. 云南元阳乡村公共艺术的启示[J]. 公共艺术，2017(03)：42－46.

[15] 李忠斌，刘阿丽. 武陵山区特色村寨建设与民宿旅游融合发展路径选择——基于利川市的调研[J]. 云南民族大学学报（哲学社会科学版），2016(06)：108－114.

[16] 刘姝曼. 艺术介入乡村建设的回首、反思与展望——基于"青田范式"的人类学考察[J]. 民族艺林，2017(4)：5.

[17] 刘祖云，李烨. 在乡村振兴语境下培育"情感共同体"[J].江苏行政学院学报，2019

（1）：114.

[18] 孟凡行,康泽楠. 从介入到融和：艺术乡建的路径探索[J]. 中国图书评论,2020(09)：8 - 23.

[19] 苗伟. 文化时间与文化空间：文化环境的本体论维度[J]. 思想战线,2010(1)：101.

[20] 潘颖,孙红蕾,郑健明. 文旅融合背景下的乡村公共文化发展路径[J]. 图书馆论坛,2020(10)：1 - 11.

[21] 曲亮,郝云宏. 基于共生理论的城乡统筹机理研究[J]. 农业现代化研究,2004(5)：374.

[22] 渠岩. 艺术乡建：从许村到青田[J]. 时代建筑,2019(1)：57.

[23] 渠岩,王长百. 许村艺术乡建中的中国现场[J]. 时代建筑,2015(3)：44 - 49.

[24] 尚莹莹. 从"碧山计划"窥探我国艺术介入乡村建设现状[J]. 美与时代(城市版),2015(8)：10.

[25] 孙志浩. 日本能登岛玻璃博物馆：玻璃艺术介入乡村公共空间[J]. 公共艺术,2019(05)：100 - 105.

[26] 唐璐璐,向勇. 在地艺术的文化记忆重塑与权利话语重置——以日本越后妻有大地艺术节为例[J]. 福建论坛(人文社科版),2019(2)：83.

[27] 王春辰. "艺术介入社会"：新敏感与再肯定[J]. 美术研究,2012(04)：27 - 32.

[28] 王丰龙,刘云刚. 空间的生产研究综述与展望[J]. 人文地理,2011(2)：11.

[29] 王孟图. 从"主体性"到"主体间性"：艺术介入乡村建设的再思考——基于福建屏南古村落发展实践的启示[J]. 民族艺术研究,2019(6)：145 - 153.

[30] 王南溟. 乡建、艺术乡建与城乡互动中的几种理论视角[J]. 美术观察,2019(1)：24 - 26.

[31] 汪燕,李东和. 旅游新业态的类型及其形成机制研究[J]. 科技和产业,2011(06)：11 - 14.

[32] 吴飞. "空间实践"与诗意的抵抗——解读米歇尔·德塞图的日常生活实践理论[J]. 社会学研究,2009(2)：182 - 183.

[33] 吴毅. 公共空间[J]. 浙江学刊,2002(2)：93.

[34] 向勇. 创意旅游：地方创生视野下的文旅融合[J]. 人民论坛·学术前沿,2019(11)：64 - 70.

[35] 向勇. 新发展阶段乡村文创的价值逻辑、行动框架和路径选择[J]. 北京舞蹈学院学报,2021(4)：85.

[36] 肖远平,王伟杰. 全域旅游视角下贵州屯堡文化综合数据库建设路径研究[J]. 贵州大学学报(社会科学版),2017(4)：102.

[37] 薛丽. "互联网＋旅游"背景下旅游业新型监管模式研究[J]. 中国行政管理,2018(05)：59 - 62.

[38] 叶洪图,田佳妮. 乡建——浅议中国当代艺术介入社会的一种可能性[J]. 美术大观,2018(08)：106 - 107.

[39] 于法稳,黄鑫,岳会. 乡村旅游高质量发展：内涵特征、关键问题及对策建议[J]. 中国农

村经济,2020(08):27-39.

[40] 袁纯清. 共生理论及其对小型经济的应用研究(上)[J]. 改革,1998(2):103.

[41] 张朵朵,季铁. 协同设计"触动"传统社区复兴——以"新通道·花瑶花"项目的非遗研究与创新实践为例[J]. 装饰,2016(12):29.

[42] 张宛彤. 中国艺术乡建的基本模式——以"许村计划"为例[J]. 大众文艺,2020(10):149-152.

[43] 张英华. 酒嘉地区文化旅游新业态的创新发展策略研究[J]. 科技展望,2016(01):205-206.

[44] 赵艳喜. 浅析非遗旅游新业态的发展动因与基本类型[J]. 戏剧丛刊,2018(016):53-55.

[45] 郑少雄. 草原社区的空间过程和地方再造——基于"地方-空间紧张"的分析进路[J]. 开放时代,2013(6):193.

[46] 周常春,贺云. 基于博弈模型的旅游市场监管机制研究[J]. 技术经济与管理研究,2013(03):17-20.

[47] 周计武. 什么是我们的当代艺术[J]. 文艺研究,2013(3):26.

[48] 周巍,祁惠,尹影. 基于大数据时代湖南文化产业新业态的分类、创新模式及实现路径研究[J]. 经济研究导刊,2017(021):28-29.

[49] 周晓薇. 生活、场景、内容:苏州地方戏曲、曲艺与旅游融合发展的理论逻辑与实践探索[J]. 艺术百家,2020(01):78-84.

(二) 外文期刊论文

[1] Agarwal S. Restructuring Seaside Tourism (the resort life cycle) . *Annals of Tourism Research* , 2002, Vol. 29(1), pp.25-55.

[2] Alexandris K, Kouthouris C, Meligdis A. Increasing customers' loyalty in a skiing resort: the contribution of place attachment and service quality. *International Journal of Contemporary Hospitality Management* , 2006, Vol. 18(5), pp.414-425.

[3] Cilliers E. J. & Timmermans, W. The importance of creative participatory planning in the public place-making process. *Environment and Planning B: Planning and Design* , 2014, Vol. 41(3), 413-429.

[4] Jillian M, Rickly-Boyd. Existential Authenticity: Place Matters. *Tourism Geographies* , 2013, Vol. 15(4) , pp.680-686.

[5] Lewicka M. Place attachment: How far have we come in the last 40 years? [J]. *Journal of environmental psychology* , 2011, Vol. 31(3), pp.207-230.

[6] Michels C, Steyaert C. By accident and by design: Composing affective atmospheres in an urban art intervention. *Organization*. 2017, Vol. 24(1), pp.79-104.

[7] Peter J. Taylor. Places, spaces and Mac's: place - space tensions in the political

geography of modernities. *Progress in Human Geography*，1999，Vol. 164（1），pp.41－45.

［8］Ploner，J. & Jones，L. Learning to belong? "Culture" and "place making" among children and young people in Hull，UK City of Culture 2017. *Children's Geographies*，2020，Vol. 18(3)，pp.269－282.

［9］Puleo，T. Art-making as place-making following disaster. *Progress in Human Geography*，2014，Vol. 38(4)，pp.568－580.

［10］Scannell L，Giford R. Defining place attachment：A tripartite organizing framework[J]. *Journal of Environmental Psychology*，2010，Vol. 30(1)，pp.1－10.

［11］Smaldone D，Harris CC，Sanyal N. The role of time in developing place meaning. *Journal of Leisure Research*，2008，Vol. 40(4)，pp.479－504.

［12］Wang，M. Place-making for the people：Socially engaged art in rural China. *China Information*，2018，Vol. 32(2)，pp.244－269.

［13］Williams DR，Vaske J J. The Measurement of Place Attachment：Validity and Generalizability of a Psychometric Approach. *Forest Science*，2003，Vol. 49（6），pp.830－840.

三、网络文献

［1］文旅中国. 春节文旅消费回暖,经济复苏正加速[EB/OL]. [2023－02－13]. https：//www.thepaper.cn/newsDetail_forward_2190631.

［2］ETtoday. 地方创生成功的高崎市"绝餐名簿"打响美食名号[EB/OL]. [2020－12－24]. https：//travel.ettoday.net/article/1103514.htm.

［3］方志邯郸. 全省推广馆陶县粮画小镇产业扶贫防贫经验[EB/OL].[2020－12－24]. https：//www.thepaper.cn/newsDetail_forward_9235903.

［4］国家发展改革委员会. 多部门印发《关于改善节假日旅游出行环境促进旅游消费的实施意见》[EB/OL].[2020－10－14]. http：//www.gov.cn/xinwen/2019－12/12/content_5460641.htm.

［5］国家旅游局办公室. 关于《加强旅游诚信建设实施失信联合惩戒》的通知[EB/OL]. [2017－11－08]. http：//zwgk.mct.gov.cn/auto255/201711/t20171108_832318.html? keywords＝.

［6］国家旅游局办公室. 关于印发《境外旅游宣传推广工作办法》的通知[EB/OL].[2015－12－03]. https：//www.pthls.cn/law/71601cee3543b87.html.

［7］国家旅游局办公室. 关于印发《旅游业国家标准和行业标准制定修订工作管理办法》的通知[EB/OL].[2017－11－08]. http：//zwgk.mct.gov.cn/auto255/201711/t20171108_832315.html? keywords＝.

［8］ 国家旅游局办公室. 关于在北京、上海、江苏等六省市启用全国旅游监管服务平台有关事宜的通知［EB/OL］. ［2017－06－28］.
http://zwgk.mct.gov.cn/auto255/201706/t20170628_832459.html? keywords＝.

［9］ 国务院办公厅. 关于进一步激发文化和旅游消费潜力的意见［EB/OL］. ［2020－10－09］.
http://www.scio.gov.cn/ztk/38650/41542/index.htm.

［10］ 海峡舆情. 武夷山"文化生态银行"，推动生态资源价值转化［EB/OL］. ［2022－02－13］.
https://new.qq.com/rain/a/20201224A0CJF200.

［11］ 康巴什旅游资讯. 如何培育全域旅游新业态［EB/OL］. ［2018－01－12］.
https://www.sohu.com/a/216294582_160029.

［12］ 李胜，邓小海. 文旅深度融合，自然文化共美［EB/OL］. ［2021－03－01］.
https://news.gmw.cn/2021-03/01/content_34649410.htm.

［13］ 梁莉. 精神返乡：渠岩与许村的故事［EB/OL］. ［2023－02－13］.
https://epaper.gmw.cn/sz/html/2013-10/01/nw.D110000sz_20131001_7-10.htm.

［14］ 廖海利. 文旅融合的角度、广度与深度［EB/OL］. ［2022－01－06］.
https://culture-travel. cctv. com/2022/01/06/ARTIWlGIFeFrcV1XYm5z3yeI220106. shtml.

［15］ 潘福达. 从流量陡增到热点流转，各地文旅部门迎来升级"大考"［EB/OL］. ［2024－01－18］.
https://www.chinanews.com.cn/cj/2024/01-18/10148165.shtml.

［16］ 秦源，王鑫昕. 文旅产业振兴如何突破人力资源瓶颈［EB/OL］. ［2020－09－27］.
https://caijing.chinadaily.com.cn/a/202009/27/WS5f6ff14ea3101e7ce9726cc4.html.

［17］ 渠岩，杨小舟. 渠岩反思艺术乡建：越了解乡村，才会越小心［EB/OL］. ［2022－02－13］.
https://www.thepaper.cn/newsDetail_forward_4049132.

［18］ 人民日报评论员. 多地文旅账号"卷疯了"？ 流量追求勿忘服务品质提升［EB/OL］. ［2024－01－16］.
https://www.guandian.cn/article/20240116/377847.html.

［19］ 上海市消保委."3·15"期间文娱票务与旅游相关投诉较集中［EB/OL］. ［2023－03－27］.
http://m.cnr.cn/shanghai/news/xwzt/20230327/t20230327_526196582.html.

［20］ 上海市人民政府. 关于印发《上海市全力防控疫情支持服务企业平稳健康发展若干政策措施》的通知［EB/OL］. ［2020－10－09］.
http://www. shanghai. gov. cn/nw2/nw2314/nw2319/nw10800/nw42944/nw48506/u26aw63478.html.

［21］ 上海市人民政府. 上海市文化和旅游局推出中小微文化和旅游企业金融服务举措［EB/OL］. ［2020－10－09］.
http://www.shanghai.gov.cn/nw2/nw2314/nw32419/nw48614/nw48615/u21aw1428966.html

［22］ 商务部等 14 部门. 关于印发《关于培育建设国际消费中心城市的指导意见》的通知［EB/OL］. ［2020－10－09］.

http：//www.gov.cn/xinwen/2019-10/25/content_5444727.htm.

［23］陶李，杨丽敏.亚运热激发新活力，文体旅融出加速度［EB/OL］.［2023－10－09］.
http：//www.ctnews.com.cn/jujiao/content/2023-10/09/content_151170.html.

［24］童健，赵静.同济大学退休教授林家阳回温岭乡村建起博物馆——出发是为了更好地回
归［EB/OL］.［2020－09－23］.
https：//tz.zjol.com.cn/xw18022/sh18033/202009/t20200923_12313392.shtml.

［25］拓兆兵.整治景区乱收费须常态化［EB/OL］.［2023－09－02］.
http：//paper.ce.cn/pc/content/202309/02/content_280296.html.

［26］王德刚.旅游资源开发利用不能突破保护红线［EB/OL］.［2018－06－11］.
http：//www.chinata.com.cn/info/9288.

［27］王珂.文旅市场复苏提速［EB/OL］.［2023－09－06］.
https：//travel.gmw.cn/2023-09/06/content_36813338.htm.

［28］王绍绍.“文旅＋”新业态显活力，文旅市场消费动能持续释放［EB/OL］.［2023－09－13］.
http：//finance.people.com.cn/n1/2023/0913/c1004-40077146.html.

［29］王鑫昕.旅游人才发展白皮书指出：文旅深度融合，复合型人才需求量加大［EB/OL］.
［2021－09－05］.
http：//news.youth.cn/jsxw/202109/t20210905_13204525.htm.

［30］王志纲工作室.一个超级城市 IP 是如何诞生的［EB/OL］.［2018－09－04］.
https：//www.sohu.com/a/251888269_642245.

［31］文化部办公厅.关于加强旅游市场文化经营活动监管的通知［EB/OL］.［2016－04－22］.
http：//zwgk.mct.gov.cn/auto255/201604/t20160422_474867.html？keywords＝.

［32］文化和旅游部.2023 年中秋节、国庆节假期文化和旅游市场情况［EB/OL］.［2023－10－06］.
https：//www.mct.gov.cn/whzx/whyw/202310/t20231006_947726.htm.

［33］文化和旅游部.关于《深化“放管服”改革促进演出市场繁荣发展》的通知［EB/OL］.
［2020－09－14］.
https：//www.gov.cn/zhengce/zhengceku/2020-09/16/content_5544020.htm.

［34］文化和旅游部.关于印发《关于促进旅游演艺发展的指导意见》的通知［EB/OL］.［2019－
03－14］.
https：//www.gov.cn/zhengce/zhengceku/2019-09/25/content_5432951.htm.

［35］文化和旅游部.树立文旅新思路，发展文旅新业态［EB/OL］.［2019－06－15］.
https：//www.sohu.com/a/320714417_778107.

［36］文化和旅游部.文化和旅游部发布 2022 年一季度和元旦、春节旅游数据［EB/OL］.
［2022－02－08］.
https：//www.gov.cn/xinwen/2022-02/08/content_5672470.htm.

［37］文化和旅游部办公厅.关于《组织开展 2023 年文化和旅游消费促进活动》的通知［EB/
OL］.［2023－03－20］.

https://www.gov.cn/zhengce/zhengceku/2023-04/13/content_5751260.htm.

[38] 文化科技司. 演出场馆设备技术术语·舞台机械[EB/OL]. [2009 - 07 - 21].
http://zwgk.mct.gov.cn/auto255/200907/t20090721_465608.html? keywords=.

[39] 习近平对旅游工作作出重要指示:着力完善现代旅游业体系加快建设旅游强国,推动旅游业高质量发展行稳致远[EB/OL].[2024 - 05 - 17].
https://www.gov.cn/yaowen/liebiao/202405/content_6951885.htm.

[40] 潇湘晨报. 河南美男计河北当卷王、山西不睡觉山东土出圈,2024 最卷的竟是文旅[EB/OL].[2024 - 01 - 13].
https://www.xxcb.cn/details/2q8biSYgB65a23eeb0c4e47750d78806d.html.

[41] 携程集团与世界旅游及旅游业理事会(WTTC). 2021 年旅游流行趋势洞察[EB/OL].[2022 - 02 - 13].
http://www.199it.com/archives/1351251.html.

[42] 谢军. 疫情困境下,文旅产业需"渡劫重生"[EB/OL].[2022 - 05 - 23].
http://opinion.people.com.cn/n1/2022/0523/c437948-32427486.html.

[43] 徐壮. 文旅部门多举措促进冬季旅游消费和市场供给[EB/OL].[2022 - 12 - 29].
http://www.news.cn/fortune/2022-12/29/c_1129239798.htm.

[44] 严勇,等. 从"网红"到"长红",各地文旅探路"流量"变"留量"[EB/OL].[2023 - 05 - 15].
http://www.news.cn/fortune/2023-05/15/c_1129614792.htm.

[45] 杨倩. 第五届全国旅游标准化技术委员会成立[EB/OL].[2020 - 05 - 21].
https://www.mct.gov.cn/whzx/zsdw/lyzljdgls/202005/t20200521_853481.htm.

[46] 杨小舟. 渠岩反思艺术乡建:越了解乡村,才会越小心[EB/OL]. [2022 - 02 - 13].
https://www.thepaper.cn/newsDetail_forward_4049132.

[47] 姚建明. 持续创新赋能新文旅产业发展,推动经济增长和未来产业融合发展[EB/OL].[2024 - 01 - 21].
http://finance.people.com.cn/n1/2024/0121/c1004-40163291.html.

[48] 于娜. 渠岩:乡建要基于"人心"而不是服从"审美"[EB/OL]. [2017 - 03 - 31].
https://www.chinatimes.net.cn/article/66129.html.

[49] 喻珮. 破 40 亿元! 中国电影春节档整装再出发[EB/OL].[2023 - 01 - 26].
https://culture.gmw.cn/2023-01/26/content_36322075.htm.

[50] 袁云儿,王金跃. 2023 春节档票房 67.34 亿元,两部京产影片分获票房冠亚军[EB/OL].[2023 - 01 - 28].
https://new.qq.com/rain/a/20230128A00UC500.html.

[51] 张蓉. 文旅局花式内卷下的冷思考:城市营销边界何在? [EB/OL].[2024 - 01 - 17].
https://www.thepaper.cn/newsDetail_forward_26045074.

[52] 赵珊. 新六大要素构成旅游新业态[EB/OL].[2015 - 02 - 05].
http://history.people.com.cn/n/2015/0205/c393599-26514599.html.

［53］中国旅游研究所. 2021—2022 年新冠疫情对旅游客流影响报告［EB/OL］.［2022 - 08 - 10］.
https：//www.ctaweb.org.cn/cta/gzdt/202208/cc989baf60e64a8fa963c1a876a52cd9.shtml.

［54］中国消费者协会. 2023 年中秋国庆双节消费维权舆情分析报告［EB/OL］.［2023 - 10 - 20］.
https：//www.cca.org.cn/zxsd/detail/30754.html.

［55］中国演出行业协会.一季报：全国演出市场供需强势上行,复苏开局强劲［EB/OL］.
［2023 - 04 - 03］.
https：//www.capa.com.cn/#/index/NewsDetail? activeName = 市 场 检 测 ＆id =
1642707701523841026.

四、学位论文

［1］尹爱慕.艺术介入乡村建设多个案比较研究与实践［D］.长沙：湖南大学博士论文,
2017 - 05.

［2］赵刚.当代公共艺术介入乡村建设的路径与方法研究［D］.兰州：西北师范大学硕士论
文,2020 - 03.

五、其他文献

［1］高丽敏,程伟,史彦军.旅游新业态驱动力和产生模式研究［Z］.问题导向与理论建
构——2012 中国旅游科学年会论文集.北京,2012 - 04 - 22.

［2］文化和旅游部政策法规司.2023 文化和旅游法规文件汇编［Z］.北京,2024 - 03.

索　引

后　记

　　自 2021 年夏季至今,经过断断续续三年多的初稿撰写和反复修改、补充、完善,该书终于付梓出版了,过往的辛勤劳作终于有了些许收获。2021 年夏季新冠疫情期间,各行各业受到了疫情的严重冲击,文旅行业更是一片萧条。然而,在疫情肆虐的季节,上海和其他少数城市新兴的密室探险类文旅新业态却一片繁荣。一些年轻白领、青少年学生三五成群,组团排队体验这类从国外引进的项目,密室空间门口常常排起长龙。然而,一方面,上海市各级政府全心聚力于疫情防控,没有精力监督管理新兴的文旅新业态项目;另一方面,新兴的密室探险类文旅新业态项目不知道归哪个政府部门管理,项目经营者陷入苦恼,项目投入成本较高,但内容知识产权常常被侵犯,项目内容、技术、场所和受众安全也存在隐患。为此,受上海市黄浦区文化和旅游局委托,笔者承担了"密室探险类文旅新业态项目监管体系"的课题研究工作。课题组师生深入密室空间对项目经营者和受众进行问卷访谈,并进行现场体验,撰写了六七万字的调研报告,为上海市文化和旅游部门对密室探险类文旅新业态项目进行监督管理提供决策参考。

　　在"密室探险类文旅新业态项目监管体系"课题研究完成之后,笔者针对当前文旅新业态的发展态势、市场亮点、存在的问题和化解措施,先后撰写了一系列专题报告,为中央和上海市有关部门提供决策咨询参考。同时,就"艺术介入地方创生,促进文旅新业态高质量发展"的理论进路、共生发展和实践路径进行了深入探讨。在课题调研访谈、专题报告撰写过程中,研究生樊玲、强陆婷、张铭潇和上海体育大学新闻与传播学院研究生强陆茹帮忙搜集资料、计算数据,并撰写了部分初稿,付出了心血和汗水;研究生皮佳萱、俞艾利、王雨眺、张小丫、肖菁菁也有一定的贡献,特此感谢。

江　凌

2024 年 10 月